El

ABC

de las

Organizaciones
Sin Fines de Lucro

SEGUNDA EDICIÓN

LISA A. RUNQUIST

El ABC de las Organizaciones Sin Fines de Lucro, Segunda Edición
Lisa A. Runquist
ISBN 978-1-927967-97-3

Producido por IndieBookLauncher.com
www.IndieBookLauncher.com
Diseño de la portada, diseño del libro, y tipografía: Saul Bottcher

Traducción

Traducción del inglés al español por Kareen C. Paulsen. Traducción y derechos de autor 2016 Lisa A. Runquist. Todos los derechos reservados.

También disponible
Edición EPUB, ISBN 978-1-927967-98-0
Edición Kindle, ISBN 978-1-927967-99-7

Contenido

(continúa en la siguiente página)

2. OPERANDO SU ORGANIZACIÓN SIN FINES DE LUCRO

3. FIN DE LA PLANIFICACIÓN PARA ORGANIZACIONES EXONERADAS

4. FORMULARIOS Y RECURSOS

Prefacio

Este libro se ha escrito como manual básico sobre organizaciones sin fines de lucro. No está diseñado para aportar un análisis a fondo sobre algún punto en particular, sino dar al lector una idea del asunto. Hay muchos asuntos legales complejos que han sido tratados de manera muy simplista. Para aquellos que piensan que pueda ser muy simplista, mi respuesta es que a menudo la gente que se involucra con organizaciones sin fines de lucro, incluso aquellas bien educadas y aparentemente sofisticadas, se confunden con los conceptos básicos. Si estos conceptos básicos no se entienden nunca se va a ver progreso al navegar aguas poco profundas que aparecen cuando menos se las espera. Y para aquellos que quieren más información acerca de un tema en particular, se encuentran disponibles varias publicaciones incluyendo otras publicaciones muy bien escritas de la Sección de Ley Comercial de la ABA, algunos de los cuales se enumeran en Recursos Adicionales.

Durante mis años de ejercicio profesional, varios de mis clientes han hecho preguntas muy similares a aquellas de Sam, el Pastor Ray y otros en este libro. Encontré más fácil escribir como si estuviera aconsejando a Sam o a su abogado. En lugar de simplemente exponer la ley, este libro le sigue la pista al intento de Sam de formar y operar su propia organización sin fines de lucro, qué funciona, qué no y por qué.

Solicito la indulgencia del lector en mi enfoque y espero que mi intento con el humor harán de la lectura una más agradable.

Agradecimientos especiales para mis amigos Stephen Nill, Chris Reeves, Myron Steeves, Alan Izumi, Kitty Jones, Willard Boyd y, Michael Malamut quienes sacaron de su tiempo para revisar los borradores y sugerir cambios. Sus comentarios han mejorado significativamente este libro; cualquier error permanece mío.

Lisa A. Runquist
Northridge, California
Marzo 2015

Prefacio a la edición en español

Durante los años de mi práctica profesional, he tenido la ocasión de trabajar con numerosas personas encantadoras con quienes he tenido dificultad para comunicarme ya que su idioma materno es el español, mientras que mi español es virtualmente inexistente. El inglés que ellos manejan es a menudo muy bueno y, si estuviésemos conversando de asuntos del día a día, no habría problema. Algunos incluso traerían a sus hijos para que les ayudasen con la traducción. Sin embargo, debido a que algunos asuntos legales son difíciles de entender para muchos, incluso cuando no hay barreras de lenguaje, a menudo he deseado que hubiera una manera que me pudiera comunicar acerca de asuntos legales que enfrentan las organizaciones sin fines de lucro de manera tal de tener la certeza que voy a ser entendida.

Esta traducción es un intento de hacer justamente eso. Agradezco especialmente a mi amiga Pía Paulsen quien sugirió que considera a su hermana Kareen Paulsen para que realizara la traducción; a Kareen quien invirtió muchas horas tratando de darle sentido a los asuntos legales así como a mi intento con el humor y, a mi amigo David Seale quien revisó los resultados para cerciorarse que la traducción funcionara.

Y gracias a todos ustedes lectores. Espero que éste sea de ayuda a ustedes mientras tratan de darle sentido a las leyes de organizaciones sin fines de lucro en los Estados Unidos.

Lisa A. Runquist
Northridge, California
Noviembre 2016

Introducción

Alvin Lawyer tiene un cliente de muchos años llamado Sam Goodman que vendrá a su oficina el día de hoy a pedir consejo sobre comenzar una nueva organización llamada "Salvando a las Ardillas". Sam le dijo a Alvin que confiaba en él y quería que él se encargara. Alvin siempre ha querido representar a gente admirable y honorable por lo que estuvo de acuerdo en representar a Sam. Él ha escuchado que la ley que afecta a las organizaciones sin fines de lucro es compleja pero, ¿está preparado para emplear el tiempo necesario para empaparse? ¿Dónde comienza y qué necesita saber Sam?

Estatus exento

Organización sin fines de lucro no significa exenta de impuestos. Una organización sin fines de lucro puede imponer o estar exenta de impuestos.

Una organización puede estar exenta de impuestos al ingreso tanto bajo las leyes federales como las estatales. De hecho, a menudo la organización tiene que presentar una solicitud para establecer el estatus de exento con la IRS o autoridad estatal que cobra impuestos; en otras situaciones, la organización puede estar exenta simplemente al estar correctamente organizada y operada.

Hay más de 25 tipos diferentes de organizaciones que están exentas del impuesto al ingreso sobre aquel ingreso que proviene del propósito de exoneración de la organización. Para ser exentos, la organización debe cumplir con las cualificaciones requeridas para ese tipo particular de exención; la organización debe ser *organizada* tanto como *operada* para ese propósito de exención.

Las contribuciones a la organización sin fines de lucro son deducibles sólo si se entregan a un tipo especial de organización exenta, comúnmente referida a ellas como organización 501(c)(3).

¿Qué es una organización sin fines de lucro? – Propósito

Toda entidad existe por una razón. Una entidad comercial existe en última instancia para beneficiar a los dueños. Por ejemplo, una empresa existe para beneficiar a los accionistas quienes son los dueños de las acciones y una sociedad para beneficiar a los socios. Pero una organización sin fines de lucro no tiene dueños. Al contrario, se forma para promover o fomentar un propósito particular. Este propósito debe ser definido cuidadosamente ya que, controlará lo que la organización sin fines de lucro puede o no puede hacer e impactará el estatus exento de impuestos de la organización.

Algunas organizaciones sin fines de lucro se forman para beneficiar a sus miembros (tal como una asociación de dueños de condominio o un club social). A estas organizaciones a menudo se les refiere como organizaciones de "beneficio mutuo". De hecho, algunas de estas organizaciones, aunque en forma son sin fines de lucro pueden parecer negocios y, los miembros pueden parecerse bastante a accionistas. Algunos beneficios mutuos pueden incluso permitir que los intereses de membresías se compren y se vendan. Debido a que el beneficio es al individuo (s) y no a la sociedad en general, las contribuciones no serán deducibles, aunque sí podría haber una exención en el impuesto al ingreso.

Otras organizaciones sin fines de lucro se forman para beneficiar indirectamente a negocios o residentes en un área geográfica particular, tal como una cámara de comercio. Algunas se forman para beneficiar a un tipo específico de negocio o individuo, tal como las asociaciones de profesionales (el ABA y la Asociación Médica Estadounidense son dos ejemplos). Estas organizaciones podrían también estar exentas del impuesto al ingreso. Contribuciones a este tipo de organización sin fines de lucro pueden ser deducibles como un gasto de negocio, pero nuevamente es poco probable que sea deducible como una contribución de caridad.

Si la organización quiere ser capaz de recibir contribuciones libre de impuestos, el propósito particular para el cual fue formado deberá ser lo suficientemente amplio para de alguna manera beneficiar al público en general o a un segmento significativo en esto. No puede ser organizado ni operado para un propósito que beneficie a un número limitado de personas, incluso si este propósito es de caridad (aunque tal organización pueda estar exenta del impuesto al ingreso) y, no puede tener el propósito primario de beneficiar a un individuo o individuos.

El truco está en redactar un borrador del propósito de tal manera que sea tan estrecho que califique claramente bajo cualquier tipo de exención que el fundador quiera, mientras al mismo tiempo es lo suficientemente amplio para permitir todas las actividades esperadas. Alvin tal vez quiera sugerirle a Sam que considere ampliar el propósito de su organización sin fines de lucro para cubrir a todas los roedores y no solo a las ardillas. Por otro lado, "Salve a los Animales" posiblemente sea muy amplio para los deseos de Sam.

¿Realmente quieres una organización sin fines de lucro? – Asuntos de control

El propósito de una organización sin fines de lucro no es beneficiar al dueño o dueños individuales. Todo se debe hacer para beneficiar los propósitos de la organización exenta y sin fines de lucro.

Para poder ser exento de impuestos, debe haber una necesidad clara de beneficiar al público. Para asegurar que la organización es operada para este propósito "sin fines de lucro" se necesitan controles.

Un método común de asegurar tal control es tener una junta directiva compuesta en su mayoría de directores "independientes" y "desinteresados". Esto significa que Sam no puede ser el único director; tendrá que seleccionar a otros que sirvan junto con él. Por supuesto, que eso también significa que la habilidad de Sam de controlar la organización será limitada. De hecho, puede significar que, en algún punto Sam será minoría e incluso removido de la directiva.

Algunos individuos, cuando forman una organización sin fines de lucro, lo hacen con una visión específica de lo que quieren ver realizado y sin duda, sin su energía y visión, es improbable que la organización sin fines de lucro tenga éxito. Sin embargo, si el fundador es reticente a compartir el control, se debe considerar seriamente si la organización sin fines de lucro es la forma de entidad correcta.

Otra pregunta, tiene que ver con que si el fundador espera recibir una compensación de parte de la organización. En tal situación, es aún más importante que la mayoría de los directores de una organización sin fines de lucro sean desinteresados, para asegurar que la organización es operada para el propósito sin fines de lucro, en lugar de para beneficio del fundador. Si un individuo que tiene influencia sustancial sobre la organización recibe un beneficio mayor que el valor del beneficio que él o ella provee a la organización, el individuo puede ser sujeto de penalidades sustanciales y, la organización podría perder su estatus de exento.

La pregunta fundamental es: ¿será más efectiva la organización como una sin fines de lucro, o servirá mejor su propósito como un negocio? Por ejemplo, hay escuelas que se manejan como negocios y escuelas que se manejan como organización sin fines de lucro. Ambas reciben una cantidad significativa de fondos con la matrícula, sin embargo, solo las escuelas sin fines de lucro pueden también recibir contribuciones deducibles de impuestos. Si las contribuciones deducibles de impuestos son necesarias para la operación de la organización, puede que una organización sin fines de lucro sea la única respuesta. Sin embargo, si la organización no necesita estas contribuciones y el fundador quiere mantener el control completo sobre la organización y retener los beneficios de la actividad, él o ella puede que les sirva mejor un negocio y obviar los beneficios del estatus sin fines de lucro.[1]

¿A quién rinde informes la organización?

El tipo de declaración hecho por una organización sin fines de lucro se discutirá más ampliamente a continuación. Sin embargo, vale la pena mencionar al comienzo que hay por lo menos cuatro entidades gubernamentales diferentes que muy posiblemente estarán involucrados con su organización:

1. El IRS, servicio de impuestos internos
2. Su autoridad de impuestos estatales,
3. Su administrador estatal de beneficencias (usualmente el Fiscal General), y
4. Su autoridad local estatal encargada del registro de la empresa (usualmente el Secretario de Estado).

Puede haber otras entidades también (tal como las autoridades de gobierno local).

A medida que usted trabaja con su organización sin fines de lucro debe mantener esto en mente. A menudo puede ser que los informes deben ser presentados a cada entidad (sólo porque usted suministró información a una no significa que usted ha satisfecho los requerimientos de los otros). Incumplir con estos requisitos puede resultar en suspensión o incluso la revocatoria de su estatus de exento.

---

1 Para pensamientos adicionales en si una organización sin fines de lucro es apropiada para usted, vea "Preparados, listos" en www.nprcenter.org/resource/get-ready-get-set

Diferencias y similitudes básicas

Nota: Este cuadro da sólo un retrato básico de las similitudes y diferencias; la realidad es mucho más compleja. Si se desea un asunto en particular, debe consultar a su abogado para ver si la estructura particular funciona para su organización.

	Negocio	Org. sin fines de lucro 501(c)(3)	Otra org. sin fines de lucro
Puede recibir contribuciones deducibles de impuestos	No	Si	No
Puede obtener fondos de las operaciones	Si	Si	Si
Operado para beneficiar	Dueños	Propósito / Público General	Propósito
El beneficio puede estar limitado a ciertos individuos	Si	No	Generalmente Si
Puede pagar salarios razonables	Si	Si	Si
Ingreso gravado	Si	No, excepto que provenga de negocio no relacionado con el propósito exonerado	No, excepto que provenga de negocio no relacionado con el propósito exonerado

	Negocio	Org. sin fines de lucro 501(c)(3)	Otra org. sin fines de lucro
Control	Fundador puede mantener el control	Si el fundador es compensado, pierde el control	Depende de la organización
Ganancias	Se acumulan al propietario	Deben ser usadas con propósitos sin fines de lucro y exentos de impuestos	Deben ser usados para propósitos permitidos
Dueños/Miembros	Los intereses de los miembros pueden ser vendidos	Los intereses de los miembros no pueden ser vendidos	Depende de la organización
Directores	A menudo son compensados	La mayoría no son compensados	Depende de la organización
Disolución	Los recursos van al dueño	Los recursos van a otra entidad de beneficencia	Depende de la organización

1

FORMANDO SU ORGANIZACIÓN SIN FINES DE LUCRO

Escogencia de entidad

Luego de recibir una breve visión de conjunto de la ley sin fines de lucro, Sam Goodman, convencido ahora que una organización sin fines de lucro es en efecto una buena idea pregunta si realmente quiere una empresa o si un formato diferente sería mejor. Él escuchó que las sociedades de responsabilidad limitada (o compañía de responsabilidad limitada, LLC, por sus siglas en inglés) era la forma más novedosa y grandiosa de organización y se preguntaba si una empresa sería anticuada. Alvin sabiamente le dijo a Sam que tendría que investigar el asunto para ver si otro formato sería mejor para Sam que la forma corporativa, debido a que él sabía que la mayoría de las organizaciones sin fines de lucro son empresa. ¿Qué consejo le debe dar Alvin a Sam?

Actualmente hay cuatro formas de entidades que se utilizan para una organización sin fines de lucro. Lo que sigue es un resumen de estas formas diferentes, con una discusión de por qué una manera podría ser usada en lugar de la otra.

Fideicomisos

Un fideicomiso lo forma alguien (el fideicomitente) que transfiere bienes a otro (el fideicomisario), con el entendido que el fideicomisario utilice estos bienes para beneficiar a un propósito específico o a una persona (el beneficiario). Generalmente hay un instrumento de fideicomiso que define quienes son cada uno de estos grupos y, qué puede y qué no puede hacer el fideicomisario. Cuando nos referimos a un "fideicomiso de beneficencia", generalmente nos referimos a una entidad de "fideicomiso" que tiene uno o más fideicomisarios, bienes en fideicomiso y un propósito de beneficencia para el cual se formó el fideicomiso.

Un fideicomiso se puede formar sin obtener permisos o hacer solicitud con una entidad gubernamental, aunque la ley estatal gobernará su organización y poderes.

El fideicomisario es generalmente la persona que tanto toma las decisiones como las implementa a no ser que sea modificado en el instrumento de fideicomiso. El fideicomisario puede ser un individuo o individuos o puede ser una entidad separada, tal como un banco. El instrumento de fideicomiso debe pro-porcionar la manera en que un nuevo fideicomisario puede ser elegido si el fidei-comisario existente muere o no está dispuesto o es incapaz de continuar como fideicomisario. Si el instrumento de fideicomiso no proporciona el término del cargo, el fideicomisario continúa sirviendo indefinidamente. Si el último fidei-comisario muere sin que se haya designado a un nuevo fideicomisario, puede que tenga que involucrarse una corte para designar a un nuevo fideicomisario o supervisar el término del fideicomiso.

En el caso de un fideicomiso de beneficencia, los beneficiarios no son indi-viduos específicos. Pueden ser un grupo no definido de individuos o, el benefi-ciario puede ser un propósito no relacionado a un individuo, (p.ej. protección del medio ambiente) donde el bien público es el beneficiario final.

La ley estatal aplicable a los fideicomisos generalmente también aplica a los fideicomisos de beneficencia. Un fideicomisario puede o no ser capaz de delegar los deberes de él o ella a otro, dependiendo tanto de leyes estatales y el vocabulario del instrumento de fideicomiso. Un fideicomiso puede establecerse como una entidad exenta de impuestos de la misma manera que una empresa. También se debe hacer notar que la ley estatal aplicable a un fideicomiso estará generalmente donde el fideicomiso / fideicomisario se localizan. Esto quiere decir que si el fideicomisario se traslada o cambia, la ley estatal aplicable al fideicomiso puede también cambiar. Pero, nótese que la ley estatal en la jurisdic-ción original puede limitar la habilidad de trasladar el fideicomiso, y puede ser necesario el permiso del Fiscal General del estado también.

La historia de los fideicomisos de beneficencia

Para entender los fideicomisos de beneficencia, es necesario devolvernos unos 400 años a Inglaterra. Previo a 1601, los fideicomisos sólo se podían formar para el beneficio de una persona en particular. Esto hacía difícil que un fideicomiso formado para beneficiar un propósito se cumpliera si el fideicomisario decidía utilizar los bienes para un propósito diferente. En 1601, Inglaterra adoptó un "Estatuto de Usos de Beneficencia", que estaba diseñado para corregir abusos, infracción del contrato de fideicomiso y, fraude que ocurrían cuando se entrega-ba propiedad con fines de beneficencia. Estableció los propósitos para los cuales se podía crear un fideicomiso de beneficencia. Los propósitos enunciados en los estatutos incluían la reparación de iglesias, la educación de huérfanos, la ayuda a gente mayor, impotente o pobre; la manutención de profesores de escuelas y universidades y otros.

En los primeros días de los Estados Unidos, solo se podía formar una empresa por acto especial de un cuerpo legislativo. En lugar de buscar acción legislativa especial para obtener la escritura constitutiva de la empresa, muchos optaban por utilizar fideicomisos para mantener las propiedades dedicadas a un propósito de beneficencia, utilizando este mismo concepto de fideicomiso el "Estatuto de Usos de Beneficencia". Debido a que la formación de una empresa ahora se ha vuelto un proceso sencillo de presentación de documentos, la mayoría de las organizaciones de beneficencia formadas hoy en día son empresa.

Debe hacerse notar que las decisiones de la corte han aplicado la doctrina de fideicomisos de beneficencia a todas las organizaciones de beneficencia, tanto donde la propiedad la mantiene un individuo en fideicomiso para el grupo y, donde la propiedad está a nombre de una empresa separada. Como resultado, esta área es confusa, ya que una entidad no fideicomisa como una empresa puede aún ser descrita como manteniendo bienes "en fideicomiso" para un propósito específico.

La pregunta surge de quién puede ejecutar el fideicomiso. La respuesta simple ha sido que el estado, como guardián del bien público tiene el derecho y el *deber* de asegurarse que el fideicomiso se ejecute. En muchos estados, es el fiscal general a quien se le ha asignado este derecho y deber. (Véase "Jurisdicción estatal (fiscal general)" en la página 167.)

Empresas

Hoy en día la forma más común de organización sin fines de lucro es la empresa. Una empresa es una creación por estatuto, formada por una persona o personas persiguiendo un objetivo o iniciativa común. Para formar una empresa, una persona (el fundador) presenta la escritura de constitución (a veces llamada carta corporativa) al estado. El fundador luego elige otras personas para manejar la empresa (los directores) a no ser que los directores figuren previamente en las Cláusulas. Previo a la selección de los directores, el fundador puede tomar otras acciones que normalmente tomarían los directores. Sin embargo, una vez se elige a los directores los deberes del fundador terminan. Los estatutos son adoptados ya sea por el fundador o por los directores iniciales y proveen las reglas internas por medio de las cuales funciona la empresa.

Una ventaja principal de una empresa por sobre otras opciones posibles es que la entidad corporativa es incuestionablemente su propia "persona", distinta de sus miembros, directores y oficiales. Más aún, una empresa opera bajo un juego de reglas claramente definidas de gobernanza y ley. Tal vez, más importante, si una empresa es formada y operada correctamente, puede ofrecer protección considerable de responsabilidad civil a sus directores individuales, oficiales, miembros, empleados y voluntarios.

La protección de responsabilidad civil para personas que actúan en representación de empresas no es absoluta. Por esa razón, es generalmente sabio asegurarse que la empresa tiene recursos sustanciales disponibles para pagar reclamos y que existe cobertura de seguros aplicable.

También se debe tener cuidado de observar las formalidades propias requeridas cuando se hace negocio en la forma corporativa, incluyendo la administración por o bajo la dirección de una junta directiva y el mantenimiento de minutas y otros registros corporativos.

En la mayoría de los estados, las leyes corporativas de una organización sin fines de lucro están basadas en disposiciones similares de la ley aplicable a empresas de negocio. Inicialmente, la ley corporativa de empresas sin fines de lucro consistía de unas pocas reglas especiales para empresas sin fines de lucro, con la ley corporativa de negocios del estado aplicable a ellas. Esto ha ido cambiando. Varios estados han utilizado alguna forma de la Ley Modelo de Empresa sin Fines de Lucro,[1] que aunque se asemeja a la ley de negocios es una ley independiente.

Generalmente se ha encontrado que esto es preferible porque las iniciativas sin fines de lucro son fundamentalmente distinguibles de la empresa de negocio. Es importante revisar periódicamente la ley estatal para asegurarse que aún están en cumplimiento, ya que tanto la Ley Modelo y varias leyes estatales se enmiendan regularmente.

Una distinción principal entre empresas sin fines de lucro y las de negocio es el hecho que una empresa de negocios emite acciones (a los dueños de la compañía) y, generalmente existe para ganar dinero para los accionistas. En contraste, una empresa sin fines de lucro no tiene dueños y existe primariamente para alcanzar un propósito u objetivo. A las empresas sin fines de lucro no se les requiere que tengan una clase de miembros a quien la organización sirva. El objetivo y enfoque de la administración de organizaciones de beneficencia de-

---

1 La *Ley Modelo de Empresas sin Fines de Lucro* (1952, actualizada en 1964), la *Ley Modelo Revisada de Empresas sin Fines de Lucro* (1987) y la *Ley Modelo de Empresa sin Fines de Lucro 3ª Ed* (2008) han sido redactados en borrador por la Sección Legal de Negocios del Colegio de Abogados de Estados Unidos. La Ley es revisada regularmente para tomar en cuenta los cambios que ocurren en la ley corporativa.

bería ser de avanzar en los propósitos establecidos de la entidad en lugar de los intereses de cualquier grupo de individuos afiliados con la obra de beneficencia.

Asociaciones no registradas

Una "asociación no registrada" se crea cuando dos o más personas se juntan para llevar a cabo algún propósito. Una asociación no registrada puede formarse simplemente por dos o más personas que hacen algo en conjunto, incluso si no hay ningún documento escrito que defina lo que hacen o cómo esperan realizarlo. Como ocurre con un fideicomiso, no se requiere acción gubernamental para formar una asociación no registrada.

La asociación no registrada puede escoger cómo se gobierna. Por ejemplo, los miembros pueden gobernar la organización directamente, o pueden escoger a otros para que gobiernen (o sea, los directores). Esto es tanto una de las ventajas y uno de los detrimentos de una asociación no registrada. La estructura es muy flexible y puede ser diseñada en cualquier manera que se desee. Sin embargo, debido a esta flexibilidad, es importante que se escoja un diseño, a diferencia de una empresa donde estatutariamente el diseño es requerido.

La idea de una asociación no registrada, que se forma sin el permiso del estado es, de hecho, más antigua que el fideicomiso. La ley civil romana permitía que una entidad se formara simplemente con el consentimiento voluntario de los miembros, sin aprobación especial por parte del gobierno. Las asociaciones no registradas hoy en día son equivalentes a estas empresa legales civiles voluntarias, que no requieren acto especial del rey, parlamento, congreso o alguien más; mientras que la forma corporativa es una versión simplificada de la empresa inglesa, que podía existir solamente con el consentimiento del rey. La capacidad de tener una asociación, aparte del consentimiento específico del gobierno, podría argumentarse que está garantizado bajo la Primera Enmienda de la Constitución que protege la libertad de asociación.

Podría existir la interrogante de si una asociación no registrada es o no una entidad legal aparte de sus miembros. Como se hizo notar anteriormente, dos elementos esenciales de una asociación no registrada son la afiliación voluntaria y la afiliación para servir un propósito u objetivo común o acordado. Si la organización es de beneficencia, su propósito u objetivo no será beneficiar a alguno de los individuos involucrados, sino beneficiar al propósito de beneficencia. Por tanto, los miembros se afilian solamente por la inquietud del propósito y, no para lograr algo para ellos mismos. Sin duda, si la organización ha de ser exenta como organización de beneficencia, los miembros *no pueden* recibir algo para ellos. Debido a esto, es apropiado para una asociación no registrada formada con propósitos de beneficencia que sea considerada como una entidad aparte de cualquiera de los individuos involucrados.

Por otro lado, si la asociación no registrada sin fines de lucro no es de beneficencia, por ejemplo, si fuera una asociación de dueños de casa, un club social o una cooperativa, podría argumentarse que los miembros son realmente más similares a socios. Sin embargo, incluso aquí, es probable que la existencia de la organización no es dependiente del involucramiento de algún individuo en particular, de ahí que mantener a la asociación como una entidad no registrada es más razonable.

La Ley Uniforme de Asociación No Registrada Sin fines de Lucro, redactada por la Comisión de Ley Uniforme,[2] y adoptada por algunos estados, considera a la asociación como una entidad separada.

Y en algunos estados, tales como California, la ley estatutaria ha considerado una asociación no registrada como una entidad legal para algunos propósitos, al menos. Sin embargo, en estados que no poseen una ley de asociación no registrada estatutaria, se puede considerar a la asociación como un acuerdo contractual entre los miembros (similar a una asociación, que no es aparte de sus socios). Esto puede resultar en responsabilidad civil a los miembros por acciones tomadas por o en representación de la asociación no registrada. Alvin debe asegurarse que entiende la ley en su estado antes de recomendar el uso de una asociación no registrada. También necesita asegurarse de explicar ampliamente los riesgos de utilizar este tipo de entidad.

El estatus exonerado puede establecerse para una asociación no registrada, igual que con un fideicomiso y una empresa.

Hay diferentes tipos de situaciones donde se puede utilizar las asociaciones no registradas. La primera y más común, es una situación donde los individuos involucrados en la asociación no son sofisticados y la organización es bastante pequeña. Un ejemplo de esto es un club de jardinería que se reúne ocasional-

....

2   La Comisión de Leyes Uniforme (ULC, por sus siglas en inglés, también conocida como la Conferencia Nacional de Comisionados en Leyes Estatales Uniformes), que tiene ahora 123 años, se compone de abogados que son nombrados por cada estado para elaborar legislación uniforme. Después que la ULC aprueba una "ley uniforme", los estados luego consideran si la adoptan en su totalidad o en partes. Su "ley uniforme" más exitosa es el *Código de Comercio Uniforme* que ha sido adoptado en todos los 50 estados.

mente, cobra cuotas y tiene una pequeña cuenta bancaria. En esta situación, la organización simplemente no es lo suficientemente grande para garantizar la constitución, ni la gente es lo suficientemente sofisticada para haber pensado qué pasos tomarían si fueran a registrarse. Debido a que no tienen una propiedad verdadera y no tienen gastos sustanciales que requieran recaudación de fondos, no hay un incentivo en particular para registrarse. Una razón que ha sido usada para no registrar a este tipo de entidad, es que es posible que tal grupo fallaría con las formalidades corporativas en el transcurso de unos pocos años u olvidaría hacer la declaración requerida, perdiendo así su estatus corporativo y revertiría a ser una entidad no registrada de todas maneras.

El segundo tipo de asociación no registrada es una organización que ha escogido deliberadamente mantenerse en la forma no registrada. Este tipo de organización es probable que tenga documentos escritos, tales como artículos de asociación y cláusulas y, puede muy bien haber solicitado y obtenido un estatus exonerado. Por ejemplo, algunas iglesias han determinado específicamente que están opuestos religiosamente a obtener autorización de un estado para su existencia y, de ahí que rehúsan adoptar una estructura corporativa. Más aún, la estructura de gobierno corporativo es inflexible; si una organización quiere una estructura que no se ampara bajo la estructura corporativa normal puede no ser posible usar una empresa.

El tercer tipo de asociación no registrada es una entidad que por una razón u otra es incapaz de operar en formato corporativo. Por ejemplo, si una empresa conjunta ha de ocurrir entre una beneficencia estadounidense y una beneficencia canadiense, no puede incorporarse en uno de los estados sin violar las disposiciones de la Agencia Tributaria Canadiense (Revenue Canada en inglés). De ahí que, cualquier empresa conjunta puede solamente existir como una asociación no registrada.

Sociedades de responsabilidad limitada

Un tipo de entidad de negocios que se ha vuelto bastante popular en el mundo de negocios es la compañía o sociedad de responsabilidad limitada, LLC por sus siglas en inglés. Una Compañía De Responsabilidad Limitada es similar a una asociación no registrada pero con un marco estatutario que define su organización y operación. Cada estado tiene su propia Ley para Compañías De Responsabilidad Limitada. Una compañía de responsabilidad limitada se forma al presentar artículos de organización o un documento similar ante el estado. Muchos estados permiten específicamente a una compañía de responsabilidad limitada que se forme con propósitos sin fines de lucro; otros requieren un propósito comercial.

Las compañías de responsabilidad limitada se desarrollaron inicialmente como una alternativa al formato de asociación. Todos los socios (dueños y participantes) de una asociación general tienen responsabilidad ilimitada. Una asociación limitada permite a los inversores (socios limitados) tener responsabilidad limitada, pero requiere que el administrador (socio general) tenga responsabilidad ilimitada. Una compañía de responsabilidad limitada tiene responsabilidad tanto para los inversores y los administradores como lo tiene una empresa, pero puede ser gravado como una sociedad. Esta responsabilidad limitada es claramente una razón de que una compañía de responsabilidad limitada sin fines de lucro pudiera preferirse por encima de una asociación no registrada.

Como ocurre con las asociaciones no registradas, las compañías de responsabilidad limitada tienen mucho más margen dónde escoger cómo se organizan y gobiernan de lo que lo tienen las empresas. Por ejemplo, una organización puede desear ser gobernada directamente por los miembros, en lugar de tener una junta directiva separada. La única otra alternativa que permitiría esta estructura sería formar una asociación no registrada sin el marco regulatorio y protecciones de una compañía de responsabilidad limitada, que como hemos hecho notar puede resultar en responsabilidad civil para los miembros.

Y la mayoría de los estados ahora permiten a una compañía de responsabilidad limitada que se forme con solo un miembro, a diferencia de la asociación no registrada que requiere que se junte más de una persona, haciéndolo una forma útil para ser usada por una subsidiaria de una organización sin fines de lucro, donde el único miembro es la organización matriz sin fines de lucro.

Algunos o todos los miembros pueden administrar la compañía de responsabilidad limitada directamente (un miembro administrador) o los miembros pueden seleccionar a otros para administrar la compañía de responsabilidad limitada (administradores). Los administradores de una compañía de responsabilidad limitada son como los directores de una empresa, excepto que tienen sólo el poder que les ha sido dado por los miembros en los artículos de la organización, o en el acuerdo de operación (que funciona como las reglas internas para la organización, como los estatutos de una empresa).

Una compañía de responsabilidad limitada puede elegir ser gravada sea como una empresa o una asociación. El IRS ha encontrado que las asociaciones son entidades de negocios. Sin embargo, si una compañía de responsabilidad limitada elige ser gravado como una empresa y cumple con los otros requisitos para la exención, debe ser capaz de establecer su estatus exonerado de manera separada. En setiembre del 2000,[3] la IRS decidió que una compañía de responsabilidad limitada puede ser exenta de impuestos como una entidad separada si sus miembros están compuestos por otras organizaciones exentas de impuestos y se cumple con otros requisitos.

La IRS no ha abordado la capacidad de una compañía de responsabilidad limitada con miembros individuales (tal como una iglesia congregacional) de ser exonerada de impuestos.

Si la compañía de responsabilidad limitada tiene sólo un miembro y la compañía de responsabilidad limitada no elige que lo traten de gravar con impuestos corporativos, entonces la compañía de responsabilidad limitada será considerada como parte de una entidad matriz para propósitos de impuestos aunque, su estructura aún permita la responsabilidad limitada para propósitos organizacionales y operacionales. De ahí que, si un miembro es exento de impuestos, entonces no es necesario, para propósitos de impuestos federales, el presentar una solicitud de exención aparte para la compañía de responsabilidad limitada.

Desde el punto de vista de la organización matriz sin fines de lucro, la compañía de responsabilidad limitada puede tener una ventaja por encima de una empresa sin fines de lucro controlada, por dos razones. La primera, como se hizo notar anteriormente, es que el estatus exonerado puede ser automático en lugar de requerir una solicitud de exención separada. La segunda es que los administradores de una compañía de responsabilidad limitada pueden tomar decisiones basados en lo que es mejor para la organización matriz, sin tomar en cuenta lo que pudiera ser mejor para la compañía de responsabilidad limitada como una entidad por sí sola. Esto puede ser preferible a la ley en muchos estados que, requiere que los directores de una empresa sin fines de lucro tomen decisiones basados en lo que es mejor para esa empresa en lugar de lo que pudiera ser mejor para la organización matriz.

Hay inconvenientes al usar una compañía de responsabilidad limitada. La primera es que los estatutos de algunos estados no permiten claramente que las compañías de responsabilidad limitada sean formadas con propósitos sin fines de lucro, refiriéndose en su lugar a un propósito comercial. De ahí, que puede ser necesario formar la compañía de responsabilidad limitada en un estado que

---

3 Vease *Topic B, Limited Liability Companies as Exempt Organizations*—Update; 2000 (for 2001) Exempt Organizations CPE Technical Instruction Program Textbook.

permite formar la compañía de responsabilidad limitada con propósitos sin fines de lucro y luego la califican para hacer negocios en el estado en el que operará.

En segundo lugar, la ley estatal puede no ser clara en que la compañía de responsabilidad limitada puede estar exenta de impuestos, especialmente si la compañía de responsabilidad limitada no ha establecido separadamente su estatus de exonerada. (En otras palabras, algunos estados puede que no extiendan automáticamente el estatus exonerado de la organización matriz a la compañía de responsabilidad limitada por propósitos de temas legales del estado).

Como se hizo notar anteriormente, un beneficio de la compañía de responsabilidad limitada por encima de una empresa es que las disposiciones de gobernanza pueden ser diseñadas y rediseñadas para calzar la estructura deseada. Pero también significa que la manera en que la compañía de responsabilidad limitada operará debe ser detallada (generalmente, en el acuerdo de operación) si la estructura de gobernanza deseada varía significativamente de las cláusulas por incumplimiento.

Un asunto posterior que fue finalmente resuelto a nivel federal, pero puede aún ser un tema en algunos estados, es si una contribución a una compañía de responsabilidad limitada que no ha establecido su estatus exento de manera separada será deducible como una contribución de beneficencia o nó, como lo sería si fuera entregado directamente a la organización matriz. En 2012 el IRS determinó que las contribuciones serían consideradas como deducibles; sin embargo, la organización matriz, en vez de la compañía de responsabilidad limitada sería considerada el donatario de hecho, y se le requiere que proporcione un recibo al donante.[4]

El mayor inconveniente para muchas entidades que de otra manera considerarían un formato compañía de responsabilidad limitada, es que mientras que el formato en sí es muy flexible, el IRS hasta ahora ha limitado su reconocimiento de estatus exonerado a aquellas compañías de responsabilidad limitada que tienen membresías compuestas de otras organizaciones exoneradas. Esta limitante a las organizaciones con miembros no exonerados, tal como un grupo de individuos con un propósito común, impide elegir el formato compañía de responsabilidad limitada para alcanzar el método deseado de gobernanza.

A medida que estos asuntos se resuelvan, es mucho más factible que las compañías de responsabilidad limitada se vuelvan un formato más utilizado por las organizaciones sin fines de lucro. Es posible que el formato de sociedad de

....

4   Véase *IRS Notice 2012-52.*

responsabilidad limitada sea ampliamente utilizada en ciertas situaciones que ameritan una responsabilidad potencial que se separe de la organización matriz (tal como el caso de tenencia de bienes inmobiliarios). Sin embargo, para una organización sin fines de lucro nueva sin organización matriz, es poco probable que la compañía de responsabilidad limitada sea el formato recomendado.

Escogiendo una entidad

La empresa es la organización con la cual la mayoría de la gente está familiarizada. Debido a que es familiar, a menudo es más fácil que la gente la entienda. Además, la empresa es la más fácil de formar. Los estatutos de constitución de la mayoría de las organizaciones sin fines de lucro son de unas pocas páginas y contienen solo esos ítems específicos requeridos por ley estatal y federal. A no ser que los fundadores quieran disposiciones inusuales, la única parte creativa de redactar los artículos es generalmente la cláusula del propósito, haciendo del propósito lo suficientemente amplio para cubrir todas las operaciones que la organización pueda anticipar, pero lo suficientemente estrecho para que quede claro que está organizado con propósitos de beneficencia y para ser exonerado. La ley estatutaria otorga automáticamente los otros poderes que requiere la empresa por lo que, no deben ser especificados en los artículos.

Los fideicomisos, asociaciones no registradas y compañías de responsabilidad limitada requieren todas unas redacciones mucho más extensivas de los documentos organizacionales. Esto es por dos razones: 1) tanto las leyes estatutarias como las de caso aplicables a estas organizaciones están más limitadas y no expresan todos los poderes de la organización; de ahí que estos poderes deben ser especificados en el documento organizacional; 2) de manera similar, el formato corporativo es regulado ampliamente en estructura (esto es, requiere una junta directiva, oficiales, reuniones regulares, etc.), mientras que los otros tres formatos pueden variar significativamente en su método de gobernanza.

Una empresa requiere que los directores sean elegidos de manera regular. Si hay miembros, los directores normalmente son elegidos por los miembros. Si no hay miembros, los directores normalmente se auto perpetúan, esto es, se eligen a ellos mismos. Algunas veces otras organizaciones o individuos reciben el poder de elegir a uno o más de los directores. Los plazos no pueden ser abiertos. Si no se especifica un plazo en los documentos organizacionales, los directores se eligen anualmente. Además, la mayoría de las empresas sin fines de lucro tienen por lo menos tres directores, a veces significativamente más. A veces esto es requerido por ley estatal y, a veces es necesario o aconsejable asegurar que hay una mayoría de directores sin intereses como puede ser requerido por ley estatal o federal o, para obtener el estatus exento de la organización. Los directores toman decisiones de política pero delegan la operación en sí a los oficiales.

Un fideicomiso generalmente no requiere que los fideicomisarios sean elegidos o reemplazados. Los fideicomisarios sirven plazos indefinidos a no ser que el fideicomiso especifique de otra manera. A menudo hay solo un fideicomisario, aunque puede haber más. A no ser que el documento de fideicomisos especifique lo contrario, los fideicomisarios típicamente deben actuar unánimemente. Las juntas directivas de las empresas por otro lado, típicamente toman decisiones basados en el voto de la mayoría.

El fideicomisario tanto hace como implementa las decisiones a no ser que éste poder sea modificado por el fideicomiso.

En compañías de responsabilidad limitada y asociaciones no registradas, los plazos de los directores o su equivalente (por ejemplo, administradores) son controlados por los documentos organizacionales o, si no existe un documento escrito como el caso de asociaciones no registradas se determina por la práctica de la organización.[5] A menudo solo hay un administrador de la compañía de responsabilidad limitada, aunque puede haber más.

Un fideicomiso es la menos flexible cuando se desea un cambio en el propósito u operación. A menudo es más fácil enmendar el propósito de una empresa, asociación no registrada o compañía de responsabilidad limitada de lo que es enmendar los términos de un fideicomiso. Debido a esto, un formato corporativo podría preferirse por sobre el fideicomiso si la entidad lleva a cabo programas. Si la entidad simplemente está manejando fondos y otorgando concesiones, la entidad de fideicomiso podría ser igualmente buena o mejor.

Aunque podría existir la capacidad bajo la ley estatal de no aplicar los estándares estrictos del fideicomiso, los fideicomisarios son generalmente considerados en un estatus más estricto de responsabilidad que los directores o administradores de empresa, compañía de responsabilidad limitada o asociaciones no registradas. Los directores tanto de empresa de negocio como las de sin lucro deben una cuota fiduciaria a sus accionistas o miembros así como a la empresa. Sin embargo, está bien establecido que un estricto estándar del deber de fideicomisario, que prohibiría cualquier auto-negociación, indiferentemente del beneficio conferido, no es generalmente lo que se pretende o requiere por la

---

5   Si no hay documentos escritos, el IRS no reconocerá el estatus exonerado de la asociación no registrada.

mayoría de las leyes corporativas estatales. "A un fideicomisario se le mantiene en un alto grado de diligencia y será considerado responsable por simple negligencia, mientras que un director tendrá que haber cometido una 'negligencia grave' o ser culpable de más de un error de juicio."[6] Bajo la ley común, que aplica si el estado no ha reconocido a la asociación no registrada como una entidad, los miembros y administradores de una asociación no registrada pueden ser considerados responsables civilmente por las obligaciones de la asociación.

Desde un estándar de responsabilidad estricto, hoy en día probablemente es preferible una empresa.

(continúa en la siguiente página)

---

6   *Stern v. Lucy Webb Hayes School*, 1974, 381 F. Supp. 1033

Resumen de entidades

	Empresa	Fid. de ben.	Asoc. no reg.	Comp. de res. lim.
Presentar documentos con el gobierno para formarla	No	Sí	Sí	Sí
Documentos requeridos para formarla	Artículos de constitución, estatutos	Documentos de fideicomiso	Ninguno; se recomienda artículos de asociación y/o estatutos	Requiere Artículos de organización o documento similar; acuerdo de operación recomendado y puede ser solicitado
Fácil enmendar documentos de la organización	Sí	No	Generalmente sí; depende de los documentos que se entregue o la práctica	Sí
Estructura de gobernanza definida en estatutos	Sí	No	No	Disposiciones por incumplimiento, pero pueden modificarse

	Empresa	Fid. de ben.	Asoc. no reg.	Comp. de res. lim.
Estructura de gobernanza puede variarse a conveniencia	No	Sí	Sí	Sí
Requiere de formalidades (reuniones, minutas, etc.)	Sí	No, pero se recomienda	No, pero se recomienda	No, pero se recomienda
Puede establecerse estatus exonerado	Sí	Sí	Sí	Sí, si todos los miembros están exonerados
Entidad es aparte de los miembros, oficiales, fideicomisarios, etc.	Sí	Sí	Depende de la ley estatal	Sí para propósitos de responsabilidad; depende de la elección de la organización para propósitos de impuestos
Requiere de miembros	No	No	Sí	Sí (al menos uno)
Quién es responsable de administración (de tomar decisiones políticas)	Directores	Fideicomisarios	Determinado por la organización	Administradores o miembros como lo especifican los documentos

	Empresa	Fid. de ben.	Asoc. no reg.	Comp. de res. lim.
Los directores, administradores, Fideicomisarios pueden tener responsabilidad civil por actos	Si	Si	Si	Si
La responsabilidad se puede obviar	Depende de la ley estatal	No	Depende de la ley estatal	Depende de la ley estatal
Directores / Administradores / Fideicomisarios sirven por plazos indefinidos	No	Si	Depende de la estructura de la entidad	Depende de la estructura de la entidad
Quién es responsable por las operaciones (implementar las decisiones de política)	Oficiales	Fideicomisarios	Determinado por la organización	Administradores o miembros, como se especifica en los documentos
Si la entidad es de beneficencia, el Fiscal General tiene jurisdicción	Si	Si	Si	Si
La ley está bien establecida	Si	Si	No	No

Diferencias en leyes estatales

"Bueno", dijo Sam, "parece que una compañía de responsabilidad limitada pueda no ser el camino a seguir en este momento. Creo que voy a utilizar una empresa. ¿Y qué me dices de registrarme en otro estado, tal como Delaware? ¿No es que la mayoría de las empresa se registran ahí?"

¡Aja! Algo de lo que sí sabe Alvin. "Sam", le dice Alvin, "tienes que recordar que estamos hablando de una empresa sin fines lucro. Es cierto que muchas de las empresas de negocio nacional e internacional han escogido a Delaware como su estado de registro, pero eso es porque la ley ahí ha sido elaborada específicamente para beneficiar a los negocios y, Delaware tiene un sistema judicial experimentado. Pero solo por el hecho que una ley sea buena para los negocios, no necesariamente es la ley a la que te quieres someter."

"¿Qué estado escogerías?" preguntó Sam.

No hay una respuesta clara en este momento. En realidad depende de la organización y en lo que considera importante. Por ejemplo, las disposiciones en indemnización y leyes de protección voluntaria varían sustancialmente de estado a estado. Si a Sam le preocupa la responsabilidad civil, hay algunos estados que él probablemente no escogería. Y, hay algunas diferencias en las disposiciones de gobernanza de los variados estados que podrían ser de preocupación, dependiendo de las operaciones propuestas. Por ejemplo, la mayoría de estados requiere que los directores actúen ya sea en reunión o por consentimiento escrito unánime (todos deben firmar). Si Sam va a escoger a un director que pudiera no estar disponible sin aviso previo y, necesita respuesta rápida de parte de los directores, podría querer considerar si un estado que requiere sólo el consentimiento escrito de la mayoría pueda ajustarse mejor a sus necesidades.

Al conversar más ampliamente con Sam, Alvin nota que las operaciones iniciales de la empresa, estarán en X, el estado natal de Sam. Si Sam fuera a escoger al estado Y, entonces probablemente también tendría que presentar papeles como empresa foránea en el estado X y, bien podría terminar teniendo que cumplimentar tanto en el estado X como en el Y. Tendría cargos y cuotas por presentar documentos en ambos estados.

Sam concuerda en que debido a que por lo menos inicialmente iba a estar operando en el estado X, su vida sería menos complicada si se registrara ahí. Alvin estuvo de acuerdo en revisar si había algo particularmente complicado acerca de la ley estatal de X ya que calza con la organización sin fines de lucro de Sam.

Por supuesto, si Sam fuera a operar en varios estados diferentes, lo que requeriría registrarse en cada uno de los estados, podría valer la pena revisar la ley de esos estados en particular antes de tomar una decisión final. Un asunto de hacer notar es que muchos estados han adoptado ahora alguna forma de la Ley sobre el Modelo de Empresa Sin Fines de Lucro. Esto hace más fácil comparar la ley en esos estados.

Empresa con propósito de beneficencia / flexible

"Bueno, una pregunta más," dijo Sam. "Tengo un vecino que insistió en que una empresa de beneficencia es la manera de hacerlo. Pero no has hablado acerca de ellas. Dijo que podías controlar totalmente a la organización y no tienes que responder a nadie aunque aún puedes beneficiar a tu organización. Del modo en que hablaba, obtienes todos los beneficios pero ninguno de los problemas."

"Sam, tu vecino no ha formado una empresa sin fines de lucro. Él ha formado una entidad de negocios, que tiene dueños (tu vecino) y que opera principalmente con propósitos comerciales. A pesar que los documentos de formación puedan permitirle *también beneficiar* algún propósito de beneficencia, es incidental al propósito principal de manejar un negocio para beneficio de los dueños. De hecho alguna gente considera la categoría de empresa de 'beneficencia' más una herramienta de mercadeo que otra cosa. En cualquier caso, no es una beneficencia, las contribuciones no son deducibles, el beneficio final es hacia los dueños y, el control de la entidad permanece en manos de los dueños."

Formando la empresa

"Muy bien," dice Sam. "¡Empecemos! ¿Qué deberíamos hacer primero? Tengo algunos documentos que mi cuñado, Joe usó cuando comenzó su organización sin fines de lucro. ¿Podemos usar estos documentos y nada más cambiar el nombre?"

"Ah, no Sam," responde Alvin. "Cada organización sin fines de lucro es diferente. A pesar que parte del vocabulario pueda parecer que se puede usar como machote o molde, necesitas ver cómo tu organización específica sin fines de lucro va a estar organizada, administrada y operada. Debido a que hay tantas opciones para las organizaciones sin fines de lucro sería mucho más fácil y más costo efectivo empezar de cero, en lugar de probar y modificar lo que otra persona ha hecho que pudiera tener una estructura totalmente diferente de lo que tú quieres."

¿Entonces, donde debe comenzar Sam?

A pesar que hemos dividido el proceso en varios pasos como se va a dar cuenta Sam, el producto final de cada paso requerirá tomar decisiones acerca de otros pasos. Por ejemplo, hay algunas disposiciones que puedan tener que ser incluidas en los Artículos de manera de establecer el tipo de estatus exento que Sam quiere. De ahí que Sam necesitará primero revisar el proceso entero y tomar las decisiones principales acerca de cada paso antes que se haya cumplido con los documentos.

PRIMER PASO:
Escritura o certificado de constitución

Lo primero que Sam necesita hacer es un borrador del certificado de constitución y presentarlos ante el estado (generalmente al Secretario de Estado). Este es el "certificado de nacimiento" de la empresa; hasta tanto no se presente, la empresa no existe. El formulario exacto difiere según el estado.

Nombre de la empresa

El nombre de la empresa se debe considerar cuidadosamente. El nombre puede ser descriptivo del propósito, tal como el nombre que Sam escogió inicialmente, "Salve a las Ardillas". Puede ser un nombre que implique el propósito, tal como el uso del nombre "John Muir" como parte del nombre de una organización ambientali sta. O puede no tener ninguna connotación directa del propósito del todo, aunque si la organización es exitosa, el nombre en última instancia se identificará con el propósito. La mayoría de los estados *no requieren* el uso de "Inc.", "Incorporada" o "Empresa" como parte del nombre corporativo, aunque algunos estados requieren de un adjetivo, si el resto del nombre no es claramente aquel de una entidad separada. Por ejemplo, en esos estados el nombre "Sam Goodman" no sería permitido, aunque "Fundación Sam Goodman" si lo sería. Si Sam hubiera decidido usar una compañía de responsabilidad limitada en lugar de una empresa, él tendría que usar "compañía de responsabilidad limitada C.R.L." o "Sociedad de Responsabilidad Limitada S.R.L." o un modificador similar como parte del nombre.

Sam quiere un nombre que sea diferente de otras entidades, para que no haya confusión. Es una buena práctica revisar la disponibilidad de nombres con el Secretario de Estado y reservar el nombre deseado tan pronto se escoja uno si éste está disponible. El Secretario de Estado no procesará los Artículos si el nombre es muy similar a un nombre utilizado por otra organización registrada en el estado.

Además, Sam debe asegurarse que no está usando un nombre para el cual alguien ya ha obtenido una marca registrada o registro de marca de servicio para un propósito similar. La página web de la Oficina de Marcas Registradas y Patentes de los EEUU es un buen lugar para revisar. Como un nombre a menudo tiene marca registrada a nivel estatal esto también se debe revisar.

Nota: Solo porque un nombre está registrado para uso como marca registrada o marca de servicio no quiere decir necesariamente que no está disponible. Si una marca registrada o marca de servicio no está en uso actualmente, los derechos pueden perderse incluso después de haber obtenido el registro.

Una vez que se escoge un nombre, se debe pensar en si es una buena idea establecer una marca registrada o marca de servicio. Si el nombre es común, podría no ser posible registrar el nombre (aunque, incluso ahí podría ser posible registrar el nombre junto con el logo). Mientras el nombre no infrinja sobre un nombre ya existente, al usar un nombre usted está estableciendo un derecho legal común a seguir utilizando ese nombre, pero solo donde el nombre se use en realidad. Alguna otra persona podría usar el nombre en otra localidad. El beneficio de registrar el nombre es que usted extiende la protección al área registrada. Si usted registra en el estado X, por ejemplo, entonces a nadie más se le permitirá usar el mismo nombre en ese estado; si usted registra con la Oficina de Patentes y Marcas Registradas, su registro es válido para todos los Estados Unidos.

Cláusula del propósito

La parte más importante de la escritura de constitución es la cláusula del propósito. Debe ser tan estrecho que distinga a la organización de otras organizaciones sin fines de lucro, pero lo suficientemente amplio que permita a la organización llevar a cabo sus objetivos. La cláusula del propósito generalmente no especifica los métodos por medio de los cuales la organización llevará a cabo sus objetivos, excepto tal vez en términos muy amplios.

Sam debe estar consciente que si la cláusula del propósito es demasiado estrecha, podría estar limitando la habilidad de la organización de operar en el futuro. Por ejemplo, la organización sin fines de lucro manejada por el cuñado de Sam, Joe, había definido su propósito como ayuda a niños adolescentes delincuentes. Después de varios años de operación, la junta del Hogar para Niños Delincuentes determinó que la organización debería extenderse para ofrecer los mismos servicios a niñas adolescentes y pre adolescentes también. Si la organización hubiera definido su propósito como de ayuda a niños delincuentes, entonces sería capaz de ampliar sus operaciones inmediatamente. Debido a lo estrecho de la cláusula del propósito, la junta ahora se enfrenta con el hecho de tener que enmendar los artículos para expandir su propósito. Más aún, la junta tendrá que determinar si es que los recursos pueden ser usados para estos esfuerzos de expansión o, si deben ser usados para el limitado propósito indicado inicialmente (ver Parte II, Recaudando y Gastando el Dinero, Donación Condicionada).

El propósito debe también ser consistente con el estatus exento deseado. Por ejemplo, si la organización espera ser exenta como organización de beneficencia para que las donaciones sean deducibles como contribuciones de beneficencia, el propósito como está establecido en la escritura de constitución, debe calzar bajo los tipos de propósitos de beneficencia enumerados en la sección 501(c)(3) del Código de Ingresos Interno (IRC por sus siglas en inglés o "el Código"). En otras palabras, debe ser organizado exclusivamente para propósitos religiosos, de beneficencia, científicos, para pruebas de seguridad pública, literario o educacionales o para la prevención de la crueldad hacia niños o animales. "Si la cláusula del propósito no calza dentro de alguno de estas categorías, no estará exento de impuestos bajo la sección 501(c)(3).

Notificador

Por ley, cada empresa es una persona separada de cualquier individuo involucrado. Como no tiene un cuerpo corporativo, alguien debe ser designado para aceptar la notificación judicial en caso que la empresa sea demandada. A esta persona se le llama "notificador" o "agente corporativo". El agente puede ser un individuo u otra empresa que se ha registrado específicamente para servir en esa capacidad y, el agente debe estar localizado en el estado en que se registró. Debido a que Sam ha decidido registrarse en su propio estado, él puede servir como agente. Si él hubiera decidido registrarse en otro estado, pudiera haber tenido que pagar a una empresa en ese estado para servir como agente para notificación judicial en representación de su nueva empresa.

Quien sea escogido para servir de agente debe ser de confianza. Si un agente recibe una citación por una demanda en contra de la empresa y no toma los pasos para asegurarse que la demanda sea contestada apropiadamente, podría presentarse un juicio por incumplimiento en contra de la empresa.

Si se escoge a una persona no involucrada en la operación en sí, la organización no mantendrá a la persona informada. Por ejemplo, Sam podría pedirle a Alvin que sirva como agente, sabiendo que Alvin es confiable. Pero si Sam y Salve a las Ardillas se trasladan sin avisarle a Alvin de la nueva dirección y número de teléfono, será difícil para Alvin notificar a Salve a las Ardillas de la demanda y, cualquier retraso podría resultar en la presentación de un juicio por incumplimiento en contra de la empresa.

Disposiciones requeridas para el estatus 501(c)(3)

Hay varias disposiciones requeridas si la organización va a establecer su estatus exento bajo la sección 501(c)(3) del IRC. Estas disposiciones limitan las actividades de la organización a aquellas permitidas por organizaciones 501(c)(3) y, se aseguran que todos los activos serán utilizados para el propósito exento de la organización. También se debe incluir una cláusula de disolución, especificando qué organización u organizaciones o tipos de organizaciones -si no se nombra a ninguna organización en específico- recibirá los activos en caso de una disolución.

Otras disposiciones específicas según el estado

Algunos estados requieren de disposiciones adicionales. Por ejemplo, algunas requieren que todos los directores iniciales sean nombrados (y a veces sus direcciones) y, podría requerir que cada director inicial firme los artículos. Incluso si no se requiere nombrar a los directores iniciales, puede requerirse la dirección física, la dirección postal o ambas.

Otra disposición a veces requerida es si la existencia de la organización va a ser o no perpetua. No se recomienda un plazo de años. Por ejemplo, la Iglesia Cristiana XYZ había provisto una existencia de 50 años, pero nadie se preocupó de hacer una nota al respecto. Afortunadamente, unos 75 años posteriores a su constitución, alguien notó que el plazo había expirado y se presentaron los artículos enmendados después de este hecho.

Algunos estados requieren que los artículos sean publicados luego de haber sido presentados ante el Secretario de Estado. Alvin debe revisar su ley estatal para asegurarse que toda disposición requerida está incluida en los Artículos de Sam.

Algunas disposiciones estatales no son obvias. Por ejemplo, en California ciertos tipos de exoneraciones a impuestos a la propiedad requieren un vocabulario específico en los artículos antes de que esté disponible la exención.

Disposiciones opcionales

A pesar que ciertas disposiciones que están normalmente en los estatutos pueden también estar en los artículos, Sam debe considerar incluir sólo disposiciones necesarias en los artículos para evitar conflictos entre los documentos. Los estatutos son más fácilmente enmendados a medida que la organización crece y requiere cambios.

Hay otras disposiciones opcionales que deben ser incluidas. Por ejemplo, algunos estados permiten la responsabilidad limitada de los directores, pero requieren que esta limitación se manifieste en los artículos. Y si la organización ha de estar bajo el control de otra entidad, este hecho puede que también se deba manifestar en los artículos, para que sea efectiva en su totalidad.

Presentando los documentos

Cuando se presenten los artículos con el Secretario de Estado u otra agencia gubernamental, usted podría querer conseguir una o dos copias adicionales de los artículos certificados. Dependiendo de los requisitos de presentación de documentos del estado, puede ser necesario incluir copias adicionales para que sean certificadas y devueltas; otros estados requieren que usted pague por cada copia certificada adicional. El tener una copia adicional permite a la empresa mantener una copia limpia en el libro de minutas corporativas y de usar la otra como "copia de trabajo" para cuando se necesiten copias para aperturar cuentas bancarias, etc. El cargo cobrado por la copia adicional bien lo vale.

Entidades no corporativas

Con un fideicomiso o una asociación no registrada no hay documentos que deban presentarse para que la organización comience a existir. Generalmente habrá un documento de fideicomiso o estatutos de asociación que describen muchas de las mismas disposiciones como estarían en los estatutos de una empresa.

Una sociedad de responsabilidad limitada tendrá que presentar estatutos de organización o un documento similar con el estado para comenzar su existencia. Una sociedad de responsabilidad limitada también tendría que tener un acuerdo de operación para evitar disposiciones legales por incumplimiento. Esto es especialmente importante para una entidad sin fines de lucro, ya que las disposiciones legales por incumplimiento generalmente apuntan a entidades comerciales.

Cualquier entidad sin fines de lucro que planee ser exenta de impuestos tendrá que incluir las disposiciones apropiadas en sus documentos organizacionales.

Resumen del primer paso: Estatutos de constitución

Los artículos deben incluir

1. Nombre de la empresa
2. Cláusula del propósito
3. Nombre y dirección del notificador
4. Si es de beneficencia, las disposiciones que indiquen en qué se van a dedicar los recursos con propósitos de beneficencia
5. Si es de beneficencia, las disposiciones que indiquen la distribución de recursos a otras organizaciones exentas luego de la disolución.
6. Otras disposiciones requeridas por la ley estatal

Los artículos pueden incluir

1. Nombres y direcciones de directores iniciales
2. Si es que se permite, disposiciones que limiten la responsabilidad de los directores
3. Dirección física y de correo para la empresa
4. Otras disposiciones para la gobernanza de la organización (generalmente se incluyen en los estatutos en lugar de en los artículos)

Firma y fecha

1. Si se enumera a los directores, puede requerirse la firma de todos los directores; generalmente solo se requiere la firma del fundador. Revise la ley.

Presentación de documentos (junto con la cuota a pagar)

1. Con el Secretario de Estado u otra agencia estatal designada. Dependiendo de la ley estatal, puede incluir copias adicionales para que se las certifiquen.

Publicar

1. Algunos estados requieren que se publiquen los estatutos y enmiendas.

Véase Formulario 1: Escritura constitutiva de Salve a las Ardillas (sigue los requisitos de la *Ley Modelo de Empresas Sin Fines de Lucro* —debe ser enmendado para reflejar la ley estatal) en la página 217.

SEGUNDO PASO:
Determinar cómo se va a gobernar la empresa

Estatutos

Como se hizo notar anteriormente, los estatutos son un conjunto de normas internas por medio de las cuales opera la organización sin fines de lucro. Ellos definen cómo funciona, tal como las calificaciones que deben tener los directores y miembros (si los hay) de la empresa, reglas para notificar y conducir las reuniones, reglas para elegir y remover directores, reglas para disciplinar a los miembros o suspender los derechos de membresía, una descripción de los roles y responsabilidades de los comités, una descripción de los deberes de los directivos corporativos y otra información similar. A pesar que estos estatutos no se presenten ante la oficina del Secretario de Estado, deben ser presentados a las autoridades de impuestos como parte de la solicitud para el estatus exento y generalmente tienen la fuerza de ley dentro de la organización.

Unos estatutos bien redactados necesitan ser de cierta complejidad. Si un ítem en particular no se menciona en los Artículos o los estatutos, la regla que se aplicará es la disposición por incumplimiento contenida en la ley del estado de constitución. Esto puede no ser el resultado esperado. Más aún, incluso si las reglas por incumplimiento son satisfactorias, la mayoría de la gente no tiene una copia de las leyes de su estado a la mano. Al establecer las reglas deseadas en los estatutos se permite a todos conocer cómo va a operar la organización.

A pesar que algunos abogados no están de acuerdo, generalmente no es una buena idea incluir en los estatutos un requisito de que la empresa siga las *Reglas del Orden de Robert*. Primero, estas reglas a veces entran en conflicto con las leyes estatales. En segundo lugar, son demasiado complejas para la mayoría de las organizaciones sin fines de lucro (son leyes "parlamentarias", diseñadas para proveer orden con un grupo grande de gente). Finalmente, la gran mayoría de gente no entiende estas reglas, lo que resulta en la necesidad de un parlamentario y, en concentrar el poder en manos de unos pocos que saben cómo manipular las reglas y quienes pueden prevenir a otros de tener algún aporte en las decisiones alcanzadas. Una excepción podría ser una empresa con una membresía grande o casa de delegados donde un formato con procedimientos parlamentarios asistirá en proveer el orden.

Las organizaciones a veces escogen tener una constitución en vez de o además de los estatutos, (por alguna razón, las organizaciones religiosas a menudo hacen esto). No hay necesidad de tener ambos documentos y de hecho esto puede causar problemas si los documentos son contradictorios. Ambos deben ser fusionados a no ser que haya una manera de definir claramente lo que hay en uno y lo que hay en el otro para que no haya traslape.

"Entonces," dice Sam "¿qué información necesito darte para que puedas redactar los estatutos para mí? ¿Qué decisiones necesito tomar?"

Estructura general: ¿Qué camiseta es la que usas?

Lo primero que necesita hacer Sam es entender los diferentes tipos de camisetas que puede usar la gente involucrada con la organización. Lo que sigue es una simple guía para ayudar a Sam a decidir qué es lo que quiere cuando redacten los estatutos para su empresa. Una persona podría usar diferentes tipos de camisetas, sin embargo, él o ella debe saber qué camiseta va a usar él o ella al tomar una acción en particular.

Miembros eligen a los directores y generalmente votan en asuntos de decisiones mayores tales como fusiones o disoluciones. Los miembros en empresa sin fines de lucro son similares a los accionistas en las empresas de negocio. Los derechos de los miembros pueden ser modificados por los estatutos. Muchas organizaciones sin fines de lucro no tienen miembros.

Directores dirigen. Ellos toman decisiones de política para la empresa y deciden sobre su dirección en general. Los directores actúan como un cuerpo; no tienen poder para actuar por sí solos (de ahí, la "junta" directiva). Si no hay miembros, los directores también tienen el poder de los miembros.

Oficiales implementan. Los directores normalmente eligen a los oficiales; los directores se pueden elegir ellos mismos o a otros para que sirvan como oficiales. Los oficiales llevan a cabo las responsabilidades delegadas a ellos por los directores o asignadas a ellos por los estatutos y se reportan con los directores. Los oficiales son responsables por las actividades del día a día de la empresa.

Los directores a veces forman **comités**. En algunos estados, un comité con poderes de junta (un comité de junta) debe estar formado sólo de directores. Los comités se forman para una tarea específica que puede ser continua o diseñada para llevar a cabo una tarea en específico. Las leyes estatales a menudo prohíben a los comités ejercer una lista de poderes que requieren acción por la junta en pleno.

Todas las acciones tomadas por los miembros, directores y comités en representación de la empresa deben ser documentados en las minutas corporativas.

Miembros

"¿Entonces, debe mi empresa tener miembros?" pregunta Sam.

Hay dos situaciones básicas donde las organizaciones sin fines de lucro tienen miembros. En la primera, un número de los individuos tienen un interés permanente en la administración de la organización sin fines de lucro. Por ejemplo, una iglesia congregacional generalmente tendrá una membresía compuesta por aquellos en la congregación que son de una edad mayor que adhieren a sus creencias religiosas y que se han unido como miembros. El número de miembros normalmente es sustancial, mayor que el número de directores; escogen a los directores para tomar las decisiones en representación de ellos.

La segunda situación involucra a un número limitado de miembros. Por ejemplo, con una organización sin fines de lucro cuyos fondos provienen casi en su totalidad de un individuo en particular, ese individuo podría querer que otros sirvan como directores, aunque pudiera querer mantener la habilidad de elegir a futuros directores personalmente. Esto se puede hacer al tener una membresía limitada (tal vez el individuo y su esposa o esposo), pero una junta más grande. Para evitar conflictos potenciales, se recomienda que se use esta estructura sólo cuando el individuo y sus parientes no se benefician de la empresa (sea como empleados o beneficiarios).

Muchas organizaciones sin fines de lucro han determinado que necesitan de miembros. En tal situación, los directores se auto perpetúan, esto es, se eligen a ellos mismos o a otros como directores. Alternativamente, los estatutos pueden proveer otro método de escoger directores, tal como que a algunos o a todos los escoja una organización relacionada (quienes pueden o no ser considerados miembros), que algunos sirvan automáticamente por virtud de otra posición o que los directores sean elegidos por los delegados.

Los miembros de una empresa sin fines de lucro funcionan similarmente a los accionistas, aunque no son dueños y no se les emiten acciones. Las empresas de beneficio mutuo, tales como asociaciones de dueños de casa y clubes sociales podrían ser una excepción a esta regla, ya que estos miembros pudieran tener interés propietario en la empresa.

Los miembros generalmente votan por los directores y sobre temas importantes que enfrenta la organización, tal como si se fusiona o disuelve la empresa o si se venden todos o casi todos los bienes. No tienen ningún poder sobre la operación en sí y, generalmente no tienen la responsabilidad civil que le acompaña.[1]

Un problema que tienen muchas organizaciones sin fines de lucro con los miembros es mantenerse en contacto. Debido a que los miembros tienen autoridad sobre la organización y los derechos de voto, es importante mantener actualizada la lista de membresía. Desafortunadamente, debido a que los miembros de la mayoría de organizaciones sin fines de lucro, incluyendo las organizaciones de beneficencia exentas bajo la sección 501(c) (3) del Código de Ingresos Interno (IRC), no tienen intereses ni derechos de propiedad en la organización, los miembros pueden trasladarse o por el contrario cesar su involucramiento con la organización sin dejarle saber a la misma. Debido a esto, si la empresa tiene miembros debe asegurarse que cuenta con un método regular de verificar la membresía y de remover a miembros cuando se vuelven inactivos o que ya no tienen contacto con la organización. Esto se puede hacer de varias maneras, tal como requerir el pago de una membresía anual, requerir una verificación anual que indique que el individuo desea continuar siendo un miembro o requiriendo que los miembros asistan a un cierto número de actividades anualmente para mantener la membresía vigente. Cualquiera sea el método que la organización elija, debe asegurarse que la lista de miembros se actualice regularmente, por lo menos una vez al año. Poco antes de la reunión anual sería el momento adecuado para actualizar estos datos.

....

1   Si los miembros se reservan ciertos poderes para ellos mismos, tal como aprobar el presupuesto anual o aprobar gastos por encima de un cierto monto, entonces surge la interrogante de si serán responsables como lo serían los directores si es que ellos ejercen estos poderes.

Una empresa generalmente no puede alterar las disposiciones concernientes a los miembros (si es que los tiene) sin la aprobación de los miembros, por lo que al momento de formarse es razonable considerar si la organización debiera tener miembros. Es mucho más difícil quitar derechos a los miembros de lo que es no dárselos.

"Me parece que probablemente no quiero miembros" musita Sam. "No quiero tener que andar tras la gente para obtener sus votos."

Pero luego se acuerda que el museo de arte tiene miembros y junta cuotas de los miembros todos los años. "Yo he sido miembro por los últimos cinco años," continúa, "y nunca me han dejado escoger a los directores. ¿Están haciendo algo mal? ¿O puedo tener miembros y cobrarles cuotas sin darles el derecho al voto?"

Muchas empresas eligen usar el término miembros como un mecanismo para recoger fondos, más que para la gobernanza corporativa. En estas situaciones (como con el instituto de arte al que se ha unido Sam), un miembro no tiene autoridad y no tiene derecho al voto. Esto generalmente es permisible y, de hecho es permitido expresamente por la mayoría de leyes estatales. Sin embargo, la organización debe definir específicamente el término "miembro" en los estatutos y si "miembro" va a ser solo un término para recaudar fondos, debería serlo de manera limitada. Si no lo es, entonces cualquiera llamado miembro podría tener los derechos y deberes descritos en el estatuto estatal.[2]

Si una empresa elige tener miembros, los estatutos deben establecer cómo se convierte uno en miembro, cómo se remueve a un miembro, los requisitos para llevar a cabo las reuniones y cualquier poderes que se reserve a los miembros. Esto incluirá el porcentaje de miembros necesarios para llevar a cabo una reunión (un "cuórum") y el porcentaje de votos necesarios para llevar a cabo una acción (generalmente la mayoría de un cuórum, a no ser que un porcentaje mayor sea requerido por los estatutos o ley estatal).

Nótese que si una organización es una fundación, no tendrá miembros (aunque puede tener beneficiarios). Una asociación no registrada tendrá miembros, como lo tendrá una sociedad de responsabilidad limitada (aunque, como se hizo notar anteriormente, a la fecha el IRS ha encontrado que las sociedades de responsabilidad limitada son exoneradas sólo si sus miembros son también organizaciones exoneradas de impuestos).

....

2   Ver Formulario 2 (en la página 221): Vocabulario en los estatutos que permite "miembros" solo con el propósito de recaudar fondos.

¿Quién es un director?

"Muy bien, voy a pensar en la posibilidad de tener 'miembros' para recaudar fondos, pero asegúrate de no darles derecho al voto cuando redactes mis estatutos," dice Sam. "No deberíamos tener ningún problema con el control ya que pensé que sencillamente me elegiría a mí, a mi esposa y a mi hermano como directores y, deberíamos estar listos para comenzar. ¿No servirá?"

Bueno, tal vez sí, tal vez no.

Primero hablemos de lo que hacen los directores.

- Los directores no tienen autoridad individual, ellos deben actuar conjuntamente como junta.
- Los directores toman las decisiones políticas básicas para la empresa.

Debido a que es esencial al estatus exento de impuestos de la organización que se ajuste al propósito estipulado, uno de los principales deberes de un director es estar atento a la naturaleza e importancia del propósito exento de la organización sin fines de lucro y de asegurarse que esos propósitos se cumplan apropiadamente. El propósito de cada accionar y de cada decisión de un director debe ser el avanzar el propósito de la organización. Si las aspiraciones personales del individuo no son las mismas que las de la organización, entonces el individuo no debería servir como director. Un director no debe jamás iniciar o con conocimiento de causa apoyar o permitir acciones que excedan o sobrepasen el propósito declarado de la organización sin fines de lucro.

Dicho de otro modo, cada decisión debe tomarse basado en lo que es mejor para la organización. La IRS y muchos Fiscales Generales de varios estados quieren asegurarse que la junta es capaz de hacer esto. Hay preocupación en el hecho de que si una junta está compuesta de individuos relacionados entre ellos, posiblemente la empresa sea manejada de manera tal que beneficie a estos individuos en lugar de beneficiar a todos los activos utilizados para llevar a cabo el propósito. De ahí que se recomienda que la mayoría de la junta no tenga relación entre ellos.

"¿Bueno, cuando dices que *recomendarías* que una mayoría de los directores no estén relacionados, es que es un requisito en sí?"

"Depende de si tú u otro de tus parientes van a recibir alguna compensación o beneficio económico. Las leyes de tu estado establecen que una mayoría de los directores no deben recibir compensación y tampoco estar relacionado con alguien que sí lo es.[3] ¿Vas a servir como director ejecutivo de la empresa? Y si es así, ¿vas a querer que te compensen por tus servicios?

Sam probablemente va a ser director ejecutivo o presidente de la empresa por lo menos inicialmente, pero no sabe si irá a recibir compensación, en parte porque no sabe qué clase de apoyo va a generar la organización. Pero, debido a que tal vez quiera compensación en un futuro tal vez quiera conformar una junta más diversa.

El otro asunto al tener parientes como miembros de las directivas especialmente con una beneficencia pública, es la preocupación de la IRS de que la organización sea operada exclusivamente con propósito de beneficencia. La manera de dejar en claro de que no será posible un beneficio es que el IRS puede solicitar que la organización tenga una mayoría de directores sin relación entre ellos antes que le pueda conferir a la organización el estatus de exento de impuestos.

De cualquier modo, Sam querrá que la junta adopte una política de conflicto de intereses en la que se aborde las transacciones entre las empresas y cualesquiera oficiales o directores o sus parientes. (Refiérase a "Conflictos de interés" en la página 172, y Formulario 8 en la página 233.)

¿Cuántos directores deben conformar la junta?

"Bueno, si no voy a ser empleado de la organización, tal vez deba ser el único director, como lo soy para mi empresa de negocios", dice Sam. "De esa manera puedo controlar la organización y no preocuparme por conflictos de intereses y disputas entre los directores. ¿Puedo hacer eso?"

No todas las organizaciones sin fines de lucro tienen juntas directivas. Si la organización es un fideicomiso, tendrá uno o más fideicomisarios. Y si es una asociación no registrada, puede operar de cualquier manera que les parezca a los miembros y aún ser exenta, siempre y cuando esté organizada y se opere con propósitos de exención. Sin embargo, si la organización es una empresa, tendrá una junta directiva.

---

3   Véase p.ej. Sección 5227 del *Código de Empresa de California*, que estipula que no más del 49% de los directores de la beneficencia pueden estar interesados financieramente. Una disposición similar se encontraba en la *Ley Modelo de Empresa Sin Fines de Lucro Revisada*, pero esta limitación se eliminó en la 3ª Edición (la Sección 8.11 ahora permite a los directores que fijen ellos mismos sus compensaciones a no ser que el estatuto o los artículos digan lo contrario).

Si la pregunta es si un individuo puede formar parte de la junta, la respuesta es tal vez. Primero que nada la ley estatal bajo la cual se creó la organización lo debe permitir. Por ejemplo, en muchos estados hay un tipo especial de organización religiosa llamada "empresa única", la cual es dirigida por el líder religioso principal. Si la organización es un empresa única (tal como la Iglesia Católica, donde el arzobispo funciona como el único director por área determinada) entonces un individuo constituye la directiva completa. Si la empresa es una fundación privada, nuevamente puede ser posible (aunque tal vez poco sabio) tener a un solo director. Pero la organización tendrá el mismo reto como con directores emparentados- convencer al IRS de que la organización tiene suficientes cheques y saldo para asegurar que será operado exclusivamente con propósitos de beneficencia.

Generalmente, el número de directores variará dependiendo de la complejidad de la organización y los varios constituyentes a los que representa. Con una organización médica, compleja y grande, para asegurar una correcta supervisión, tal vez sea necesario una directiva más grande, mientras que con una organización que recién empieza como la de Sam que tiene un propósito definido medio estrecho, sería preferible una junta más pequeña. Sin embargo, incluso con una organización en ciernes, si hay circunscripciones definidas que quieren representación, puede que la organización encuentre que una directiva grande es de más ayuda. No pierda de vista el hecho de que cuanto más grande sea la directiva más difícil va a ser tener reuniones con la asistencia de todos. Más aún, con una directiva grande, un director individual podría olvidar lo importante que es que él o ella sigan manteniendo sus responsabilidades hacia la organización, pensando en que los otros harán el trabajo.

¿Cuantas juntas directivas debe tener una organización?

"Cuando se habla de una directiva grande, parece mejor solución el dividir a la misma en más de una junta. A veces hay tanto que hacer en una organización sin fines de lucro que, tener varias juntas serviría más con cada junta responsable de un área diferente. Podríamos tener a una junta para recaudar fondos, otra para gerenciar la administración", apunta Sam.

"Sam, esa no es una buena idea," le responde Alvin. "Aparte del hecho que tu organización es muy pequeña para tener una estructura corporativa compleja, necesitas tener alguien al mando. Si comienzas a partir la junta puede resultar que ninguno se hace responsable o termina la junta peleándose entre ella."

"¿Quiere eso decir que nuestro pastor de la iglesia tenía razón? El Pastor Ray no piensa que sea permisible una junta dividida. Los estatutos de nuestra iglesia estipulan que debe haber una junta de ancianos, una junta de diáconos y una junta directiva. A cada una de estas juntas se les ha delegado ciertos poderes. Hasta ahora ha funcionado bien, los ancianos manejan los asuntos espirituales, los diáconos los asuntos temporales y los directores manejan el papeleo."

"Parece que contrataron a un pastor astuto, Sam. Sin embargo, no solo está la pregunta de quién está a cargo sino, si hay un conflicto, ¿cuál junta gana?"

"¿Alvin, estás seguro que el Pastor Ray no habló contigo ya? Nos dijo las mismas cosas a nosotros. Dijo que a pesar que le gustaba la iglesia y gustaba mucho de la congregación, tendríamos que volver a hacer la estructura de gobernanza si queríamos que él nos pastoreara. Entonces, ¿qué hacemos?"

Un paso, por supuesto, es eliminar juntas duplicadas. Después de alguna discusión, Alvin descubrió que la Iglesia Oak Street pensaba que legalmente tenía que tener una junta directiva para ser la "junta oficial", en lugar de reconocer que la "junta oficial" es la junta que tiene la autoridad final, sin importar el nombre. Una vez aclarado esto, rápidamente decidieron eliminar a la junta directiva.

La iglesia quiso mantener a los ancianos y a los diáconos, ya que piensan que ambos cargos son casi que escriturarios, los ancianos supervisando la vida espiritual y los diáconos los asuntos temporales o físicos de la iglesia. Alvin estuvo de acuerdo en que podían seguir teniendo ambos posiciones definidas, pero enfatizó que necesitaban aclarar cuál junta es la que manda, a quién se reporta acerca de los deberes específicamente bajo su supervisión (tales como comité de administración a quien se le delega cierta responsabilidad, pero no tienen autoridad más allá de las responsabilidades delegadas específicamente).

Es cierto que a veces una empresa pueda funcionar mejor si no hace todo ella misma. Por ejemplo, una directiva podría ser espectacularmente exitosa en operaciones, pero no igual de exitoso en conseguir fondos. Lo que algunas organizaciones han escogido hacer (lo que usualmente funciona mejor que tratar de dividir los poderes de una misma entidad) es tener comités separados para esas funciones variadas, cada uno reportándose a la junta directiva e incluso formar una empresa separada para los esfuerzos de recolección de fondos. (Esta entidad sería de apoyo para propósitos de impuestos). La entidad de apoyo, Fundación XYZ, está habilitada para enfocarse en buscar apoyo financiero adicional para la Empresa XYZ, sin interferir con los aspectos operacionales de la Empresa XYZ.

La Fundación XYZ necesita tener lazos definitivos con la Empresa XYZ. Por ejemplo podría tener directores que se superponen en sus periodos y, la junta de la Empresa XYZ pudiera elegir o ratificar la elección de algunos o todos los directores de la fundación XYZ, etc.[4]

Sin embargo, la directiva de la Fundación elegiría a individuos capaces de contribuir o de proveer contactos con otros potenciales contribuyentes y expertos financieros, en lugar de poblarse con gente organizacional.

Representando a la organización sin fines de lucro; sirviendo en la directiva

"Debido a que posiblemente debería tener miembros sin parentesco conmigo en la Directiva y posiblemente debiera ser más que solo yo en la misma, ¿serias un directivo?" pregunta Sam. "De esta manera sé que continuaré recibiendo buena asesoría legal para la empresa."

"Sam", le responde Alvin. "Estoy muy halagado de que quieras que yo forme parte de tu nuevo emprendimiento y, me gusta el concepto de lo que haces. Pero voy a tener que pensarlo antes de darte una respuesta".

¿Debería Alvin aceptar ser parte de la directiva?

El representar a una organización sin fines de lucro y a la vez servir en la directiva de la misma levanta sospechas sobre conflictos de intereses que pudieran surgir. El concejo que Alvin le da como directivo y el que le da como abogado bien pudiera ser diferente. Si él decide ponerse ambas camisetas a la vez, debe ser extremadamente cuidadoso de mantenerlas separadas. Debido a que es un abogado es probable que los otros directivos busquen consejo legal con Alvin, aunque no lo expresan tácitamente. Alvin debe aclarar que él no está dando consejo legal a no ser que sea contratado específicamente con este propósito (sea que se le pague o no por el consejo).

Otro asunto que pudiera haber notado Alvin hasta ahora es que la ley que afecta a las organizaciones sin fines de lucro no es sencilla. A no ser que él se

---

4   Si una fundación se establece para dar apoyo a otra organización sin fines de lucro, su estatus como organización exenta se basa a menudo en el estatus exento de la organización a quien apoya. Seguirá siendo exenta amparada a la cláusula 501(c)(3) del Código de Ingresos Interno, pero seguirá siendo considerada una fundación privada bajo la cláusula 509(a)(3) del Código. Hay tres tipos de organizaciones de apoyo, basados en el nivel de control ejercido por la organización apoyada. Véase "Beneficencias Públicas vs. Fundaciones Privadas", a continuación.

sienta a gusto dando consejos en un área en particular o que esté dispuesto a invertir tiempo en aprender sobre el tema, lo mejor para Alvin pudiera ser que aconseje a la organización que contrate a un especialista. Alvin pudiera decidir que él está dispuesto a servir en la directiva si la empresa contrata a otro abogado que dé consejo legal, cuando sea necesario. Habiendo dicho esto, muchos abogados sienten obligación a dar asistencia legal hacia su beneficencia preferida, mientras además sirve en la directiva.

Si Alvin fuera a servir en la directiva, debe darse cuenta que su seguro de mala práctica profesional a menudo no cubrirá su servicio en la directiva y que el seguro de responsabilidad civil de los directivos y directores tampoco lo cubre, especialmente si resulta que está de hecho dando asesoría legal.

También es cierto que cualquiera que sirva en la directiva no debe ignorar sus antecedentes. De ahí que cuando un contador público autorizado (CPA) sirve en la directiva, claramente él o ella tendrán un mejor entendimiento en cuanto a números de lo que lo tendría un artista, por ej. El CPA no puede pretender no ser un CPA, pero se le considerará en iguales condiciones personales que alguien con un historial parecido. Claramente el CPA no puede realizar la auditoría de la organización para la cual sirve (el auditor no debe nunca tener intereses de por medio). Más aún, si el CPA ocupa su tiempo como directivo haciéndoles la declaración de impuestos a individuos y, no es un experto en un tipo específico de contabilidad, por ej. contabilidad de manufactura, el CPA no será considerado al mismo nivel que un experto en la materia. La misma analogía aplica para los abogados. Si un abogado es especialista en ley criminal, y no tiene nada que ver con la empresa, el abogado no debe volverse un experto en ley corporativa para servir en una directiva. Sin embargo, el abogado debe aclararle al resto de la directiva qué rol está jugando ella o él, para que el resto de la directiva no asuma que una declaración hecha por el abogado/director es consejo legal, cuando en realidad no lo es. La diferencia por supuesto, entre un abogado y un CPA es que, mientras que a un CPA que esté realizando una auditoría se le exige no tener intereses para que su declaración financiera no tenga sesgos, los abogados, por su naturaleza de representar un lado, están claramente sesgados. Pero si Alvin está usando su camiseta de abogado durante las discusiones de la directiva, ¿puede funcionar adecuadamente como director?

Es muy importante hacer notar que hay otros temas esenciales que deben ser considerados antes que se tome una decisión al respecto. Por ejemplo, Alvin siendo tanto abogado de la empresa y un directivo, pudiera encontrarse en un lugar donde será testigo material de la actividad de la empresa. En tal situación su asesoría legal podría no estar protegida por la prerrogativa cliente-abogado, podrían llamarlo a atestiguar como directivo, y podría ser descalificado de representar a la organización.

Con estas cuestiones en mente, será de Alvin la decisión final de si hay o no muchos conflictos potenciales que afloran al representar a la organización mientras se sirve en la directiva.

Consejo asesor

"Si no vas a estar en la directiva, ¿te puedo nombrar en el consejo asesor?" pregunta Sam. "¿O me vas a decir que tampoco quieres que tenga un consejo asesor?"

Algunas organizaciones sin fines de lucro tienen asesores o un consejo asesor conformado por personas que tienen algo que ofrecer a la organización (tal como reconocimiento de nombre, habilidades especiales o dinero, pero quienes no están en posición de dedicar el tiempo necesario para cumplir los deberes de un director. Esto es esencialmente un puesto honorario (excepto que los estatutos les otorguen cierto poder, que no se recomienda y podría estar prohibido por ley estatal) y permite a la organización recibir los beneficios de estar asociados con estos individuos. Los individuos también obtienen el reconocimiento que desean (puede que lo merezcan) sin tener la responsabilidad civil y compromiso en tiempo de estar en la directiva.

Tener un consejo asesor también podría darle a la organización la oportunidad de nombrar a anteriores directivos que aún quieren seguir involucrados de alguna manera. Algunas veces las empresas utilizan a los consejos asesores para que aporten en temas específicos, que puede incluir suministrar experticia que la directiva no posee.

Para asegurarse que la responsabilidad civil potencial de director no se extiende al consejo asesor, debe quedar claro que los asesores no tienen responsabilidad otra que aconsejar y, de que no tienen poder para requerir que se sigan sus consejos.

"Ok, tengo una pregunta más acerca de usar un consejo asesor," dice Sam. "Yo le había hablado a un viejo amigo y él me dijo que no estaba interesado en ser simplemente un 'consejero'. Parece que pensaba que si no era lo suficientemente bueno para estar en la directiva, no quería participar. Pero en realidad está muy ocupado para de hecho estar en la directiva. ¿Dije algo malo?"

"Sam, creo que tienes un buen instinto acerca de la gente. Si en realidad no tiene tiempo para ser directivo, no lo quieren nombrar en la directiva. Pero tal vez quieras dar otro nombre al consejo asesor. Uno de mis amigos de hecho formó un 'consejo de sabios' conformado por gente como tu amigo. Si de alguna manera puedes hacer que parezca un honor ser un asesor, podrías lograr interesar a más gente."

"Eso es un buen aporte, Alvin."

¿Eres un directivo o un director?

"Ok", dice Sam. "Tal vez puedas poner una disposición en los estatutos que diga que puedo tener una consejo asesor más adelante. Pero por ahora, tendré tres directores: yo seré el presidente, Bill será el secretario y Susan será la tesorera."

"Espera un minuto, Sam. Estas cometiendo el error común de confundir directores con oficiales. Aunque un individuo puede tanto ser un director y un oficial, son posiciones diferentes. Mientras que los directores se pueden elegir a ellos mismos como oficiales, ellos pueden decidir que otra persona aparte del director estaría mejor en una cierta posición. Yo te puedo redactar el documento incluyendo a los tres tanto como directores como oficiales, pero tienes que entender que son camisetas diferentes."

"Bueno, ¿pero no es el director ejecutivo un director?", pregunta Sam.

"No. El que alguien tenga en su título la palabra 'director', 'director ejecutivo', 'director de programa' o un 'director de desarrollo' no lo hace automáticamente miembro de la directiva. A no ser que el director ejecutivo sea elegido para funcionar en la directiva o que los estatutos nombren automáticamente al director ejecutivo, entonces esa persona no sirve en la directiva. Generalmente esto quedaría claro, ya que los puestos de director son puestos de elección. Sin embargo, si hay confusión, se puede llamar por otro nombre al director ejecutivo, director de programa, director de desarrollo o directores que sirven la directiva. Una iglesia por ejemplo, podría escoger nombrar a la junta como la junta de ancianos."

¿Cuáles son las diferencias entre un director y un oficial?

Los directores dirigen. Ellos establecen políticas y toman decisiones fundamentales. Son la autoridad máxima de la organización. Operan en conjunto como junta directiva en lugar de separadamente.

Los directores generalmente eligen a los oficiales. Los oficiales son responsables de las actividades del día a día de la organización y de implementar las decisiones de la directiva. A diferencia de los directores, quienes solo pueden actuar en conjunto, los oficiales actúan independientemente. Sin embargo, se permite a los oficiales realizar únicamente las labores que les fueron delegadas por los directores y se deben reportar de vuelta con los directores para informarles cómo progresa la empresa para alcanzar sus metas.

Un individuo puede ser tanto un oficial como un director si lo eligen para servir en ambos puestos; sin embargo, el individuo debe asegurarse de estar consciente con qué camiseta anda en todo momento. Actuando como oficial, el individuo implementa las actividades aprobadas por la junta directiva y le reporta a la junta directiva. Como director, el individuo, en conjunto con el resto de la junta, supervisa la operación completa de la empresa.

Los oficiales que una empresa tiene usualmente son un director ejecutivo, a menudo llamado presidente, a veces gerente), un secretario y un tesorero. Algunas leyes corporativas estatales permiten la cantidad de oficiales que la empresa quiera tener; algunas requerirán oficiales adicionales (tal como un vicepresidente). La empresa puede tener un presidente de la junta directiva, en lugar o además del presidente).

En una organización grande, el presidente de la junta quien preside las reuniones de la junta es generalmente tanto un director como un oficial. El presidente o director ejecutivo puede ser compensado, una posición de planilla, responsable de las operaciones de la empresa y no un director. El secretario es responsable de llevar registros tal como minutas y la lista de membresía. El tesorero supervisa, monitorea las finanzas, generalmente bajo la supervisión tanto del presidente como de la junta.

Algunas organizaciones escogen dividir el puesto de tesorero en dos, directivo de junta y directivo de planilla. El tesorero puede ser un director con responsabilidades de supervisión. El director financiero sería entonces la persona de planilla a cargo de las funciones día a día de contabilidad.

Normalmente el presidente o CEO rinde cuentas directamente a la junta. Los oficiales, aparte de los directivos de la junta (p. ej. el presidente y tal vez el tesorero) rinden cuentas al presidente.

Tanto la mesa directiva como los oficiales de planilla tienen deberes y responsabilidades individuales y actúan independientemente cuando llevan a cabo sus deberes de "directivos". Cuando los puestos directivos se dividen de esta forma, usualmente la mesa directiva no es compensada mientras que los oficiales de planilla usualmente son empleados.

"Si oficial no es lo mismo que director, ¿debe Bill aún ser el secretario o debo escoger a alguien con destrezas secretariales para llenar este puesto?", pregunta Sam.

"Si Bill, quien va a ser el secretario no puede mecanografiar otro miembro de la planilla puede tomar las notas, enviar los anuncios, etc. bajo la dirección del secretario. Pero ser el secretario corporativo es mucho más que tomar notas. Ella o él debe ser una persona que la junta considera ser competente y de confianza. El secretario usualmente es la persona que firma a nombre de la organización. De ahí que para esta posición querrás una persona avispada y que entienda lo que sucede y quien no firmará algo que no esté autorizado por la junta," responde Alvin.

"Creo que voy a dejar a Bill de secretario," musita Sam.

Empleados sirviendo como directores

"Tengo otra pregunta. Si Salvando a las Ardillas despega en verdad y yo puedo trabajar como gerente a tiempo completo, habrá algún problema si continúo siendo un miembro votante de la junta. Mi hermano me dijo que yo no podía trabajar para la organización y también estar en la junta."

"Bueno, Sam, como muchas de tus preguntas la respuesta es 'tal vez'.

"Alguna gente opina que nunca es una buena idea y, usualmente lo hacen saber en los estatutos que los directores no pueden ser empleados.

"Sin embargo, claramente quieres y necesitas una junta directiva comprometida, especialmente cuando se trata de una organización sin fines de lucro emergente. A veces la única manera de asegurar que la organización despegue es asegurarse que la persona con la visión está también involucrada en la toma de decisiones y de políticas de la junta. Por otro lado, si el presidente está en la junta, la junta debe tomar medidas necesarias que asegure que tienen toda la información y no están simplemente estampando la firma a las decisiones del presidente. Claro que esto puede suceder incluso si el presidente no es parte de la junta, si tienes un presidente fuerte y una junta deferente. La solución es asegurarse que todos los individuos en la junta entienden sus responsabilidades y deberes y que las ejecuten.

"Lo que *no funciona* es la situación en que el presidente no es parte de la junta, pero uno o más de los empleados del presidente son directores. Esto pone al presidente en la posición insostenible de rendir cuentas a su propio personal, mientras a la vez, es responsable de supervisar el trabajo de ellos. A nadie se le debe requerir que rinda cuentas a un subordinado.

"En cualquier caso, el presidente no debe estar involucrado en establecer el salario de ella o él, ni evaluar el desempeño de ella o de él. Esto puede hacerse ya sea por un comité de personal o por el resto de la junta, aparte del presidente.

Si el presidente es un empleado de la organización y miembro de la junta, yo recomendaría que haya un presidente de junta por aparte a cargo de dirigir las reuniones y ser responsable de obtener la evaluación o evaluaciones del presidente."

Voto de los directores / Directores "ex oficio"

"He escuchado que el presidente de la junta dirige las reuniones, pero solo vota en caso de haber empate," hace notar Sam.

"Sam, aclaremos cómo funciona esto. Si alguien es un director, entonces esa persona siempre tendrá un voto. Como dijimos anteriormente, el presidente de la junta normalmente es un director. Eso quiere decir que antes que se elija al director para que asuma esta función, él o ella ya ha sido seleccionado como director. Uno no es subsecuentemente privado del voto como director por el simple hecho de también servir como directivo. El presidente, quien es un directivo debidamente elegido, continúa con el derecho al voto."

"Ok, ahora estoy aún más confundido," dice Sam. "También he escuchado que si tengo al presidente sirviendo automáticamente en la junta, el será un directivo ex oficio, sin voto. Pero tu estas diciendo que si es un directivo, entonces vota,"

"Es correcto, Sam. Cada director tiene un voto. Sin embargo, hay varios temas aquí de los que debemos hablar. Primero, el término 'ex oficio'. Este término significa 'por virtud del puesto'. En otras palabras, alguien quien es ex oficio sirve no porque fue elegido sino, porque está sirviendo con otra capacidad, tal como de presidente. Generalmente, un director ex oficio tiene los mismos derechos y obligaciones que cualquier otro director.

"Pero es poco común que se refieran a una persona como un 'director no votante' o 'director ex oficio sin voto'. Esto en realidad es una mala caracterización del término 'director', ya que tal persona no es en realidad un director, sino más bien un consejero asesor de la junta."

Comités

Para ser más efectivos, los directores a menudo forman comités a quienes delegan ciertos deberes. Esto puede ser especialmente de ayuda cuando la empresa tiene una junta grande y muchas responsabilidades. En varios estados, los miembros de comités con poderes de junta (un comité de junta) deben estar conformado de directores. En estos estados un comité sin directores es un comité administrativo que, igual que los directivos pueden implementar solo aquellas responsabilidades que le son delegadas específicamente por los directores; no puede tomar decisiones al nivel de junta directiva.

La junta puede designar comités casi que para cualquier propósito. La mayoría de estados no permiten a un comité ejercer ciertos poderes tales como, el derecho al voto en representación de los directores, de enmendar los artículos, aprobar acuerdos de fusión, etc. Estos poderes sólo pueden ser ejercidos por la junta en pleno (y/o miembros, si la empresa es una empresa de miembros).

Si un comité es designado por la junta para llevar a cabo una tarea específica en particular con la prevista que el comité se disuelve una vez concluida la tarea, generalmente se le llama "comité especial". Si se establece un comité para realizar una función continua, al comité usualmente se le designa como comité permanente.

Los siguientes comités son típicamente permanentes:

Comité ejecutivo. La necesidad de un comité ejecutivo depende de la organización.

El concepto básico es que el comité ejecutivo toma decisiones en nombre de la directiva, en los períodos entre reuniones de la directiva. Si la directiva es pequeña y todos los directores se encuentran en el vecindario, es generalmente fácil reunir a todos para reuniones especiales. Sin embargo, si es grande y localizada a través de los Estados Unidos, es muy probable que llevar a cabo una reunión especial sea muy difícil de lograr. Si urge una situación de emergencia que requiere que la junta actué de inmediato, se ha encontrado que es beneficioso tener un comité ejecutivo pequeño con el poder de actuar en nombre de la junta.

Desafortunadamente algunas organizaciones han utilizado al comité ejecutivo como una "directiva superior" para limitar todo lo que la directiva entera pudiera considerar, al requerir que todos los asuntos vayan primero al comité ejecutivo antes que puedan ser presentados ante la directiva en pleno. Permitir a un número limitado de directores que usurpen los poderes de la directiva no es un uso apropiado a la función del comité ejecutivo. Debe siempre recordarse que el comité ejecutivo rinde cuentas a la junta y no al revés. Debido a esto y a la creciente capacidad de comunicarse a través de medios como la teleconferencia y medios electrónicos, algunas organizaciones se han alejado del uso de los comités ejecutivos, excepto tal vez en una verdadera emergencia.

Comité de gobernanza. Este comité es el responsable de asegurar el funcionamiento correcto de la junta directiva. A menudo es responsable de educar a la junta directiva, de asegurarse que cada miembro de la misma conoce y está realizando su deber y, de identificar a candidatos con el historial necesario para conformar como se debe una junta directiva. A veces es responsable de nominar candidatos para otros puestos, tal como de directivos. Al comité de gobernanza a veces también se le dará la responsabilidad de llevar registro de los documentos de gobernanza (artículos y estatutos) al día y relevante a las operaciones de la organización. El comité de gobernanza debe conformarse de directivos que no tengan relación que pudiera interferir con el ejercicio de un juicio independiente para seleccionar nominados calificados como director u oficiales principales. Tanto el hecho como la apariencia de objetividad son importantes. Si es importante para la empresa evitar la apariencia de control por parte de algún grupo interno, los miembros de este comité deben rotar de manera regular.

Comité de finanzas. Este comité supervisa la preparación de presupuestos, revisa regularmente los asuntos financieros y suministra a la junta los monitoreos de la actividad financiera en curso. Debe estar conformado por miembros que tengan familiaridad con temas financieros. Esto a veces se combina con el comité de auditoría. Sin embargo, bajo las reglas adoptadas por algunos estados de aumentar la responsabilidad de las organizaciones sin fines de lucro, podría requerir de un comité por aparte.

Comité de auditoría. El comité de auditoría es responsable por y debe estar conformado por directores capaces de tomar decisiones informadas concernientes a la selección de un auditor, reunirse con el auditor por cualquier motivo que tenga el auditor o la junta concerniente al estatus financiero de la organización y revisar y aceptar el informe de auditoría. Los directores del comité de auditoría no deben estar involucrados en asuntos operativos, ya que esto podría boicotear su independencia de la administración. De hecho esta es la principal razón de separar al comité de auditoría del de finanzas, debido a que el de finanzas a menudo está involucrado con las operaciones en curso.

Comité de personal. Una responsabilidad mayor de la junta directiva es revisar el desempeño del gerente y establecer los honorarios. Bajo algunas leyes estatales, la compensación del gerente financiero o tesorero también debe ser aprobado por la junta directiva. Estas responsabilidades a veces son delegadas a una persona o comité de compensaciones. Todos los salarios pagados por una organización sin fines de lucro deben ser razonables, particularmente cuando se pagan a personas que están en la posición de ejercer influencia sustancial sobre la organización; por definición esto incluye tanto al gerente administrativo como al gerente financiero. (Refiérase a "Medidas cautelares" en la página 174.) La razonabilidad debe ser determinada usando de referencia hechos objetivos, tal como un sondeo salarial.

Salvando a las Ardillas no tiene una junta directiva grande (solo tres directores), de ahí que, es poco probable que la junta directiva utilice los comités de junta directiva, aunque pudiera formar un "comité administrativo", con miembros de la asamblea que ayuden con proyectos específicos tal como organizar un evento de recaudación de fondos. Salvando a las Ardillas permitirá los comités en los estatutos, pero no requerirá ningún comité específico.

Resumen del segundo paso: Determinar cómo se gobernará la empresa.

Si los directores no están enumerados en los artículos

1. Seleccionar a los directores

Seleccionar a los oficiales

1. Algunos estados exigen oficiales específicos

Redactar los estatutos

1. Incluir nombre y ubicación de la organización
2. Propósito (opcional: Si lo incluye hacerlo igual a los propósitos en los artículos)
3. Si se tienen o no miembros

Si la empresa tiene miembros

1. Cómo se escoge y remueve a los miembros
2. Disposiciones para convocar a reunión, cuándo será la reunión anual, requisitos del cuórum, etc.

3. Cuáles son los derechos de los miembros (p.ej. elegir a los directores, votar enmiendas a los artículos, estatutos, cambios tales como fusiones, disoluciones)

Directores

1. Cómo y cuándo se escoge a los directores, sus plazos, cómo se pueden remover
2. Cuántos directores
3. Deberes de los directores
4. Disposiciones para convocar y tener reuniones de directiva, requisitos de cuórum, etc.

Comités

1. Estructura del comité
2. Si se desea, descripción de comités permanentes
3. Si se desea, autorizar a los comités externos a la junta

Oficiales

1. Qué oficiales va a tener la empresa
2. Cómo se escoge a los oficiales (normalmente por los directores; sin embargo los funcionarios de planta pueden ser escogidos por el presidente
3. Responsabilidades de cada oficial

Otras disposiciones

1. Disposiciones de indemnización (puede variar significativamente según la ley del estado
2. Cómo se enmiendan los estatutos
3. Otras disposiciones deseadas

4. Disposiciones de disolución (opcional). Nota: no debe haber conflicto entre éstas y las disposiciones de disolución contenidas en los artículos.

Eligiendo a los directores, reunión inicial, y reuniones subsecuentes

Previo a establecer su empresa, Sam puede tener todas las reuniones organizacionales que desee.

La empresa comienza a existir una vez que presente los Artículos a las autoridades correspondientes. Una vez se presentan los Artículos, a no ser que los directores iniciales estén mencionados en los artículos, el fundador podría tomar las acciones que considere necesarias. Generalmente el fundador cumple con su labor simplemente eligiendo a los directores y a veces adoptando los estatutos.

En ese punto, se hacen cargo los directores. Los directores iniciales (sean los nombrados en los Artículos o elegidos por el fundador) deben tener su primera reunión "organizativa". En esta reunión los directores autorizarán las acciones que sean necesarias para completar la organización de la empresa, tal como adoptar estatutos o reglamentos (si no lo hizo el fundador), elegir directivos, apertura de cuentas bancarias y cualquier otro asunto necesario para comenzar operaciones.

Cumplimiento de formalidades empresariales

A la empresa se le considera una "persona" aparte de cualquiera de los individuos que son parte de la empresa.

Para poner claro que una acción realizada en nombre de la empresa es en realidad un acto de la empresa y no solo un acto de los individuos involucrados con la empresa, es necesario que las decisiones que se tomen y las acciones que se lleven a cabo sean documentadas como realizadas por o en representación de la empresa. Para hacer esto, la empresa debe funcionar de acuerdo a los requisitos establecidos en la ley y estatutos. De lo contrario, alguien pudiera reclamar que un acto en particular fue obra de él o los individuos. Si esto ocurre, a los individuos se les podría responsabilizar personalmente de algo, a pesar que pensaran que obran en representación de la entidad.

Por ejemplo, los directores usualmente actúan, ya sea al realizar una reunión a la que atiende un quórum luego que se le notificara a todos los directores o, que todos los directores firmaran una resolución en la que acuerdan actuar. Las minutas que se tomen en las reuniones y que hacen avanzar las decisiones tomadas por la junta directiva en la reunión son necesarios para documentar las acciones que aprobó la junta directiva y que son las acciones de la empresa.

¿Cuántas reuniones?

"¿Entonces cuán a menudo debe reunirse la junta directiva?", pregunta Sam. "¿Podemos reunirnos una vez al año o debemos reunirnos más a menudo para cumplir con requisitos legales?"

La junta directiva de la empresa se debe reunir cuantas veces sea necesario para llevar a cabo la misión de la organización. Muchas organizaciones cuentan con directores que se reúnen dos, tres o cuatro veces al año; otros tienen reuniones mensuales (requerido por algunas fuentes de financiamiento); otros consideran una reunión al año suficiente.

Sam podría querer establecer una reunión anual en sus estatutos, y tratar otras reuniones como reuniones especiales o extraordinarias. De esa manera, si la junta directiva normalmente se reúne una vez al mes, pero decide cancelar la reunión de diciembre, no estará violando sus estatutos como sí lo estaría si las reuniones mensuales fueran obligatorias.

El día, hora y lugar de las reuniones regulares se especifican normalmente en los estatutos. No es necesario dar aviso si la reunión se realiza como se especifica.

Notificación de la hora, día y lugar (y a veces de lo que se discutirá) de todas las reuniones extraordinarias o de las ordinarias que se llevan a cabo a una hora, día y lugar aparte de lo que establecen los estatutos, debe darse al director de acuerdo a las disposiciones de la ley estatal y los estatutos.

Si no se notifica, la reunión se puede realizar, siempre y cuando todos los directores que no asistan o que objeten la carencia de notificación, firmen un documento de Dispensa a la Notificación.[1]

Acciones por parte de la junta directiva y asistencia a reuniones

"¿Qué pasa si nadie se puede reunir a la misma hora? ¿Podemos aún actuar?" pregunta Sam.

Hay dos maneras en que la junta directiva puede autorizar una acción.

Una manera es que todos los directores firmen y fechen una resolución ("un consentimiento escrito unánime").[2] Si se hace esto, ni siquiera es necesario celebrar la reunión. La acción se ejecuta una vez se reciban todas las firmas.

La segunda manera es celebrar una reunión. Los estatutos dictarán el número de miembros que deben estar presentes antes de poder actuar (el cuórum). Un cuórum normalmente es una mayoría, aunque para algunas acciones podría requerirse una mayoría sea porque lo establecen los estatutos o por ley estatal. En el caso de Sam, debido a que él va a tener una junta directiva de tres miembros, debe haber por lo menos dos presentes antes que se pueda actuar.

Sam pregunta, "¿Puedo tener las reuniones utilizando una sala de internet o un chat room en lugar de algo cara a cara? Bill reside en otra ciudad y tendría que incurrir en gastos de viaje si tuviera que estar presente físicamente en cada reunión."

A pesar que los asuntos especiales pueden variar por estado, las reuniones normalmente se pueden llevar a cabo de cualquier manera que permita a todos los miembros a comunicarse con los otros. Una conferencia telefónica o una videollamada es el método común, la comunicación electrónica mientras se haga de manera en que todos están comunicados *al mismo tiempo*, también cumpliría con la ley. Lo que generalmente *no se permite* es tener una pizarra de mensajes, donde la gente deja, lee, y comparte mensajes entre ellos por un periodo de días. A pesar que ésta es una manera en que un tema puede ser ampliamente discutido, en algún punto necesita haber una "reunión" donde el asunto se vote y se tome una decisión.

---

1   Un ejemplo de dispensa de notificación se adjunta como Formulario 3 (pág. 223); un ejemplo de notificación se adjunta como Formulario 4 (pág. 225).

2   Algunos estados permiten consentimiento por escrito no unánime.

"Bueno," dice Sam, "eso me recuerda otra pregunta. ¿Es legal consultarle a cada uno de los directores entre reuniones de junta directiva? Nos gustaría que nuestros directores nos aconsejen cuando ocurran situaciones en que la experiencia sería importante. Por ejemplo, Susan es una reconocida ambientalista y ella podría suministrar información específica de cómo hacer del ambiente un lugar más acogedor para las ardillas."

El tipo de consulta que sugiere Sam es perfectamente aceptable, pero él necesita entender que está usando las capacidades profesionales de Susan y no su capacidad como directora. Como lo hicimos notar anteriormente, los directores como tales no pueden operar individualmente sino que, sólo están capacitados para actuar como directores de manera colectiva.

"¿Debo permitir a cualquiera a que asista a las reuniones? Alguien me dijo que había una ley de 'Reunión Abierta' y, que si obtenía dinero del gobierno, tendría que abrir la reunión de junta directiva a personas que no son directores."

Las leyes de reunión abierta son creaciones del estado, de ahí que dependa de la ley en tu estado. Por ejemplo, en California a no ser que seas una entidad gubernamental, no necesitas hacer tus reuniones abiertas al público, aunque recibas fondos del gobierno.

"¿Y si quiero que alguien más asista a las reuniones de junta directiva?"

A menudo una organización puede hacer que personal administrativo asista y participe en una reunión de junta directiva. Si el personal de administración se va a reunir con la junta directiva, entonces es una reunión de junta directiva, y el personal asiste simplemente porque así le place a la junta directiva. La junta directiva puede escoger invitar a gente específica a que asista a las reuniones o, puede abrir las reuniones para que otros asistan, como le parezca mejor. Sin embargo, sólo porque el personal administrativo u otros pudieran asistir, no significa que tengan voto en asuntos de la junta directiva. Sólo aquellos elegidos para ser miembros de la junta directiva tienen voto.

Resumen del tercer paso: Eligiendo directores; reunión inicial, y reuniones subsecuentes

Si los directores no están especificados en los artículos

1. El fundador elige a los directores
2. Previo a la elección de directores, el fundador puede tomar otras acciones que de otra manera tomarían los directores

Los directores celebran las reuniones iniciales

Las acciones tomadas deben incluir:

1. Adoptar estatutos
2. Elegir oficiales
3. Autorizar cuentas de banco / y los signatarios de las mismas
4. Autorizar presentación de documentos para establecer el estatus exonerado
5. Autorizar pagos de costos de constitución, ratificar las acciones previas a la constitución
6. Escoger año contable
7. Establecer lugar principal del negocio
8. Seleccionar al nuevo notificador, si se desea
9. Autorizar la presentación continua de formularios gubernamentales necesarios
10. Autorizar otros asuntos que sean necesarios para comenzar operaciones
11. Adoptar una política de conflicto de intereses

Aprobación de asuntos adicionales

Hay dos métodos para aprobar asuntos después de la reunión inicial:

1. Enviar notificación de reunión o solicitar a los directores que firmen una dispensa a la notificación y celebrar la reunión a la hora, día y lugar especificado (a la reunión debe asistir el quórum de directores)

2. Tener un consentimiento unánime por escrito firmado por todos los directores, aprobando la acción a tomar (consentimiento escrito de mayoría en algunos estados)

CUARTO PASO:
Establecer el estatus exento

Tipos de exenciones

"Tan pronto presente mis artículos de constitución, ¿podré comenzar a recaudar fondos y a operar la entidad?"

"No tan rápido, Sam. La organización va a ser existente y tú vas poder comenzar operaciones. Sin embargo, como ya lo discutimos, sin fines de lucro no significa exento de impuesto. Sin lucro significa que ha sido formada, registrada como una organización sin fines de lucro, generalmente bajo la ley o decreto estatal de empresas sin fines de lucro. Pero para ser exento de impuesto, deber calzar dentro de una de las secciones del código que define a los diferentes tipos de organización sin fines de lucro. Si quieres estar exento amparado a la sección 501(c)(3) del Servicio de Impuestos Internos (IRS), debes presentar documentación con la IRS para establecer tu estatus exento. Podrías también tener que presentar documentación por separado con tu autoridad de impuestos estatal."

"¿Necesito que el IRS haga una determinación de mi estatus exento antes de poder calificar?"

"Si quieres estar exento amparado a la sección 501(c)(3). Para cualquier otro tipo de organización sin fines de lucro, puedes pero no se requiere que establezcas tu estatus exento con el IRS."

"No creo que mi iglesia haya alguna vez presentado papeles antes el IRS. Yo les pedí el año pasado una copia de la carta de ellos al IRS y dijeron que no tenían una. ¿Quiere eso decir que las contribuciones que les di no son deducibles?"

"Tu deducción contributiva hacia tu iglesia aún está bien, Sam. A pesar que la mayoría de las organizaciones deben establecer su estatus exento con el IRS antes que sean considerados como una organización exenta 501(c)(3) hay excepciones a este requisito. Las iglesias[1] y organizaciones con un ingreso bruto anual de menos de $5000 serán consideradas automáticamente exentas, aunque la mayoría de las organizaciones no religiosas ahora tienen que presentar papeles de informes anuales incluso si son muy pequeños.

"El único problema es que si el IRS hace una auditoría al donante, será responsabilidad del donante probar que ella o él donó a una organización que está exenta bajo la sección 501(c)(3).[2]

"Mientras que si la iglesia hubiera establecido su estatus exento, el examinador del IRS buscaría a la organización en la lista de organizaciones exentas,[3] la encontraría y seguiría con el siguiente asunto."

"Bueno entonces sigo sin entender de qué sirve una carta de exención. Mi iglesia no la tiene, pero mis donaciones son deducibles. Incluso siendo que mi cámara de comercio tiene una carta del IRS, a mí me dijeron que yo no podía deducir mis aportes como contribución de beneficencia."

"No todas las organizaciones exentas son organizaciones de beneficencia tipo 501(c)(3). Hay más de 25 diferentes tipos de organizaciones exentas, la mayoría de las cuales aparecen en una lista en la Sección 501(c)(3) del Código de Impuestos Internos. Todos estos están exentos de pagar impuesto al ingreso siempre y cuando el ingreso se derive de actividades relacionadas a su propósito exento; pero solo organizaciones tipo sección 501(c)(3) poseen el beneficio de que las contribuciones son deducibles como contribuciones de beneficencia."

"Alvin, por favor ve más despacio. No estoy seguro que entiendo".

....

1 "Iglesia" bajo el *Código de Impuestos Internos* (IRC por sus siglas en inglés) incluye templos, mezquitas, sinagogas, y cualquier otro sitio de alabanza. No está limitado a alguna religión en particular. Auxiliares integradas de iglesias y convenciones o asociaciones de iglesias también están exentas de presentar documentación.

2 Debido a que algunos grandes contribuyentes a menudo no están dispuestos a seguir este proceso, ellos podrían insistir en ver primero una carta de determinación de exención antes de hacer una contribución.

3 El IRS ya no publica la Publicación 78, *Lista de Organizaciones Cumulativas* en la Sección 170(c) del Código de Impuestos Internos de 1986. En su lugar, puede buscar una organización en particular utilizando la lista de *Chequeo Selecto de Organizaciones Exentas* del IRS. A veces una organización no logra entrar en la lista o es eliminado de la lista de organizaciones exentas. Si usted tiene una organización exenta, sería apropiado revisar periódicamente para asegurarse que su organización aparece. Si no, debe contactar al IRS para que lo corrijan.

"Ok, déjame ponerlo de esta manera: Si miras la sección 501 del Código, verás que hay varias subsecciones bajo las cuales una organización sin fines de lucro puede ser exenta. Cada tipo de organización exenta tiene sus propios requisitos.

"Por ejemplo, una escuela, hospital, iglesia o museo sin fines de lucro normalmente estarían exentos amparados a la Sección 501(c)(3) del Código de Impuestos Internos. Este tipo de organización, que beneficia a un segmento significativo de la población general y no a una o unas personas en particular, que es en lo que la mayoría de gente piensa cuando se refieren a sin lucro u organización exenta. Solo las contribuciones a las organizaciones que son de la Sección 501(c)(3) del Código pueden ser deducibles como contribuciones voluntarias.[4] Creo que es aquí donde calza tu organización."

"Si tu organización fuera de beneficencia, pero no beneficia a un número significativo de personas, podría estar exenta amparada a la sección 501 (c)(4) como organización de beneficencia social.[5]

"Las organizaciones agrícolas y de trabajo están exentas amparadas a la Sección 501(c)(5).

"Otras organizaciones, como las cámaras de comercio, ligas de negocio y asociaciones profesionales, están exentas de impuestos amparadas a la sección 501(c)(6) del Código. Incluso bajo esta sección, para ser exenta, la organización debe estar abierta a un amplio segmento del mercado. Un Grupo de Usuarios de IBM o una Asociación de Distribuidores de Tubos de Escape Midas no calificarían, ya que un enfoque tan limitado beneficia a IBM o a Midas más que al público en general. Un grupo de usuarios de computadoras personales, no limitados por la marca, o una asociación de distribuidores de tubos de escape que permita a cualquier comerciante a participar podría permitirse. Y los pagos a una 501(c)(6) como tu cámara de comercio podrían calificar como gasto de negocio y ser deducible.

"Un club social estaría exonerado amparado a la sección 501(c)(7). Nuevamente, hay otra limitación: normalmente el club deberá obtener la mayor parte

---

4   La sección del *Código de Impuestos Internos* bajo la cual la organización es exenta es la 501(c)(3); las contribuciones a una organización 501(c)(3) son realmente deducibles bajo la Sección 170 del Código de Impuestos Internos.

5   Una diferencia adicional entre organizaciones 501(c)(3) y 501(c)(4) es que las (c)(4) pueden involucrarse en actividades políticas lo que es prohibido para las (c)(3). Véase el pie de página 21, más adelante.

de su ingreso, de parte de sus miembros. Si sus instalaciones están abiertas al público en general, entonces no hay nada que lo distinga de un negocio local. Sin embargo, si lo pueden usar solamente los miembros y sus invitados, entonces el club no será gravado en ese ingreso. Como los miembros del club pagan por y reciben el beneficio por esos desembolsos, no hay contribución de beneficencia y no hay deducción por gastos de negocio."

Requisitos para el estatus exento amparado a la 501(c)(3)

"¿Entonces, qué exactamente es una organización sección 501(c)(3)? Entiendo que quiero una y, que las contribuciones son deducibles. Pero aún estoy medio perdido con lo que hablaste acerca de secciones código," pregunta Sam.

"Lo siento, Sam. Se me olvida que no toda la gente habla en 'código' como lo hacen los abogados tributaristas. Volvámonos al comienzo.

Requisitos básicos. La sección 501(c)(3) del CII(código de impuestos internos) define a una organización de beneficencia exenta de impuestos como:

"... *organizada y operada exclusivamente con propósitos religiosos, beneficencia, científica, pruebas para seguridad pública, literarios o educacionales
... o para la prevención de la crueldad hacia niños o animales*"

¿Qué quiere decir esto?

Debe tener uno o más propósitos exentos. Ya hablamos del hecho de que el propósito de la organización es primordial y que la organización debe definir claramente este propósito.

Este propósito debe calzar en alguna de las categorías mencionadas, por ej., de beneficencia, educativo, religioso, científico, etc.

El término de "beneficencia" es muy amplio. Incluye no solo alivio a los pobres y en apuros, pero también el avance en la educación, religión o la ciencia, disminuyendo las cargas del gobierno y, promoviendo el bien social con actividades que disminuyen la tensión entre vecindarios, eliminan el prejuicio y la discriminación, defienden los derechos humanos y civiles o combaten el deterioro comunitario y la delincuencia juvenil.

Las actividades educacionales incluyen instruir a los individuos para que mejoren sus habilidades e "instruir al público en asuntos útiles al individuo y beneficioso para la comunidad."

"Científico" se refiere a la conducción de esfuerzos de investigación científica con interés público. Esto calificará si el resultado de la investigación se hace disponible para el público, la investigación se realiza para una entidad gubernamental, o la investigación está dirigida hacia beneficiar al público.

Debe estar organizado exclusivamente con propósitos de exención.
Esto nos devuelve a los artículos de constitución. El propósito, como se estableció en los Artículos, debe estar limitado a uno o más propósitos exentos dentro del ámbito de la Sección 501(c)(3). Aunque el propósito debe ser lo más amplio posible que permita a la organización alcanzar sus metas, el propósito no debe permitir a la organización a comprometerse en ningún grado con propósitos no exentos.

En la práctica, uno de los requisitos del IRS con las organizaciones de beneficencia es que incluyan en sus Artículos un vocabulario tal que indique que irrevocablemente dedica sus recursos a uno o más propósitos exentos. Los artículos deben incluir una disposición de que, en caso de disolución, los bienes serán repartidos a otra organización exenta.

Debe operar exclusivamente para propósitos exentos. Aparte de estar *organizado* para propósitos de exoneración, la organización debe *operar* para propósitos de exoneración. El estatuto utiliza la palabra exclusivamente, pero es suficiente si la organización es operada primordialmente para propósitos de exoneración —una "parte no sustancial" de las actividades pueden tener propósitos no exonerados. Al observar las operaciones, el IRS quiere saber exactamente cómo planea la organización llevar a cabo sus propósitos.

Si la organización cambia sus propósitos o sus actividades, la organización debe avisar al IRS, para que éste reevalúe a la organización para asegurarse que sigue calificando para la exoneración.

Ningún recurso puede utilizarse para beneficio de alguna persona privada. El Código continúa con su requisito que dice:

"ninguna parte de los ganancias netas de (la organización) se desviará para beneficio de ningún accionista privado o individual . . . ."

Como ya se mencionó anteriormente, los recursos de la organización deben ser utilizados para los propósitos de beneficencia para los cuales se formó la organización. De hecho si pillan a la organización operando de manera tal que beneficia a un individuo conectado con la organización, más que al propósito, pueden revocar el estatus de exonerado.

"Ahora, espera un momento. ¿Esto quiere decir que no puedo pagarme ni a nadie más que brinde un servicio a la organización? ¿Cómo podremos operar?"

"Cálmate Sam. Mientras que el beneficio para el individuo es un subproducto inevitable de acciones tomadas con el propósito de exonerar, no hay ningún delito o falta. Mientras el pago se haga para avanzar en el propósito más que para beneficiar al individuo, es permisible. Claro que, el pago tiene que ser razonable. Hablaremos de eso en un minuto."

Cabildeo y actividad política. Para terminar, el Código estipula que: "Ninguna parte sustancial de las actividades entre las cuales se encuentran hacer propaganda o intentar influenciar la legislación y que no intenta participar o intervenir en alguna campaña política."

"¿Quiere esto decir que no podemos contactar a nuestros legisladores acerca de mejorar el hábitat para las ardillas? Eso limitaría nuestra habilidad para funcionar."

"No Sam. Hay dos partes en esto. Una organización exonerada 501(c)(3) *puede* involucrarse en cabildeo siempre y cuando sea una parte insustancial de sus actividades. Sin embargo, *no puede* involucrarse en alguna actividad política, cual es apoyar u oponerse a algún candidato para un puesto público."

Podría intentar influenciar la legislación. Puesto de otra manera, una beneficencia puede comprometerse en cabildeo legislativo si el cabildeo es una parte pequeña de sus actividades. Aunque no hay una línea clara acerca de qué es sustancial, la mayoría de gente concuerda que 5% es probablemente insustancial; se puede permitir más.

Las beneficencias públicas, aparte de las iglesias, pueden evitar que le apliquen este vago término al elegir estar cubiertos por una prueba mecánica. Esta elección está contenida en la sección 501(h) del Código. Si la organización escoge esto, podrá ser capaz de seguir una escala corrediza que indica claramente el porcentaje de gastos en cabildeo que son permitidos.[6]

....

6   La elección 501(h) se hace al presentar el Formulario 5768, *Elección/Revocación de Elección por una Organización Sección 501(c)(3) Elegible Para Hacer Gastos que Influyan la Legislación.* Para más información en el límite del gasto o el límite al monto no sustancial, véase Publicación IRS 557, Estatus Exonerado para su Organización.

"Entonces podemos hablar con nuestros legisladores. ¿Qué tal informar a nuestros miembros y hacer que ellos contacten a los legisladores? Creo que a menudo responden mejor cuando escuchan a los electores directamente."

"Sam, ambos se pueden hacer. Contactar a los miembros y hacer que ellos le escriban a los legisladores se refiere a cabildeo 'desde las raíces'. Si haces la elección bajo la sección 501 (h), además de la limitación total de lo que puedes gastar en cabildeo, tendrás una limitante por separado en el monto que puedes gastar en cabildeo 'desde las raíces'.

"Mucho de la abogacía comúnmente llevado a cabo por las beneficencia no llega al nivel de cabildeo. Salve a las Ardillas puede intentar influenciar la acción de funcionarios gubernamentales aparte de las decisiones legislativas, abogar a través de litigio de interés público, convocar a conferencias en temas de política pública incluso si esos temas son controversiales, y expresa sus puntos de vista acerca de esos temas a través de la publicidad, todo sin necesariamente involucrarse en cabildeo como lo entiende el IRS."[7]

No puede apoyar u oponerse a candidatos a puesto público. "Salvando a las Ardillas *no puede* hacer nada que apoye o se oponga a nadie que sea candidato a un puesto," continua Alvin. "El IRS considera esta prohibición como absoluta.

"Después de decir esto, se ha encontrado que una variedad de actividades llevadas a cabo por beneficencias no constituyen prohibición eleccionaria. Por ejemplo, donde los estudiantes de un curso de ciencias políticas tuvieron que participar en campañas políticas que ellos escogieron como parte de su trabajo o, donde el periódico estudiantil publica editoriales escritos por estudiantes sobre asuntos políticos, el IRS determinó que la universidad no estaba participando en campaña política. Más aún, se permiten ciertas actividades educacionales de votantes sin partido. Donde todos los miembros del congreso son incluidos en un resumen de registros de votación en legislación sobre una amplia gama de tópicos y, ni el contenido ni la presentación de la publicación implica o expresa una opinión acerca de los miembros o el voto, la publicación no constituye actividad política prohibida. Sin embargo, cuando la publicación limita su enfoque a asuntos de particular importancia para la organización, esto posiblemente cruzaría la línea hacia actividad prohibida."

---

7   Véase *Publicación IRS 1828* para una buena discusión sobre esto. Aunque esta publicación tiene como objetivo las organizaciones religiosas, la mayoría de la discusión concerniente al cabildeo es aplicable a organizaciones en general.

"¿Y si decido que quiero darle apoyo a alguien que se ha postulado para un puesto? ¿No tengo un derecho constitucional para hacer esto?"

"Sam, tienes un derecho personal de apoyar u oponerte a cualquiera que se postule para un puesto. Pero una compensación por poder recibir contribuciones de beneficencia que son deducibles, es que Salve a las Ardillas no puede usar ninguna de estos fondos de beneficencia para actividades políticas.

"Si quieres que tu organización sea capaz de comprometerse en alguna actividad política, podrías establecer la organización como una de bienestar social 501(c)(4).[8]

"De hecho, algunas veces las organizaciones 501(c)(3) tienen organizaciones hermanas que son 501(c)(4). Tienes que asegurarte que los bienes de la (c)(3) no se usan con propósitos (c)(4) y, que la (c)(4) tiene otras razones aparte de las políticas para su existencia.

"Tu cámara de comercio puede también dedicarse a alguna actividad política. Pero debido a que no puedes obtener una exoneración por montos usados con fines políticos, los fondos entregados a una (c)(6) como tu cámara, para el cual existe una deducción comercial, no pueden ser usados sin antes pasar por un proceso complejo de distribución que limita la deducción total del negocio. Como resultado, si alguna actividad política es importante, la mayoría de estas organizaciones establecen un comité de acción política (CAP) por separado."[9]

---

8   De hecho, parece que muchas (c)(4) se han formado recientemente, al menos en parte, para involucrarse en este tipo de actividad (la popularidad ha aumentado por la capacidad de hacer contribuciones sin revelar la identidad del donante). A pesar que una discusión extensa de este tema está más allá del alcance de este libro, cualquiera que quiera involucrarse en actividad política podría querer determinar si es que este tipo de organización sin fines de lucro sería apropiado, recordando que las donaciones no son deducibles como contribuciones de beneficencia. Tenga en cuenta que bien puede haber cambios en el nivel de lo que es permisible; el IRS emitió regulaciones propuestas en el 2013; luego de un aluvión de cartas, el IRS estuvo de acuerdo en 2014 que volvería a redactar estas reglas y convocar a una audiencia pública después de redactarlas.

9   Esta es una explicación muy sencilla de un tópico muy complejo. Si una organización desea involucrarse en el proceso político, es muy importante obtener asistencia de un abogado especialista en esta área. Para más información, vea la página web del IRS sobre Organización Política: **www.irs.gov/Charities-&-Non-Profits/Charitable-Organizations/**

Estableciendo la exoneración federal

"¿Cuánto tiempo tengo para presentar los documentos con la IRS para establecer el estatus exonerado de Salve a las Ardillas?"

"Una organización que quiera ser exonerada amparada a la sección 501(c)(3) debe presentar la documentación lo antes posible, para que le puedas decir a la gente que pudiera estar interesada en donar, que la organización es exonerada. Siempre y cuando presenten los documentos en el transcurso de 27 meses desde la fecha de la constitución, la exención será retroactiva a la fecha de constitución."

"¿Qué pasa si por alguna razón Salve a las Ardillas no presenta los papeles dentro de los 27 meses de haber presentado los artículos de constitución?"

"Si tienes una buena razón para no presentar dentro del período de los 27 meses, debes dar a la IRS las razones y solicitar que condone el requisito de los 27 meses. De hecho, desde el 2004 el Formulario 1023 tiene un calendario para que la organización complete si está presentando la documentación 27 meses después desde la fecha de constitución. El IRS condonará el requisito si piensa que la razón es legítima y queda claro que la organización ha estado en realidad organizada y operada como una organización exenta durante ese tiempo. Sin embargo, si el IRS no condona el requisito de presentar papeles en el transcurso de 27 meses, entonces la exoneración no será efectiva hasta que el IRS reciba la documentación. De ahí que sería apropiado presentar la documentación lo antes posible."

Donaciones previas a que se establezca el estatus exonerado. "Puede la gente donar a Salve a las Ardillas antes que tengamos una determinación por parte del IRS?"

"Si, la gente puede donar a tu organización en cualquier momento. Sin embargo, aunque la gente pueda hacer contribuciones antes que hayas establecido tu estatus de exonerado, debes hacerles saber que tu solicitud no ha sido aún aprobada; y que, hasta que lo sea, sus contribuciones podrían no ser deducibles."

"¿Deberíamos declarar en nuestra información impresa que hemos presentado solicitud para la exoneración ante las oficinas del IRS.?"

"Debes asegurarte de no des caracterizar tu estatus exonerado. Si has decidido solicitar el estatus 501(c)(3), entonces necesitas hacerle saber a la gente

....

Political-and-Lobbying-Activities y otras fuentes que se citan en la Sección de Recursos más adelante.

que, a pesar que estas en el proceso de la solicitud o la solicitud está pendiente en el IRS (si en verdad lo presentaste), aún no ha sido concedido. También les puedes decir, (si es que es cierto) que no tienen ninguna razón para creer que el estatus exonerado no será otorgado y, si has hecho la solicitud dentro de los 27 meses, que si es otorgada, esta será retroactiva a la fecha de la constitución. Esta declaración si la debes hacer, siempre y cuando estés preparado para cambiarla una vez que te emitan la carta de exoneración.

"Nuevamente, una vez emitan la carta de determinación de la exoneración, la exoneración es retroactiva a la fecha de constitución, siempre y cuando hayas presentado los documentos dentro de los 27 meses de la fecha de constituirse (y, para qué esperar, no va a tomar más tiempo hacer el trabajo ahora de lo que lo hará en 27 meses). Si esperas más de 27 meses, podrías ser capaz de convencer al IRS de hacerlo retroactivo, de lo contrario, será efectivo a la fecha de entrega de documentos."

Solicitud de exoneración. Para una determinación de estatus exonerado bajo la mayoría de las secciones aparte de la 501(c)(3), la solicitud se hace presentando el Formulario 1024, Solicitud para Reconocimiento de Estatus Exonerado Amparado a la Sección 501 (a) con el IRS.

Para organizaciones que quieren una determinación federal de estatus exonerado como organización de beneficencia amparada a la sección 501(c)(3), la solicitud la puede hacer presentando el Formulario 1023, *Solicitud para Reconocimiento de Exoneración* con el IRS. Desde junio del 2014 las pequeñas organizaciones pueden usar el Formulario 1023-EZ, *Solicitud Coordinada para el Reconocimiento de Estatus Exonerado al Amparo de la Sección 501(c)(3) del Código de Impuestos Internos.* El Formulario 1023-EZ solamente puede ser utilizado si la organización cumple con ciertas calificaciones.[10]

....

10 Las instrucciones para el formulario 1023-EZ contienen un cuestionario que debe ser contestado con el fin de determinar si la organización califica para usar ese formulario. Cualquier respuesta "si" quiere decir que se debe usar el Formulario 1023 en su totalidad. Esencialmente el IRS está tratando de limitar el uso de este formulario a organizaciones pequeñas que no se involucran en actividades específicas acerca de las cuales el IRS podría tener preguntas (tal como, asociarse con organizaciones que no son 501(c)(3), estableciendo fondos de donación condicionada. Aún más, las iglesias, escuelas, hospitales, organizaciones de apoyo, organizaciones de consejería al crédito, compañías de responsabilidad limitada, fundaciones que operan privadamente, organizaciones de mantenimiento de la salud, y muchos

Es requisito que todos los Formulario 1023 sean presentados en Cincinnati, Ohio (la dirección postal es Covington, Kentucky). El Formulario 1023-EZ se debe presentar electrónicamente. Cualquiera de los formularios debe ser firmado por un directivo, director o fideicomisario de la organización, quien está autorizado a firmar por la organización.

Una vez recibida por el IRS se asigna la solicitud a un examinador disponible, ya sea en Ohio o en otra oficina del IRS, para que la revisen. El tiempo de procesamiento se basa en la carga de trabajo del IRS y la dificultad de la solicitud en particular. Si la situación es sencilla y las calificaciones son obvias, la solicitud podría ser aprobada rápidamente una vez que el examinador tenga tiempo de revisar la documentación. Si la solicitud tiene algo inusual en ella o, si el examinador no entiende o le preocupa el carácter de exonerado de las actividades propuestas incluso solicitudes de rutina, pueden tardar más.

El Formulario 1023-EZ, se auto certifica (si las preguntas son contestadas correctamente, el IRS generalmente otorgará una carta de determinación de exonerado inmediatamente, aunque ocasionalmente podría solicitar más información); sin embargo, con el Formulario 1023 el IRS examina la estructura organizativa junto con las operaciones actuales o propuestas para determinar si la organización califica, en lugar de dejarle a la organización la tarea de verificar que califica. Una de las razones del nuevo formulario fue de eliminar la cantidad de formulario por revisar y aprobar, un atascamiento que se había vuelto inaceptable.

El procesamiento del Formulario 1023-EZ por el IRS es claramente más rápido que con el Formulario 1023. Sin embargo, debido a que no requiere que el IRS haga una determinación de que la organización tiene derecho a la exoneración, hay preocupación acerca del hecho de si esto no será una invitación para el fraude dentro de las organización sin fines de lucro o, si la falta de supervisión específica en el proceso de formación resultará en acciones inapropiadas por parte de la organización sin fines de lucro, incluso cuando sean supervisadas por individuos con buenas intenciones.

Manejo expedito. La solicitud de manejo expedito está disponible solamente con el Formulario 1023. El IRS considerará solicitudes para manejo expedito si se dan razones apropiadas y documentadas; simplemente querer quedar de primero en la fila no es suficiente. Por ejemplo, si hay una donación pendiente

otros tipos específicos de entidades están específicamente excluidos de usar el Formulario 1023-EZ. Véase **www.irs.gov/pub/irs-pdf/i1023ez.pdf** .

y fallar en obtener tal donación pudiera tener un impacto negativo sobre la operación de la organización o, si el propósito es dar alivio a víctimas de desastre, de emergencias como huracanes, inundaciones, esto podría ser considerado una razón contundente para una consideración expedita.

Para solicitar manejo expedito, incluya una carta por separado, explicando la necesidad. Ésta se pone inmediatamente antes de la solicitud misma. Cualquier carta de presentación debe especificar que "se solicita manejo expedito". Además, todas las costas deben ser recibidas antes que una solicitud sea remitida a manejo.[11] Más importante aún, la solicitud debe ser llenada por completo; cualquier cosa que falte en la misma, redundará en que el manejo expedito se vea afectado negativamente.

Beneficencia pública vs. fundaciones privadas

"Ok, Alvin, creo que entiendo. Pero tengo otra pregunta. ¿Si llamo a mi organización 'Fundación Salve a la Ardilla' no la hace una fundación privada? ¿Y cambia eso mi estatus 501(c)(3)?"

"Para contestar tu primera pregunta, Sam, el uso de la palabra fundación en una organización no tiene ningún impacto sobre su estatus. De hecho no tiene significado legal. Si tú crees que agregar "fundación" al nombre de la empresa es beneficioso desde el punto de vista de relaciones públicas, o si sencillamente te gusta más ese nombre, estás en libertad de hacerlo.

"Pero has apuntado a lo que es una mala interpretación común acerca de lo que se llama 'fundaciones privadas'. Todas las organizaciones 501(c)(3) están divididas en dos esferas: fundaciones privadas y organizaciones que no son fundaciones privadas (llamadas comúnmente beneficencias públicas). Cuando presentemos los documentos para establecer tu estatus exonerado, tenemos que abordar este aspecto."

Esencialmente, uno o pocos individuos auspician/patrocinan las fundaciones privadas mientras que las beneficencias públicas tienen una amplia base de apoyo por parte del público. Sin embargo, todas estas organizaciones incluso aquellas que son fundaciones privadas, continúan siendo exoneradas bajo la sección 501(c)(3). De hecho, mucha gente escoge tener sus beneficencias clasificadas como fundaciones privadas porque tienen suficientes fondos para llevar a

....

11 Rev. Proc. 2014-9 IRB 2014-2, Sección 4.07.

cabo su propósito y no quieren tener que hacer ninguna recaudación de fondos significativa.

Debido a que uno o pocos sostienen una fundación, los contribuyentes a menudo tendrán control sustancial o influencia sobre el uso del dinero ya sea directamente (ya sea estando en control de la junta) o indirectamente (al hacer ciertas demandas acerca del uso de fondos donados).

El Código se enmendó hace unos años para incluir requisitos específicos que deben cumplir las fundaciones privadas, como resultado de abusos causados al usar bienes de manera que beneficiara al donante, individuos relacionados con el donante o amigos del donante. Las reglas especiales son para asegurar que los fondos se usan con fines de beneficencia y no para apoyar los intereses especiales no caritativos del donante.

Por ejemplo, las fundaciones privadas deben gastar un monto de sus fondos cada año, deben obtener permiso específico del IRS para cualquier programa de becas que tengan, y los requisitos de informe y de presentación son algo diferentes de lo que lo son para otras entidades (c)(3).

Organizaciones con apoyo público. Hay ciertas organizaciones sin fines de lucro que automáticamente no son fundaciones privadas, tal como iglesias, hospitales, y escuelas; si caen dentro de esta categoría no tiene que preocuparse del origen de los fondos.,

Otras (c)(3) deben probar que: 1. Una porción significativa del ingreso proviene de donaciones de otras organizaciones con apoyo público, el gobierno, y/o el público en general, o 2. Que una parte significativa del ingreso que reciben (más de un tercio) proviene de actividades de organizaciones exoneradas y no más de un tercio proviene de ingresos por inversiones. Actividades de organizaciones exoneradas incluyen contribuciones, cuotas de membresía y recibos por actividades relacionadas con las funciones exoneradas tales como matrícula escolar y costo de entrada al museo.[12]

Organizaciones de apoyo. Por último, las organizaciones sin fines de lucro pueden ser capaces de mostrar que no son fundaciones privadas, porque le dan apoyo a otras organizaciones con apoyo público, incluso si una parte signifi-

---

12 Esta es otra área compleja. La Sección 509 del *Código de Impuestos Internos* y regulaciones describen las pruebas que se deben lograr si una organización pretende que se le considere una beneficencia pública.

cativa del financiamiento proviene de uno o pocos individuos.[13] Estas organizaciones sin fines de lucro derivan su estatus exonerado de la organización a la que apoyan. Muchas organizaciones "amigos de . . ." caen dentro de esta categoría. Para ser considerado una organización de apoyo, la organización a quien apoya lo debe mencionar en sus artículos, y debe haber otras ataduras entre las organizaciones de apoyo y la organización a la que se apoya, suficiente para asegurar al IRS que la organización a la que se apoya se le supervisa para asegurar que los fondos se utilizarán correctamente.

El IRS divide a las organizaciones de apoyo en tres tipos: La organización de apoyo **Tipo I** es operada, supervisada o controlada por la organización (es) a la que apoya. Una manera de hacer esto es que la junta directiva de la organización que brinda el apoyo, sea elegida por la junta directiva de la organización apoyada. Una organización de apoyo **Tipo II** es supervisada o controlada *en conexión con* la organización apoyada(s). Un ejemplo de esto sería una mayoría de los directores de la organización apoyada también sirviendo como mayoría de los directores de la organización que brinda el apoyo. Debido a la relación de control entre las dos entidades, se presumirá que tanto Tipo I y un Tipo II son apropiadamente responsivas a las necesidades de las organizaciones que les dan apoyo.

Una organización de apoyo **Tipo III** no está sujeta al mismo nivel de control por parte de la organización a la que le brinda apoyo, a pesar que aún debe ser operada en conexión con una o más organizaciones de apoyo público. Para asegurarse que la organización a la que se le da apoyo supervisa adecuadamente a la organización Tipo III, hay un requisito que implica que la organización que da el apoyo debe suministrar información regularmente a la organización apoyada, y que debe haber suficientes lazos para asegurar que la organización que da el apoyo dará respuesta a la organización apoyada, y de que la organización que da apoyo sea lo suficientemente importante que la organización apoyada continuará supervisando las operaciones.[14]

....

13 Las organizaciones de apoyo no deben usar el Formulario 1023-EZ, sino que deben presentar el Formulario 1023 para establecer su estatus exonerado.

14 El requisito de notificación Tipo III, así como la respuesta y parte integral se describen más ampliamente en
www.irs.gov/Charities-&-Non-Profits/Charitable-Organizations-/ Supporting-Organizations-Requirements-and-Types .

"Quisiera tener el suficiente dinero para financiar yo mismo la operación", dice Sam. "Pero creo que vamos a tener que recaudar fondos adicionales de otros para tener suficiente dinero para llevar a cabo los objetivos de la organización, por lo que vamos a tener que ser patrocinados públicamente. Dijiste que el Formulario 1023 requiere que mostremos al IRS cómo pretendemos hacer esto cuando solicitamos la exoneración. ¿Una vez hagamos esto y el IRS está de acuerdo, quiere esto decir que no tendré que preocuparme del estatus de fundación privada en el futuro?"

Continuación de repaso de fundaciones privadas vs. estatus de beneficencia pública

Como hicimos notar, todas las organizaciones 501(c)(3) se consideran fundaciones privadas a no ser que caigan en categorías específicas (por ej., escuela, iglesia, organización de apoyo), o puede de hecho *demostrar* que son patrocinados públicamente. Si usted no es una de estas organizaciones, pero ha demostrado lo suficiente como para convencer al IRS que usted probablemente sea una beneficencia pública, le emitirán una carta de determinación de exoneración con esta clasificación. Sin embargo, esto no es una determinación final de su estatus como beneficencia pública.

A su organización le darán cinco años para obtener el apoyo público, en lugar de tener que mostrar que la organización ha adquirido este apoyo desde el día uno. Anteriormente, el IRS solía emitir carta de determinación de exoneración, que requería a las organizaciones de apoyo público presentar documentos por separado al final del período de resolución anticipada, para confirmar el nivel de apoyo público en cuyo momento el IRS emitía una carta por separado confirmando que la organización cumplía con la prueba de apoyo público. Esto ha cambiado. Ahora como parte del formulario de información que se presenta todos los años al IRS (Formulario 990), la organización debe suministrar evidencia regularmente al IRS de que continúa logrando los requisitos de apoyo público. Así es que Sam debe continuar preocupado acerca de si su empresa es o no una fundación privada, y él y su organización necesitan mantener registros adecuados de dónde proviene el dinero, para que él pueda mostrar el nivel continuo de apoyo público en un plazo de cinco años seguidos.

Si es que al final del periodo de cinco años, la organización no es capaz de mostrar que tiene apoyo público, será reclasificada como fundación pública.

Continuará siendo exonerada de impuestos como organización amparada a la sección 501(c)(3), pero tendrá que lograr los requisitos de una fundación privada.

"¿Ok, y qué si obtenemos la mayoría de nuestro dinero por parte de otras organizaciones exoneradas, en lugar de ser individuos? Yo he estado en contacto con otras organizaciones exoneradas que gustan de lo que Salve a las Ardillas planea hacer y, podrían suministrar algo o todo del presupuesto inicial de operación. ¿Podemos obtener el estatus de sin lucro si es que obtenemos la mayor parte del dinero de otra organización sin fines de lucro? ¿Y nos hace esto una fundación privada?"

"Puedes estar aún exonerado si recibes fondos de otras organización sin fines de lucro. Si la organización sin fines de lucro que dona los fondos es patrocinada públicamente, los fondos, al ser recibidos por tu organización seguirán considerándose de origen público. Sin embargo, si la organización sin fines de lucro que dona fondos es una fundación privada, entonces todos los fondos provenientes de esa organización deben ser tratados como si los reciben de una persona a la hora de determinar el nivel de apoyo público (esto es, si la organización que provee el dinero es una fundación privada y la mayoría de tu dinero viene de esta fuente, puedes encontrarte con que tu organización ha sido convertida en una fundación privada.)

"Una gran donación que pudiera cambiar el balance de si eres apoyado públicamente puede ser posible excluirlo de tu cálculo, si es que es donación de una única vez.

"Es importante reportar tus fuentes de patrocinio de manera precisa en los Formularios 990 que se presentan todos los años, ya que podrías tener que dar explicaciones de alguna asignación contradictoria en años venideros. Yo sugeriría que nos permitas revisar tus Formularios 990 antes que los presentes.

"Esta área es extremadamente compleja. Si hay alguna pregunta concerniente a tu nivel de apoyo público, debemos conversar *antes* que esto se convierta en un problema, para que podamos determinar si es que hay algún paso que puedas tomar para mejorar tus posibilidades de que tu organización sea considerada de apoyo público. Sería una buena idea que nos permitieras revisar tus registros regularmente con este propósito."

Obteniendo la exoneración estatal

Algunos estados, tales como California y Pennsylvania, requieren de todas las organizaciones sin fines de lucro que soliciten y obtengan una carta de determinación de exoneración por parte del estado previo a ser exonerados de impuestos y previo a que las contribuciones sean deducibles con propósitos de impuestos estatales (estos estados llevan a cabo una revisión independiente del IRS aunque, ahora California permite a una organización presentar un formulario simple que depende de la exoneración federal). Este proceso requiere casi la misma información que la determinación del IRS. Otros estados aceptan automáticamente la determinación del IRS. Algunos estados como Louisiana, requieren que se presente una copia de la carta de determinación del IRS al estado; otros requieren una solicitud por aparte con un proceso limitado de revisión. Los requisitos de presentación anual también varían de acuerdo al estado.

Solo porque a una organización se le considere exonerada bajo la ley federal, no necesariamente será exonerada bajo la ley estatal. Cuando solicite el estatus exonerado, se debe revisar la ley estatal para asegurarse que la organización califica para la exoneración.

Si la organización trabaja en más de un estado, debe cumplir con los requisitos de cada estado.

A veces se otorga una exoneración estatal contingente a que la organización solicite y reciba la exoneración por parte del IRS.

Exoneraciones al impuesto a la propiedad

El trato que se le dé a organizaciones exoneradas respecto al impuesto a la propiedad dependerá del uso que le dé a esa propiedad. Este aspecto de tasación es exclusivamente un asunto de ley estatal. Todos los 50 estados tienen alguna exoneración al impuesto a la propiedad que tienen las organizaciones exoneradas al amparo de la sección 501(c)(3).

No se debe asumir que la propiedad de una organización exonerada está automáticamente exonerada. Podría ser necesario solicitar todos los años una exoneración para cada una de las propiedades que se quiere exonerar.

Si una porción de la propiedad es utilizada para la producción de ingresos gravables en negocios no relacionados o si es alquilado a una entidad de negocios o si simplemente está vacante y no se usa en los propósitos de beneficencia de la organización, ahí podría perder la exoneración, o sólo una exoneración parcial.

De nuevo, las exoneraciones a la propiedad son un asunto de ley estatal. Si la organización tiene propiedades en varios estados, se debe revisar cada ley estatal para determinar el estatus exonerado de cada parcela.

Impuestos a la venta y al uso

Al igual que con exoneraciones al impuesto a la propiedad, las exoneraciones a los impuestos de venta son asunto de ley estatal. En algunos estados no la hay o la exoneración es muy limitada para los impuestos de venta; en otros es muy amplia.

Impuestos a la licencia comercial

En algunos estados, no se reconoce a las organizaciones sin fines de lucro como comercios y no necesitan obtener una licencia comercial. Otros estados o municipalidades pueden requerir a la organización sin fines de lucro que se registre, pero no pagar impuesto. Sin embargo, incluso si se considera a una organización sin fines de lucro exonerada de registrarse, la municipalidad podrá solicitar una licencia comercial para actividades que no son 501(c)(3).

Exoneración grupal

Luego de su última reunión con Alvin, Sam se reunió con el Pastor Ray, el nuevo ministro de la Iglesia Oak Street. Sam mencionó, que según su conocimiento la iglesia no tenía una carta de determinación de exonerado por parte del IRS. Debido a que Sam estaba trabajando en una carta de solicitud de exoneración para Salve a las Ardillas, él pensó que tal vez podría ayudar a la iglesia a conseguir una también. El Pastor Ray hizo notar su preocupación pensando en que tal vez estarían poniendo a la iglesia en riesgo, particularmente debido a que también opera una escuela religiosa privada (la Escuela Oak Street). Le pidió al secretario de la iglesia que le diera seguimiento a esto.

El secretario hizo unas cuantas averiguaciones y descubrió que en los 40 años de historia, la iglesia nunca ha solicitado el estatus 501(c)(3) (ni lo había hecho la escuela en sus 20 años de existencia). Un poco sorprendido hizo unas llamadas incluyendo una al departamento de asuntos legales de las oficinas centrales de la denominación. Le dijeron que no era necesario que la iglesia hiciera la solicitud ni para la iglesia ni para la escuela en vista que ambos están cubiertos bajo la exoneración de la denominación. El Pastor Ray y Sam decidieron que era hora de llamar a Alvin para aclarar este asunto.

"¿Pueden nuestra iglesia y escuela ser legalmente considerados una 501(c)(3) a la sombra de nuestra denominación?"

"Muchas iglesias obtienen exoneraciones grupales por parte del IRS, lo que permite a todas las iglesias individuales y otras entidades relacionadas, tal como la escuela de la iglesia, a estar cubiertos. La iglesia central es la responsable de suministrar de manera regular al IRS una lista de las organizaciones que han de ser incluidas.

"Sin embargo, incluso si no hubiera exoneración grupal, como le mencione más temprano a Sam, las iglesias no tienen que obtener una carta de determinación de exoneración para ser exentas. El único problema de no tener tal carta, sea una carta individual de exoneración o carta de cobertura grupal, es que, si un contribuyente individual es auditado y se cuestiona su contribución, queda a criterio del contribuyente probar que él o ella donaron a una organización exonerada."

"¿Cuáles son las desventajas que enfrentamos como institución al no tener un estatus 501(c)(3) individual?"

"Si la iglesia se fuera a separar de su denominación, ya no estaría cubierta por la exoneración grupal. Siempre y cuando forme parte de la denominación en realidad no hay ningún problema."

"¿Puede la escuela como una división de la iglesia solicitar estatus 501(c)(3) por aparte *sin incorporarse* de lleno o separarse de la organización matriz?"

"No. La escuela es parte de la iglesia. La iglesia misma puede establecer su exoneración aparte y separada de la denominación, pero la escuela como parte de la iglesia, no puede. La escuela tendría que ser una entidad legal por separado para poder establecer su estatus exonerado de manera separada."

Resumen del cuarto paso: Establecer estatus exonerado

Determine si la organización calificará como exenta y si es así, bajo qué sección del Código de Impuestos Interno (IRC)

Más de 25 categorías diferentes. Algunas de las más comunes son:

- **Sección 501(c)(4)**: Organización de bienestar social; caritativo por naturaleza. Aplican las mayoría de las leyes que con las 501(c)(3), puede involucrarse en alguna actividad política y puede beneficiar a un número menor de gente que la (c)(3). No hay deducción tributaria por contribución caritativa.

- **Sección 501(c)(5)**: Agrícola, organizaciones laborales
- **Sección 501(c)(6)**: Cámaras de comercio, ligas de negocio. Las contribuciones generalmente se pueden deducir como gastos de negocio. La organización no puede beneficiar a un negocio en particular (p. ej. Distribuidora de Tubos de Escape Midas, beneficia a Midas), pero pueden estar limitados geográfica o profesionalmente. Se permite alguna actividad política, pero los fondos empleados en ello, pudiera disminuir la deducción por gastos de negocio.
- **Sección 501(c)(7)**: Clubes sociales. La mayoría del ingreso debe provenir de los miembros.
- **Sección 501(c)(3)** —las contribuciones son deducibles:
    - Debe tener uno o más propósitos exonerados
    - Debe estar organizado exclusivamente con propósitos de exoneración.
    - Debe ser operado exclusivamente con propósitos de exoneración.
    - Ninguna ganancia neta o activos deben ser desviados para beneficio de una persona privada.
    - Cabildeo —solo una parte insustancial de sus actividades puede incluir intentar influenciar la legislación.
    - Ninguna actividad política, no puede apoyar ni oponerse a los candidatos a puestos públicos.

Establecer el estatus exonerado

- **Si la organización desea establecer estatus exento amparado a una sección diferente a la 501(c)(3):** Presentar Formulario 1024 ante el IRS (nota: esto es opcional)
- **Para establecer el estatus exonerado amparado a la sección 501(c)(3)**
    - Presentar Formulario 1024 ante el IRS. Además, si la organización califica también puede presentar el Formulario 1023-EZ (formulario en línea) con el IRS.

- Debe presentar estos documentos en el transcurso de 27 meses de la fecha de constitución.
- Las donaciones se pueden hacer previo a establecer el estatus exento, pero se debe advertir a los donadores que la determinación de estatus exento aún no se ha recibido.
- **Exoneración grupal –alternativo a presentar documentos separadamente.** Puede obtenerla la "organización matriz". Permite reconocer a organizaciones afiliadas como exentas, sin tener que presentar documentos por aparte.

Determine el origen del apoyo financiero

Requisito que sigue funcionando para **organizaciones 501(c)(3)**.

- Si proviene de una o pocas fuentes, puede ser una fundación privada; de lo contrario no es fundación
- Como parte de la presentación de documentos anual, una caridad pública podría tener que mostrar al IRS que sigue calificando para esta clasificación

Otros asuntos de impuestos

- **Obtener la exención estatal.** Muchos estados reconocen la exención del IRS; algunos estados requieren presentación de solicitudes de exención para establecer el estatus de exento.
- **Obtener exención de impuesto a la propiedad.** Controlado por ley estatal. Cada estado tiene sus propios requisitos para la exención y sus propios requisitos de presentación de documentos.
- **Impuestos de venta y al uso.** Controlado por ley estatal
- **Impuestos de licencia de negocios.** Puede ser ley estatal o local. Organizaciones de beneficencia están exentas.

2

OPERANDO SU ORGANIZACIÓN SIN FINES DE LUCRO

Luego de completar todos los pasos organizacionales (constitución, borrador y adopción de estatutos, elección de directores y la reunión inicial, establecimiento del estatus exonerado de la organización con el IRS), Salve a las Ardillas está lista para comenzar operaciones. Sam le ha dicho adiós a Alvin y se ha ido a buscar la fama y la fortuna.

Desafortunadamente para él (tal vez afortunado para Alvin), Sam ha descubierto rápidamente que los asuntos legales a que se enfrenta la organización han recién comenzado. Problemas con la Junta, necesidad de hacer cambios a los documentos de organización, preguntas relacionadas con contribuciones de beneficencia, asuntos tanto con los voluntarios como con los empleados, requisitos para la presentación de informes de la organización, limitaciones acerca de cómo puede recaudar, gastar e invertir dinero, aviso del IRS que tiene intenciones de auditar su empresa y controversia acerca de sus nuevas operaciones en Internet han amenazado con descarrilar todos sus mejores esfuerzos. Está descubriendo que hablar con un abogado competente antes de firmar documentos podría de hecho ser más barato que tratar de ahorrar plata al hacer las cosas él mismo. ¿Puede Sam mantener a flote a su organización?

Recaudando y gastando dinero

Donaciones designadas

"Yo he podido recaudar un montón de dinero para comprar terreno con propósitos de conservación y, para investigación científica acerca de los hábitos de apareamiento de las ardillas. ¿No hay ningún problema con tomar una porción de estos fondos para cubrir los gastos operativos de la organización, verdad?" Sam pregunta en su próxima reunión con Alvin.

"Bueno Sam," responde Alvin, "todo depende de cómo te presentaste cuando recaudaste el dinero.

"¿Le dijiste a los contribuyentes que un porcentaje de los fondos serían usados con propósitos operativos? ¿O les dijiste que el 100% de estos fondos irían al propósitos para el cual fueron recaudados?

"Alternativamente, ¿incluiste algún escrito en la solicitud que aclarara que los directores se reservan el derecho de usar los fondos para el propósito que ellos consideraran?"

"Acabo de copiar un sobre con casillas para chequear con diferentes opciones que recibí de otra organización, sustituyendo nuestros propósitos por los de ellos. Casi nadie designó los fondos para que fueran destinados donde fuera más grande la necesidad. Todos querían que su dinero fuera utilizado con un propósito específico. Pero si no podemos pagar la cuenta del teléfono, no podremos hacer la investigación ni comprar la propiedad."

"Sam, acabas de aprender varias lecciones valiosas sobre recaudación de fondos. La primera es que si recaudas dinero para un propósito específico, debes usar los fondos para ese propósito. Podría ser mejor recaudar los fondos con propósitos generales o poner una nota en el sobre para la donación, que te permita reasignar los fondos si fuera necesario para cumplir con el propósito.[1] Pero

---

1 Véase Formulario 5 (en la página 227) para ejemplos de reservación de derecho a modificar el uso de fondos recibidos.

si alguien dona para un propósito específico y tu aceptas los fondos con esa limitación, estas requerido a usar los fondos para ese propósito.

"Podrías volver donde los donantes y pedirles que autoricen un cambio en propósito; de otra manera, dependiendo de la ley estatal podrías necesitar una autorización de la corte o aprobación por parte del Fiscal General antes que puedas usar los recursos para un propósito diferente al cual fueron contribuidos.

"La segunda lección que has aprendido es que las organizaciones sin fines de lucro necesitan de fondos para cubrir sus gastos generales. Ninguna organización sin fines de lucro tiene la habilidad para dedicarse 100 por ciento directamente a una causa sin que una porción de ella vaya a sufragar gastos generales; si declaras esto, solo se puede cumplir si la organización sin fines de lucro tiene fondos provenientes de otra fuente para cubrir los gastos generales."

Hay algo más que Sam podría querer hacer. Para bienes restringidos, Sam podría querer tener una o más cuentas separadas (podría haber una Cuenta General y otra cuenta de Fondos Restringidos, con subdivisiones para cada propósito específico; o cada propósito podría tener su propia cuenta de fondos restringidos). En cualquier caso, la cuenta restringida estaría limitada a que sus fondos se utilicen sólo para propósitos específicos.

Además de proveer un nivel de responsabilidad, esta división podría suministrar algún tipo de protección en contra de acreedores generales de la organización así como errores inadvertidos realizados por empleados o voluntarios bien intencionados.

Donación designada a persona

"Tengo un asunto relacionado. Tengo un amigo cercano con una enfermedad terminal y a un grupo de amigos que quieren proveer dinero para ayudar a la familia. ¿Puede Salvando a las Ardillas hacer esto?"

"Sam tienes dos asuntos diferentes aquí. La primera es que Salve a las Ardillas no se formó con el propósito de proveer asistencia a individuos en necesidad. Debes usar todos tus recursos para cumplir con el propósito de la organización. Si la gente hace una contribución a tu organización contingente a que se use en otro propósito, tú no puedes aceptar esa contribución."

"Pensé que dirías eso. ¿Y qué si establezco otra organización exonerada con el propósito de ayudar a esta familia?"

"Eso nos trae directamente al segundo asunto, Sam. Si tu amigo quiere dar dinero directamente a la familia, puede hacerlo, pero no va a ser considerada una contribución de beneficencia. Si es que dan el dinero a una organización de beneficencia, pueden obtener una deducción por contribución de beneficencia pero no pueden solicitar que los fondos sean destinados a la familia. Un donante puede designar un propósito específico (p ej., asistir a familias en necesidad), pero no pueden designar a una persona específica.

"Los donadores pueden solicitar pero no pueden requerir que los fondos sean usados para beneficio de la familia o para sufragar algunos de sus gastos. Dependerá de la (organización de) beneficencia determinar tales asuntos de primero, si es que la familia de veras necesita de este tipo de asistencia; y segundo, si éste es el mejor uso de los fondos (p.ej. si tienen varias otras familias en circunstancias similares, ¿hay alguna en mayor necesidad?).

"La organización de beneficencia no puede tampoco traspasar los fondos que recibe como si nada sino que debe ejercitar el control sobre los desembolsos (¿qué si recibe el doble de la cantidad que la familia necesita en realidad?).

"Sea como sea, no podrás formar una organización de beneficencia solo para beneficiar a una familia y esperar que las contribuciones sean deducibles."

Restricciones sobre las contribuciones: Donación condicionada

En su búsqueda continua de contribuciones, Sam ha venido a la oficina de Alvin con una nueva posibilidad. "Tengo otro donante potencial que quiere establecer lo que él llama un 'fondo condicionado por donante'. Me dijo que él podía dar a mi organización $100,000 y obtener una deducción por contribución de beneficencia ahora, pero me diría más tarde qué quería que se hiciera con el dinero. Él también quiere tener derecho a decir cómo se va invertir el dinero antes de que se gaste. Esto realmente aumentaría nuestros ingresos netos, por lo que quiero hacerlo. ¿Hay algún problema?

"Bueno Sam, antes que decidas hacer esto necesitas entender qué es un fondo condicionado (por donante), qué no es y, qué pasa cuando alguien quiera hacer uso de uno. Los fondos condicionados por donante son uno de los desarrollos de más rápido crecimiento en donaciones de beneficencia y una de las áreas menos entendida. Previo a 2006 no había ninguna referencia acerca de los fondo condicionados en el Código de Impuestos Internos, y sólo unos pocos casos que usaban el término. Sin embargo, como ahora hay tanto dinero yendo hacia los fondos condicionados, tanto el Congreso como el IRS ahora le están poniendo atención específica a ellos.[2]

....

2   La Sección 4955 (d)(2) del *Código de Impuestos Internos* (IRC) ahora define a un

"Esencialmente un fondo condicionado es una contribución a una organización de beneficencia, donde la organización de beneficencia y el donante concuerdan que, aunque los recursos se entregan de una vez a la beneficencia, la beneficencia tomará en cuenta el deseo del donante cuando haya que gastar el dinero.

"Los fondos condicionados están siendo usados como una alternativa a una fundación privada o una organización de apoyo.

"¿Sam, recuerdas cuando hablamos del hecho que una beneficencia con uno o unos cuantos donantes (esto es, una fundación privada) puede ser una organización exonerada 501(c)(3)? Alguien que esté comenzando un fondo condicionado puede hacer uso de una fundación privada con el mismo propósito- dan el dinero ahora y la fundación privada puede gastarla en el futuro en la manera que el donante lo solicitó. Muchos contribuyentes no quieren la responsabilidad de manejar su propia fundación privada y asegurarse que cumpla con todos los requisitos legales y de impuestos.

"Una organización de apoyo también se puede usar en lugar de una fundación privada. Se le considera una beneficencia pública debido a su relación con las organizaciones de apoyo exentas y de ahí que no tiene que seguir las reglas complejas de las fundaciones privadas. Sin embargo, la organización de apoyo está limitada, en que tiene que hacer una lista de las organizaciones que apoyará al momento de su formación, en lugar de decidir a cuál organización va a beneficiar posterior al hecho. También hay limitaciones en cuanto a la habilidad de un contribuyente de controlar a la organización de apoyo.

"Un fondo condicionado por donante resuelve algunos de estos problemas. Debido a que el dinero se entrega a una beneficencia pública, no hay organización separada de qué tener que preocuparse y, los requisitos de fundación privada no aplican. Más aun, no hay problema con designar un propósito u organización luego que se haya hecho la contribución.

"¿Puede que recuerdes que hablamos acerca de cómo las fundaciones privadas no pueden ser usadas para beneficio de amigos o familiares del donante? Aparentemente, el Congreso pensó que el fondo condicionado caería en el mismo tipo de problema, y ha impuesto penalidades cuando el consejo del donante resulte en una distribución que provee al consejero del donante, directa o indi-

....

fondo condicionado por donante, haciendo notar que el dueño del fondo es una organización exonerada, pero que el donante tiene o espera razonablemente tener privilegios de aconsejar con respecto a la distribución o inversión de los fondos.

rectamente, un beneficio más que 'incidental'. También se pueden imponer penalidades al administrador del fondo quien estuvo de acuerdo en la distribución.

"Hay otros temas que tomar en cuenta al diseñar el fondo. El donante debe haber cedido suficiente control para garantizar una deducción por la contribución actual, o la deducción debe esperar hasta que haya una distribución desde el fondo a los herederos finales. Una organización de hecho debe ser dueña y controlar los fondos cuando la contribución se hace para que sea deducible. Una vez hecha la donación, el donante puede aconsejar acerca del uso de los fondos, pero no puede dirigir el uso. Si la organización no es claramente la dueña ni controla los fondos, entonces una deducción por contribución es prematura y no será permitida hasta que los fondos estén claramente en posesión y control de una organización exonerada (por ej. cuando el donante instruye que los fondos sean distribuidos).

"Aunque claramente quieres tomar en cuenta los deseos del donante en cuanto al uso de los fondos, la organización misma es la responsable de velar que los fondos sean usados con propósitos de beneficencia. Por ejemplo, Salve a las Ardillas pudiera querer confirmar que todo receptor recomendado es una beneficencia pública calificada. De lo contrario, debe tomar acciones para asegurarse que los fondos sean usados con propósitos exonerados o pudiera resultar que lo graven en la distribución.[3]

"Y por supuesto, todavía está el tema de cómo el dar al receptor recomendado ayuda a avanzar los propósitos específicos de tu organización. Sería mejor, por supuesto, si los propósitos y los receptores estuvieran de alguna manera relacionados con los propósitos exonerados. Por ejemplo, podrías incentivar solicitudes de distribución a organizaciones amigables con el ambiente.

"Otro tema es si debe distribuirse un monto mínimo cada año. Algunas organizaciones tienen como requisito que por lo menos se gaste 5 por ciento de los activos anualmente, debido a que esto es lo que sería requerido de una fundación privada, y ellos designarán al heredero directamente si el donante no indica alguna preferencia. O, como estás viendo en esto un método de aumentar tus activos, también debes decidir si incluyes o no un límite al monto máximo que se distribuirá en un año dado."

Algunas organizaciones también limitan la existencia del fondo condicionado por donante, tal vez permitiendo al donante original que recomiende distribuciones durante su vida y, de designar a un sucesor para este propósito, pero

---

3   Véase *IRS 4966(c)*.

requiriendo que todos los fondos que permanezcan luego del fallecimiento del sucesor designado se vuelvan parte del fondo general de la organización.

Donaciones en especie

"Tengo otro contribuyente que quiere darnos su equipo de cómputo usado y obtener una deducción por la contribución. ¿Es legal? ¿Qué pasa si no necesitamos el equipo y decidimos venderlo luego que él nos lo regala? ¿Podríamos de esa manera usar las ganancias para cubrir gastos operativos?"

"Si Sam, es legal. La pregunta es cuánto beneficio real va a recibir el donante. Si tú usas la propiedad, la deducción del donante será el justo valor de mercado de la propiedad. Sin embargo, si vendes en lugar de usar la propiedad, la deducción del donante está limitada a la más baja de la base del donante (permaneciendo el costo sin depreciación u otra base en el equipo) y el justo valor de mercado (que seguramente será muy bajo).

"Si la donación tiene un valor de $5000 o más, el donante tendrá que presentar el Formulario 8283 ante el IRS, la cual debe ser firmada por la organización (aceptando el obsequio, más no el precio de apreciación.) En ese caso si la organización vende el equipo en el transcurso de dos años, debe llenar el formulario 8282 y presentarlo al IRS mostrando cuánto recibió por la venta de la propiedad. Claro que, si el resultado es que el donante indica una deducción contributiva de $10000 y los bienes se venden en $500, el IRS sabrá y el donante estará sumamente descontento al saber que ha recibido una auditoría gratuita por parte del IRS por su 'benevolencia'".

"¿Y qué si los donantes nos dan autos? Siempre escucho anuncios que dicen que debería dar mi auto usado o bote a alguna beneficencia."

Sam esta fue un área de preocupación mayor para el IRS, ya que alguna gente donó sus vehículos usados y obtuvo deducciones en exceso muy diferentes de lo que realmente fue obtenido por la beneficencia. Como resultado de esto, desde el 2005, si la beneficencia vende el vehículo y el valor declarado excede los $500, el donante está limitado a una deducción igual a los ingresos brutos obtenidos de la venta. La beneficencia tiene 30 días para avisarle al donante cuánto es el monto. Solo si la beneficencia usa significativamente o mejora materialmente al vehículo puede el donante deducir el valor de mercado del vehículo."

"Wow, eso en verdad limita el beneficio."

"Sí que lo hace, Sam."

Pidiendo dinero prestado

"Ok, ésta te va a gustar," Sam dice un mes después. "Conversé con algunos de mis amigos y varios de ellos están dispuestos a prestarle dinero a Salve a las Ardillas para que podamos comprar un edificio de oficinas. Salve a las Ardillas usará una de las oficinas y alquilará el resto del espacio por suficiente dinero que nos permita pagar de vuelta el dinero que pedimos prestado. Me imagino que en unos cinco años deberíamos haberlo pagado y, ya no tendremos que pagar alquiler y podremos poner más dinero hacia la ayuda a las ardillas. ¿Es o no una buena idea?"

"Bien, respira profundo, Sam. Desglosemos esto para que podamos decidir si esto es algo que en verdad quieres hacer. ¿Primero, de cuántos prestamistas estamos hablando aquí?"

"No lo sé, entre 10 y 45, dependiendo de cuánto quiere prestar cada persona, de lo que compremos, y de cuánta plata vamos a necesitar. Yo les dije que seríamos capaces de pagarles más de lo que ganan en el banco y estaban todos interesados en invertir. David mencionó que su madre tiene un fondo fideicomisario que solo gana 1.5 por ciento ahora mismo, y él estaba seguro que ella querría participar. Ah, y casi me olvido, calculé que podríamos usar parte de los fondos para cubrir los gastos operativos hasta tanto recaudemos el dinero para el fondo general."

"¿Entonces quieres pedir dinero prestado a 10-45 inversionistas, uno de los cuales al menos es una viuda con un fondo fideicomisario? Usarás este dinero para comprar un edificio que alquilarás a otros. También usarás el dinero para gastos operativos. ¿Me perdí de algo?"

"No, creo que eso lo resume."

"Odio tener que decirte esto, Sam pero si pides prestado con la expectativa de que lo reembolsarás, lo que estás haciendo es emitiendo títulos valores. A no ser que haya una exención disponible, puede que tengas que registrar el título valor antes de poder venderlo. Puede que también tengas que estar registrado como agente de ventas y, en algunos estados Salve a las Ardillas tendría que registrarse como distribuidor emisor. Mientras a más gente le pidas prestado y menor sea su nivel de sofisticación, mayor la probabilidad de que el registro será necesario. Incluso si el registro no es necesario, debes suministrar a cada inversionista con todos los hechos relevantes. Y si fallas en registrarte o no das suficiente información, puedes ser sujeto tanto de cargos criminales como civiles si el negocio sale agrio."

"Pero el negocio no va a salir agrio," dice Sam de manera petulante.

"¿Si ni siquiera puedes recaudar el dinero ahora para cubrir tus gastos operativos, cómo esperas recaudar los fondos necesarios para cubrir no solo los gastos operativos futuros, sino que los gastos pasados que pagaste con dinero prestado? Si pides prestado dinero para comprar un edificio, entonces por lo menos los inversionistas tendrán alguna seguridad de que hay bienes que respaldan su inversión. ¿Pero si pides prestado para pagar cuentas vencidas, qué seguridad tienen ellos de que recuperarán su inversión?"

"Tendremos el pago del alquiler de otros para cubrir los pagos que se deben en las notas. Ya lo calculé y funciona."

"¿Y qué pasa cuando tienes vacantes? ¿O si terminas pagando tus cuentas y no te alcanza ni siquiera para comprar el edificio?

"¿Y has considerado los impuestos en tus cálculos? Si tu alquilas una propiedad que se encuentra con 'deuda financiada' una porción del alquiler igual al porcentaje del edificio que está financiado con deuda será considerado ingreso no relacionado con tu propósito, sobre los cuales se deberán impuestos. (Refiérase a "Ingreso de negocio no relacionado" en la página 127.)

"Sam, a las leyes de títulos valores se les llama a veces leyes 'blue sky' o reguladoras de emisión de valores. Eso se debe a que la gente salía con negocios que ofrecían nada más que cielo azul —puro optimismo al máximo. Pero cuando llueve, cuando el negocio se agria, entonces la gente de verdad sale lastimada. Las leyes cielo azul están diseñadas para prevenir esto. ¿Qué le dirás a tu amigo David, si no le puedes reembolsar el dinero a su madre?

"Si vas a pedir dinero prestado, necesitamos ser muy específicos sobre qué estás prestando y qué se va a hacer con el dinero. También debemos hacer un plan realístico de cómo le vamos a reembolsar a los inversionistas. Y lo más importante, debemos asegurarnos de que has cumplido con todas las leyes aplicables en valores antes que ningún dinero cambie de manos.[4] De lo contrario,

....

4   Todos los valores deben estar registrados a no ser que califiquen para ser exonerados del registro. Es necesario cumplir tanto con las leyes federales como las estatales. Los valores emitidos por una organización sin fines de lucro están exentos del registro federal de conformidad a la Sección 3(a)(4) de la *Ley de Valores Enmendada* de 1933. Además de la ley federal, todos los estados han adoptado leyes que gobiernan las actividades en valores dentro de sus jurisdicciones. Los requisitos por estado varían ampliamente, y numerosos estados no eximen las ofertas de deudas de organizaciones sin fines de lucro del registro, sino que requieren algún tipo de papeleo antes que la organización sin fines de lucro pueda proceder con el ofreci-

además de perder a David como amigo podrías encontrarte enfrentando penas por cargos criminales y civiles."

Sam suspira. "¿No hay nada que tenga una respuesta sencilla?"

Propósito y acuerdos con entidades de negocios

"¿En qué te puedo ayudar hoy, Sam?"

"¿Recuerdas lo que decías acerca de los problemas que podría tener al prestar dinero para comprar un edificio?"

"Si, Sam, lo recuerdo."

"Me gustaría que conocieras a mi cuñado, Joe. Joe tiene un posible acuerdo con un negocio y el cree que podría funcionar. Pero yo pensé que el debería venir y hablar contigo antes de proseguir. No quiero que vaya a la cárcel debido a que no hizo todo bien."

"Hola Joe, creo recordar que Sam mencionó algo sobre ti. ¿No es que tienes una organización sin fines de lucro que ayuda a adolescentes delincuentes?"

"De veras tienes una buena memoria, Alvin. Yo ni recuerdo haber hablado acerca de Joe."

"Entonces, cual es el asunto, Joe?"

"Mi organización sin fines de lucro ha desarrollado un plan de rehabilitación que está probando ser muy exitoso en la rehabilitación de infractores de primera

---

miento. Como resultado, es extremadamente importante revisar las leyes estatales aplicables a tu organización y sus actividades antes de comenzar cualquier actividad con valores.

Nótese también que aunque los valores estén exentos de registrarlos, no están nunca exonerados de las disposiciones antifraude de cualquier estado o ley de valores federal. Como resultado, incluso organizaciones sin fines de lucro ubicados en estados que no requieren registro deben asegurarse que han provisto a los prestamistas potenciales con toda la información que una persona razonable quisiera para conocer acerca de su organización. Esto normalmente lo provee la "circular de la ofrenda", "prospecto", o "memorando de revelación" (panfleto).

También hay emisiones de bonos locales y estatales que están exentos de impuestos amparados a la Sección 103 del *Código de Impuestos Internos*. Estos requieren el involucramiento del estado o gobierno local y son significativamente más complejos que los valores ofrecidos descritos anteriormente.

vez. Una empresa que lo revisó estaba impresionado y ha sugerido un emprendimiento conjunto para hacer que nuestro plan sea más accesible a escala mayor.

"En esta propuesta Albergue para Niños Delincuentes Joe y la empresa en cuestión, que es una compañía de responsabilidad limitada, cuyos dueños pondrían los servicios de rehabilitación disponibles en base a una cuota por servicio. Nosotros suministramos el programa y controlamos los servicios, mientras la empresa suministraría el financiamiento, desarrollaría los centros, manejaría la administración y desarrollaría un plan de mercadeo para atraer más clientes.

"Después de hablar con Sam, me pareció que este tipo emprendimiento de negocios podría tener algunos de los mismos problemas que el plan de negocio del edificio. ¿Lo podemos hacer? Nuestra organización sin fines de lucro no tiene el patrimonio para hacer esto directamente, pero pienso que el emprendimiento de negocios claramente nos permitiría ayudar a más niños de los que pudiéramos de otra manera."

"Joe, como seguramente sabes, las organizaciones sin fines de lucro deben usar sus recursos para avanzar en su propósito. A veces la única manera de hacer esto es contratando gente, o entrar en acuerdos con entidades comerciales. Esto es perfectamente legítimo si es que se avanza en el propósito de la organización sin fines de lucro y si es que el retorno a la entidad comercial es razonable. Ambos son grandes 'si es que'.

"Tu organización sin fines de lucro necesita mantener el suficiente control que asegure que el propósito de tu organización sin fines de lucro va a avanzar. Si la actividad termina siendo la actividad primaria de tu organización sin fines de lucro, para asegurar que tú estatus exonerado no está en riesgo, tu organización sin fines de lucro debe mantener control sobre el proyecto completo. Si la actividad es una actividad auxiliar entonces tu organización sin fines de lucro debe mantener control sobre los aspectos de la actividad que aseguren que el propósito de la organización sin fines de lucro se lleva a cabo.

"Debido a que tu organización debe hacer uso de sus recursos para avanzar el propósito sin lucro debe haber alguna garantía que la entidad de negocios no se beneficiará de manera irrazonable con el acuerdo, tomando en consideración el servicio y financiamiento provisto por el negocio. Si el propósito (o el efecto neto) es de proveer de un beneficio irrazonable al negocio, entonces esto no solo es inapropiado también puede resultar en la pérdida del estatus exonerado así como la imposición de multas tanto al recipiente del beneficio irrazonable (esto es, el negocio) y, aquellos que lo autorizaron (o sea, tú y tus directores)". (Refiérase a "Medidas cautelares" en la página 174.)

"Después de haber dicho todo esto, los términos específicos del emprendimiento de negocios entre el Albergue Joe para Niños Delincuentes y el negocio determinarán si se viola alguno de estos principios. No queda claro, por ejemplo, si el emprendimiento conjunto propuesto terminará siendo la actividad principal de la organización sin fines de lucro. Si es una actividad secundaria, entonces el nivel de control propuesto puede ser suficiente ya que la organización sin fines de lucro mantiene el control sobre el programa actual y el servicio.

"También necesitamos más información para decidir si el retorno (monetario) al negocio es razonable. Es factible que esto tenga que decidirse en base a hechos y circunstancias. Una vez conozcamos los detalles acerca de la propuesta, seremos capaces de evaluarlo. Por supuesto que no hay ninguna garantía de que el negocio querrá proceder con el emprendimiento si no puede obtener los términos que quiere. Pero si no se redacta correctamente podrías poner en peligro tu programa completo.

"Otro asunto es si te estarás beneficiando personalmente o no, con todo esto."

"Es interesante que lo mencionaras, Alvin. No pensé que recibiría nada más que mi salario regular, pero ellos sugirieron que tal vez la compañía de responsabilidad limitada podría contratarme por mi pericia. No estoy seguro de qué pensaban."

"Tú debes asegurarte que tu compensación *completa* sea de la organización sin fines de lucro o de la compañía de responsabilidad limitada es razonable en razón de tus deberes y responsabilidades y que no estás personalmente recibiendo un beneficio que de otra manera iría a la organización sin fines de lucro.

"El resultado final es que aunque esta aventura conjunta pueda ser extremadamente beneficiosa para la organización sin fines de lucro, se debe poner mucha atención a la negociación de los términos y redacción del borrador del acuerdo, para no poner tu estatus exonerado en riesgo. Necesitarás un abogado para que redacte los documentos necesarios y que se asegure que todos estos asuntos se resuelvan de manera que no ponga en peligro tu estatus exonerado de impuesto."[5]

"Gracias, Alvin. Eso ayuda. Te dejaré saber qué evoluciona."

---

5   Véase Michael I. Sanders, *Joint Ventures Involving Tax-exempt Organizations*, 4th Ed. (John Wiley & Sons, Inc. 2013).

Donación diferida

Desde el comienzo, Sam se ha concentrado en conseguir contribuciones en efectivo para

Salve a las Ardillas. Alvin lo ha animado a que lo haga. El efectivo se gasta según se necesite o se guarda para uso futuro si no se necesita de inmediato. De hecho mucha gente le ha hecho saber que planean poner a Salve a las Ardillas en la lista de recipientes de su testamento. Otros han dicho que no están en postura de dar el dinero ahora mismo pero quisieran saber si hay otro modo de donar. Sam le ha preguntado a Alvin sobre información básica de qué tipos de donaciones sugeriría.

Es importante hacer notar que todos los siguientes métodos de donación son irrevocables. Una vez se entregan los activos y se deduce la contribución de beneficencia, el documento no puede cambiarse (más que cambiar el nombre de la beneficencia que recibe el beneficio o ciertos cambios requeridos para cumplir con la ley). La dedicación de beneficencia no puede rescindirse. De ahí que, a no ser que al individuo le sobre el dinero, ninguno de estos instrumentos debiera de usarse.

Generalmente, excepto que haya una disposición específica en el Código de Impuestos Internos que permite a un individuo dar solo un interés parcial en un activo (por ej., un 50 por ciento de interés en una pintura), es necesario que el interés completo le sea dado antes que se pueda deducir (de beneficencia). Los instrumentos descritos más abajo son maneras de donar un interés parcial sobre propiedades específicamente permitidas al amparo del CII.

Fideicomisos de beneficencia remanente

Si una persona necesita poder hacer uso del ingreso de un activo, pero quiere dar el remanente a una beneficencia y recibir una deducción por contribución de beneficencia ahora, él o ella lo puede hacer utilizando un fideicomiso de beneficencia remanente.

Unifideicomiso de caridad remanente. Con un unifideicomiso de caridad remanente, los donantes contribuyen con recursos al fideicomiso y designan en el instrumento de fideicomiso el porcentaje de recursos que desean recibir de vuelta cada año y, si los pagos serán por un periodo de años (hasta 20 años), o por el resto de sus vidas. El porcentaje anual que se reembolsa debe ser al menos del 5%. Al final el remanente se asigna a la beneficencia designada (s). Debido a que es un porcentaje, el monto puede variar; si el valor de los recursos aumenta o disminuye, el reembolso también aumenta o disminuye.

Fideicomiso de beneficencia remanente vitalicio. Un fideicomiso de beneficencia remanente vitalicio es lo mismo que un unifideicomiso, excepto que el monto destinado a ser recibido por el donante (s) es un monto fijo, igual que una anualidad regular, en lugar de un porcentaje de los recursos. Debido a esto cualquier aumento o disminución en el valor no impactará lo que se le pague al donante o sus designados; cualquier aumento o disminución en el valor impactarán solamente el monto que en definitiva se destine a la beneficencia.

Fideicomisos con iniciativas de beneficencia

Un fideicomiso con iniciativa de beneficencia es lo opuesto a un fideicomiso de beneficencia remanente. La beneficencia recibe el ingreso actual y el donante o su beneficiario (a) recibe el remanente al vencerse el fideicomiso. Por ejemplo, si la persona no necesita los fondos ahora pero quiere dejar el remanente a sus hijas(o) o nietas(o), se puede usar un fideicomiso con iniciativa de beneficencia. Se paga un porcentaje de los recursos del fideicomiso a la beneficencia designada por el individuo durante el plazo del fideicomiso. El individuo recibe una contribución de beneficencia por el valor estimado del obsequio. Al final del plazo del fideicomiso, el remanente va a los beneficiarios individuales designados. Además de obtener una contribución de beneficencia, el valor del obsequio a los beneficiarios es el valor estimado del interés remanente al momento de la transferencia de los recursos al fideicomiso. Debido a que el interés remanente no va a ser recibido por los beneficiarios inmediatamente, es probable que su valor actual sea significativamente más pequeño que el monto pagado de hecho a los beneficiarios al finalizar el fideicomiso. Este beneficio varía conforme la ley federal de impuestos a propiedades aumenta o disminuye el monto excluido del impuesto a la propiedad federal. Sin embargo, como el impuesto a la propiedad se enmienda de tiempo en tiempo, tal fideicomiso podría aún tener beneficios, además de la actual deducción de beneficencia.

Contribución benéfica vitalicia

Una contribución benéfica vitalicia es similar en concepto al fideicomiso remanente de beneficencia (el individuo recibe una renta vitalicia; la beneficencia recibe lo que sea que quede cuando se termine la renta vitalicia). La diferencia es que el fideicomiso remanente de beneficencia es una entidad que se sostiene por sí misma, y cuyos activos deben ser invertidos y representados diferencia-damente, mientras que los recursos de cada contribución benéfica vitalicia se mezclan con las otras anualidades ofrecidas por la misma beneficencia. Algunos estados requieren que se registre el programa de contribución benéfica vitalicia antes que lo puedan ofrecer.[6]

Remanente de los intereses de residencia

En cada uno de los escenarios anteriores, los activos que financian el fideicomiso / renta deben de hecho entregarse a la beneficencia para que la contribución de beneficencia esté disponible. La donación de un interés remanente sobre su residencia es la excepción a la regla de que se debe dar un interés completo sobre la propiedad antes de poder deducir la contribución de beneficencia. El donante puede mantener un interés de por vida en la propiedad y continuar viviendo ahí, mientras recibe una deducción actual por el remanente del interés. Surge un problema si el donante quisiera vender o refinanciar la residencia. Debido a que el donante ya no es el único dueño, la propiedad no puede ser refinan-ciada o vendida y comprar una nueva propiedad, sin el consentimiento de la beneficencia, y/o que la beneficencia reciba su interés proporcional de venderse la propiedad.

Contribuciones caritativas a organizaciones que *no* son 501(c)(3) exoneradas

Recientemente en la cámara de comercio a la cual pertenece Sam han hablado acerca de llevar a cabo ciertas campañas de recaudación de fondos. Sam recu-erda que aunque la cámara de comercio tenía una carta de determinación de exención, esto no autoriza a individuos a que deduzcan sus contribuciones como contribuciones de beneficencia, aunque podría estar disponible una deducción por gastos de negocio. Esto porque la carta de determinación de exención re-cibida por la cámara refleja claramente que está exenta amparada a la sección 501(c)(6) como liga de negocios, cámara de comercio u organización similar, en lugar de estar amparada a la sección 501(c)(3).

Solo las contribuciones a las organizaciones Sección 501(c)(3) pueden ser deducidas como contribuciones de beneficencia. La cámara ha evadido esta

---

6   Véase **www.pgresources.com** para más información acerca de esta área de la ley, incluyendo los requisitos para inscribirse.

limitación al trabajar directamente con ciertas organizaciones de beneficencia a quienes escoge apoyar y hacen las contribuciones directamente a la beneficencia. Ha considerado si debiera formar una 501(c)(3) "hermana" en vez. Sam los ha referido a Alvin para que les aconseje si se puede y debe hacer esto.

Aunque la cámara puede continuar recaudando fondos para organizaciones sin fines de lucro específicamente amparadas a la 501(c)(3), es absolutamente apropiado, si una (c)(6) está realizando una cantidad significativa de trabajo de beneficencia, tener una (c)(3) emparentada que pueda recibir donaciones. Esto hará de las operaciones en marcha algo más fácil, debido a que no tendrán que establecer acuerdos con las beneficencias individuales antes de enfrascarse en la actividad de recaudación de fondos. Sin embargo, la organización "hermana" sin fines de lucro debe de hecho estar organizada y operada con propósitos de beneficencia y debe establecer su estatus exonerado amparada a la 501(c)(3) para que las contribuciones sean deducibles.

Otra advertencia es que aunque una no (c)(3) tal como la cámara puede donar activos a su hermana (c)(3), la (c)(3) debe asegurarse que ninguno de sus activos se usen para beneficiar a la cámara.

¿Debería usarse la misma entidad para varias operaciones?

Después que Sam le diera un codazo, el Pastor Ray llamó a Alvin nuevamente.

"Nuestra junta de ancianos aprobó comenzar con un centro diurno de cuidado como un ministerio que se comprometa con la comunidad y para entrenar a los niños. Esto calza dentro del propósito de la iglesia, pero a la junta le preocupa los asuntos de responsabilidad civil y quiere limitar la exposición financiera de la iglesia para esta nueva actividad. ¿Para esta actividad sería prudente una entidad por separado?"

"Hay muchas razones para mantener una escuela o un centro de cuidados para niños como parte de la iglesia," contesta Alvin. "Si la iglesia o centro están ubicados en la propiedad de la iglesia, la iglesia estaría involucrada en la mayoría de casos legales de cualquier manera."

"Al mantener a la escuela o centro como parte de la iglesia, la iglesia tiene más control sobre las operaciones. Puede asegurarse que la escuela continúe operando como un ministerio que abrace a la comunidad."

"Más aún, si la escuela o centro son parte de la iglesia, entonces estará cubierto por la Ley de Procedimientos de Auditoría de la Iglesia (Church Audit Procedures Act).[7]

"Mientras que si está registrada de manera separada, no lo estará. Además, si la escuela o centro son parte de la iglesia, en la mayoría de los estados, la iglesia/escuela/centro no es sujetos al seguro de desempleo, mientras que si la escuela o centro son registrados por separado, el estado podría exigir la cobertura de seguros.

"A no ser que haya otros hechos, tal como una escuela que ha crecido demasiado para el tamaño de las instalaciones de la iglesia y quiere comprar su propia instalación en otra localidad y, una junta de iglesia que no quiere incurrir en gastos por una instalación aparte, yo sugeriría que la iglesia no escinda de la escuela o el centro de cuidados diurno. La iglesia debe asegurarse que tiene adecuada cobertura de seguro y que supervisa aspectos importantes de la escuela donde se pudiera incurrir en responsabilidad civil (tal como revisión de antecedentes criminales del personal)".

"Supongo que ese es el factor decisivo en nuestro caso," dice el Pastor Ray. "La junta fue enfática en decir que aunque les gusta la idea del centro, la iglesia no debiera tener responsabilidad continua sobre él."

"En ese caso, el centro de cuidados diurnos para niños probablemente se formaría mejor como una empresa separada."

"¿Pero si la convertimos en su propia empresa, puede nuestra iglesia suministrar el financiamiento inicial?"

"Claramente la Iglesia Oak Street como una 501(c)(3) puede subsidiar a otras organizaciones 501(c)(3). Sin embargo, estos subsidios deben promover los propósitos de la iglesia. Como ya hemos acordado, un centro de cuidado infantil puede ser una actividad apropiada para la iglesia. Si la iglesia lo puede hacer directamente, ciertamente puede dar apoyo a otra organización que está empezando en la misma actividad. Muchas fundaciones privadas no hacen ningún trabajo de beneficencia directamente, sino que simplemente dan dinero regularmente a otras (c)(3).

---

7   Véase *IRC* Sección 7611. El IRS no puede auditar a una iglesia sin cumplir con salvaguardias específicas. Para el propósito de esta sección, una iglesia es cualquier entidad que reclama ser una iglesia, excepto que una escuela religiosa registrada separadamente se excluye específicamente.

"Siempre y cuando el centro de cuido de niños establezca su exoneración amparado a la sección 501(c)(3), la iglesia puede dar dinero al centro y no necesitará supervisar activamente cómo se gasta el dinero.

"Una (c)(3) en algunas instancias, podría permitirse dar dinero a un individuo o una organización que no es una (c)(3) si al hacerlo avanza claramente en sus propósitos.

Por ejemplo, muchas beneficencias dan asistencia financiera y alimento a gente en necesidad. Y una organización que no ha establecido su estatus exonerado puede involucrarse en una actividad que pudiera ser de beneficencia en naturaleza (como llevar a cabo investigación que pondrá a disposición del público general). Sin embargo, si la (c)(3) va a dar el financiamiento para tal actividad, la (c)(3) debe verificar que el propósito de beneficencia se cumple y que los fondos no son usados para el beneficio privado del individuo u organización no (c)(3). De ahí que si el centro de cuido de niños no ha establecido su estatus exonerado, entonces la iglesia debe ser diligente en ejercitar lo que se llama 'gastos de responsabilidad' sobre el subsidio.

"La iglesia no puede dar dinero a otra organización, sea una (c)(3) u otro tipo de entidad, para que sea usada con un propósito que la iglesia no pudo hacer ella misma. Por ejemplo, las (c)(3) no pueden involucrarse en actividad política. Por lo tanto, no puede dar apoyo (incluyendo una sala de reuniones o una oficina) a otra organización involucrada en actividad política."

Apoyo a una organización no estadounidense

"Creo que entiendo," responde el Pastor Ray. "Entonces, en este punto, estaría bien dar financiamiento para formar un centro de cuido diurno.

"¿Qué me dices del orfanato que patrocinamos en México? Nuestra iglesia ha estado financiando a un misionero allá por un buen tiempo. Un par de años atrás él nos presentó al orfanato. Hemos empezado a enviar a nuestra gente para allá a trabajar en el orfanato y lo hemos 'adoptado', de tal manera que en este momento mucho del apoyo operacional que reciben proviene de nuestra iglesia. Pero ahora necesitan un nuevo edificio que costará más de lo que nuestra iglesia puede financiar. La junta ha preguntado si no deberíamos establecer otra empresa para solicitar contribuciones de otros para el orfanato."

"Bueno, eso depende de unas cuantas cosas," responde Alvin. "Asumo que has tomado una determinación afirmativa de que tu apoyo al orfanato es consistente y hace avanzar tu misión, como parte de tu requisito religioso de cuidar a viudas y huérfanos. Si no lo has hecho, tu junta debería hacerlo inmediatamente. Si este no es el caso, yo cuestionaría si incluso el nivel actual de apoyo es apropiado."

"Incluso si el nivel aumentado de apoyo fuera permisible como parte de tus propósitos, una organización por aparte podría ser beneficiosa, debido a que podría concentrarse en recaudar fondos para el orfanato. Más aún, alguna gente podría estar más anuente a dar a una organización separada de lo que lo estarían de dar a tu iglesia."

"Sea que los fondos son recaudados por una organización separada 'amigos de' o se maneja a través de tu iglesia, la entidad estadounidense debe ejercer 'control del gasto' sobre cualquiera de los fondos utilizados fuera de los Estados Unidos. Esto es cierto incluso si el orfanato calificara como beneficencia si estuviera en los Estados Unidos. En otras palabras, tu iglesia o la entidad estadounidense por separado deben asegurarse de que los recursos están de hecho siendo gastados en los propósitos caritativos para el cual fueron recaudados, igual que si tu fueras a dar a un individuo o a una entidad no 501(c)(3). No puedes sencillamente dar los fondos al orfanato para que éste lo use como le convenga."[8]

"Otra opción es ver si hay una organización de beneficencia en EEUU, aparte de tu iglesia que estuviera dispuesta a canalizar los fondos de otras fuentes, de esta manera eliminamos la necesidad de una organización aparte y evitamos los costos de operar otra entidad.

"Dos otros asuntos a tomar en cuenta si es que vas a hacer contribuciones a una organización fuera de los EEUU: 1) Si se usa una fundación privada para hacer tales contribuciones, aplican reglas especiales con respecto a responsabilidad en gastos.[9]

---

8   Lo que constituye control adecuado de los fondos donados se discute en "Rev. Rul. 66-79, 1966-1 C.B. 48". La organización debe demostrar que tiene el control total de los fondos donados y discreción acerca de su uso para asegurar que los fondos serán usados para llevar a cabo las funciones y propósitos de la beneficencia nacional. Véase también "Rev. Rul. 75-65, 1975-1 C.B. 79 y GCM 35319 (Apr 27, 1973)".

9   Para información acerca de responsabilidad con los gastos de fundaciones privadas, véase: **www.irs.gov/charities-&-Non-Profits/Private-Foundations/ Grants-by-Private-Foundations:-Expenditure-Responsibility** .

"2) Aunque es poco probable que ocurra con el financiamiento de tu orfanato, la Ley Patriótica de EEUU, Orden Ejecutiva 13224, prohíbe transacciones con personas que cometen, amenazan con cometer o que apoyan el terrorismo. Las penas potenciales son congelamiento de los recursos y que se revoque el estatus exonerado de impuestos. De ahí que cualquier organización que haga contribuciones fuera de los EEUU debe estar segura de a quién y qué están financiando."

Entidad de negocios recaudando fondos con propósitos sin fines de lucro

Hay una oficina de relaciones públicas en el pueblo de Sam que ha estado llevando a cabo un evento local para ayudar a las ardillas en necesidad. Debido a que la firma ha ayudado en ocasiones a Salve a las Ardillas, Sam ha estado íntimamente involucrado en algunos de estos eventos. El presidente Mike Giver, ha decidido comprometer su compañía para ampliar el evento a escala nacional. Sam le dijo que debería considerar establecer una organización 501(c)(3) para este propósito, pero Mike ha estado reacio a hacerlo, ya que él en realidad no gusta de la idea de tener otra entidad que administrar. La pregunta que Sam hizo a Alvin en su última llamada telefónica, fue "Debido a que la compañía de Mike no es una beneficencia, ¿puede solicitar fondos (efectivo o propiedades) a nombre del evento si una beneficencia nacional no está involucrada?"

"Mike puede pedir dinero (siempre que haya cumplido con los requisitos que se piden para solicitar dinero), pero debe asegurarse que le deja saber al donante que puede que el donante no tenga derecho a una deducción por contribución caritativa."

"¿Pero cómo puede Mike asegurarse que los donantes son sujetos a recibir una deducción?"

Mike tiene varias opciones. La primera es encontrar una beneficencia que esté operando en cada área que Mike desea apoyar para que sean los receptores de lo recaudado en los eventos en esa área. Todas las contribuciones pueden hacerse directamente a la beneficencia, o la beneficencia puede nombrar a Mike como su agente para pedir y solicitar las contribuciones a nombre de ellos. Por supuesto, que si Mike está solicitando a nombre de la beneficencia, la beneficencia necesitar ejercer "responsabilidad por gastos" para asegurarse que los fondos son utilizados de manera correcta. Además, en cualquiera de estas situaciones Mike podría tener que registrarse en alguno o en todos los estados donde está solicitando contribuciones. (Refiérase al "Registro para recaudaciones de benefi-cencia" en la página 118.)

Otra opción es encontrar una beneficencia con quien trabajar para todos los eventos. No tiene que estar operando a escala nacional, pero tiene que estar ex-ento como una organización 501(c)(3) y tener un propósito similar al propósito por el cual Mike desea recaudar los fondos.

Las organizaciones que reciben menos de $5.000 por año no tienen el req-uisito de establecer su estatus exonerado por separado con el IRS. De ahí que si el monto bruto total de los recibos son no más de $5000 en un año y, Mike separa estos recibos de manera ordenada de los recursos de su compañía (tal vez formando un fideicomiso o una asociación no registrada de manera tal que esté claramente organizada y operada con propósitos de ser exenta) y, se asegura que los recursos se usan solamente para los propósitos de beneficencia, ahí tal vez podría ser que pudiera funcionar sin una entidad sin fines de lucro separado que ha establecido su estatus exonerado y aún tener las contribuciones que sean deducibles. Ahí entonces el problema le cae al contribuyente al tener que pro-bar que ella o él que le dieron a una organización exonerada. Sumando a esto, la posible necesidad de tener que registrarse para poder solicitar fondos estaría aún vigente y, la organización todavía tendrá que presentar documentos infor-mativos anuales con el IRS (véase "Formulario 990" en la página 133) y, tal vez con las agencias estatales relevantes (véase "Cumplimiento de la ley" en la página 167).

Registro para recaudaciones de beneficencia

"Alvin, has mencionado varias veces al registro para recaudaciones de beneficen-cia. ¿De qué estás hablando?"

"Muchos estados requieren que si estás ubicado en el estado o planeas solici-tar fondos de residentes de ese estado, debes registrarte antes de solicitar fondos. Aunque puede haber ciertas excepciones, si vas a estar solicitando fondos del público, tienes que estar muy seguro que has cumplido no sólo con las leyes del estado en que estás ubicado, sino que de *cada estado* en el cual estás solicitando fondos."

"Veamos. Presentamos documentación con el Secretario de Estado. Pre-sentamos documentación con el IRS. En algunos estados también hay que pre-sentar documentación ante el Fiscal General. Y además de todo, ¿hay que pre-sentar documentos para poder recaudar dinero? ¿Por qué?"

"La razón es para asegurarse que la organización sin fines de lucro no está llevando a cabo algún tipo de estafa. Muchas actividades fraudulentas bien publicitadas se han hecho en el nombre de x organización sin fines de lucro, lo que ha resultado en este nivel adicional de regulación. Las organizaciones sin fines de lucro que hacen todo bien pagan justos por pecadores."

"¿Hay alguna manera fácil de hacer esto?"

"No hay manera de presentar documentación en un solo formulario en un solo lugar que se encargue de todos los registros en todos los estados. Sin embargo, muchos estados han reconocido la gran carga que esto puede significar para una organización sin fines de lucro. Ahora existe un formulario uniforme que puede ser usado en muchos estados, llamado la Declaración de Registro Unificado. Se encuentra disponible en **www.multistatefiling.org**. Este sitio también da una lista de los estados que actualmente permiten el uso del formulario (incluyendo algunos que solicitan información adicional).[10]

"Pero debes notar que puede haber otros registros también, no incluidos en este sitio. Cientos de condados y ciudades tienen sus propios requisitos para registro de peticiones. Por ejemplo, en California más de 200 ciudades y condados tienen ordenanzas de peticiones separadas.

"A veces los estados también requieren el registro a los solicitantes o recaudadores profesionales. Esto quiere decir que si contratas a alguien para que recaude por ti, debes determinar si esa persona necesita estar registrada y si es así, si está o no registrada."

Operaciones por Internet

"¿Y qué si sencillamente incluyo las solicitudes en mi página web? ¿Eso no requiere registro o sí? He escuchado que la internet es poco regulada; parece que esto sería similar."

"Depende exactamente de qué estás haciendo. Es verdad que si recibes una contribución que no has solicitado de parte de alguien en otro estado, podrías argumentar que el estado no tiene ninguna autoridad sobre ti. Sin embargo, tan pronto respondas a esa contribución al darle el recibo (que debes hacer) y

....

10 Este esfuerzo de consolidar la información y datos necesarios para tal registro es organizado por la *Asociación Nacional de Directores de Beneficencias Estatales* (NASCO) y la *Asociación Nacional de Fiscales Generales*, como parte de su Proyecto de Informe Estandarizado, para estandarizar, simplificar y ahorrar en requisitos de cumplimiento a las leyes del estado.

agregar a esa persona a tu lista de correos, puedes encontrarte con que pasaste la raya de lo que el estado consideraría solicitar dinero.[11]

"Y como se puede esperar, especialmente con la frecuencia de cambios que ocurren con las transmisiones electrónicas, la ley que concierne a las organizaciones sin fines de lucro y la Internet, está en constante evolución. Toda la ley que aplica de otra manera es igualmente aplicable a cualquier actividad llevada a cabo por internet. El problema sin embargo, es saber exactamente cómo aplicar la ley. Para el momento en que queda claro cómo aplicar una ley ya las operaciones por internet se han transformado en otra cosa."

"¿Qué pasa si alguien más recauda los fondos por nosotros en su propio sitio web? Nosotros fuimos contactados por Goodpeople.org (Buenagente.org) quienes dijeron que eran una organización sin fines de lucro y que tenían un servicio donde nos podíamos registrar con ellos y ellos recaudarían el dinero por nosotros. ¿Evitaría eso el tener que registrarnos?"

"Hay varios asuntos aquí. Primero que nada, Goodpeople.org tendrá que registrarse para solicitar contribuciones de beneficencia donde lo requieren. Podría también tener que registrarse como recaudador de beneficencia. Segundo, a no ser que Goodpeople.org esté exonerado al amparo de la 501(c)(3), la única manera que los contribuyentes tienen derecho a una contribución de beneficencia (deducción) es si Goodpeople es tu agente (de preferencia con un documento escrito) y tú das recibo por las contribuciones de beneficencia, lo que te trae de vuelta al mismo problema. Si ellos están exonerados y dan un recibo directamente por las contribuciones, cosa que tú no haces absolutamente nada para comunicarte con el contribuyente, en ese caso no tendrías que registrarte. Sin embargo, si eso pasa, no tendrás el beneficio de tener los nombres y la información de contacto de cada contribuyente, información que podría ser muy valiosa. Finalmente, ¿qué control tienen sobre la información que Goodpeople da acerca de tu organización?"

"Entonces debemos saber más antes de decidir hacer cualquier cosa con ellos."

"Exactamente".

....

11 NASCO también ha trabajado para desarrollar principios para ayudar tanto a las organizaciones sin fines de lucro y a los reguladores con respecto a operaciones en Internet (véase los "Principios Charleston" en **www.nasconet.org**).

Acumulando y administrando fondos

Después de haber terminado el día con Sam, Alvin se da cuenta que Joe, es el siguiente en su agenda.

"Alvin, tengo una pregunta," dice Joe yendo directo al punto. "La Casa Auxiliar del Hogar de Joe para Niños Delincuentes (una organización separada exonerada que se ha formado como una organización de apoyo para el Hogar de Joe para Niños Delincuentes) tiene un fondo conmemorativo sin propósito designado, más que el propósito general de la organización de 'dar apoyo y servicio al Hogar'. Este fondo ahora tiene cerca de $1millón acumulados a una tasa de interés baja (menor al 5%). Me preocupa cómo está operando la junta auxiliar, incluyendo su uso o desuso actual de los fondos. ¿Me puedes dirigir?"

"Suena a que tienes un buen problema, Joe. Tienes dinero que se ha acumulado, al contrario que la mayoría de las organización sin fines de lucro que viven al tres y al cuatro."

"¿Bueno, sí pero no debería usarse el dinero para avanzar en los propósitos de la organización en lugar de solo dejarlo acumular? Después de todo hemos estado pensando en desarrollar algunos proyectos de expansión y poder usar esos fondos ahora sería beneficioso."

"De hecho suena como una muy buena razón para no gastar todo el dinero ahora. Si el auxiliar es capaz de recaudar y acumular fondos, puede ser capaz de financiar el proyecto de expansión, en lugar de simplemente usar los fondos que recauda para desarrollar los planes para el proyecto de expansión.

"Además, poner dinero en un fondo de reserva para aquellos tiempos en que la organización es menos exitosa en la recaudación puede ser crítico al éxito de la organización, en lugar de gastar todo el dinero ahora. Si recuerdo correctamente la última vez que hubo una caída en el mercado la habilidad de recaudar donaciones privadas fue severamente afectada y tú tuviste que recortar algunos de tus programas. Si tu organización o la auxiliar pueden levantar una reserva, les ayudará a continuar los programas, incluso durante los años flacos."

"Eso es cierto," respondió Joe. "Recuerdo que cuando eso pasó, hubo aún más necesidad de nuestros servicios de lo normal y no podíamos ayudar a todos los niños porque no teníamos el dinero."

"No estás equivocado al asegurar que el dinero se use. De hecho, yo recomendaría que trabajes con tu auxiliar para establecer lineamientos sobre cuánto debería acumularse y con qué propósito. Claramente si los fondos son los suficientes para cubrir necesidades previsibles, tal como el proyecto del nuevo edificio o para proveer reservas necesarias, entonces los fondos adicionales deben ser direccionados para usarse de manera que cumplan el propósito para los cuales fueron dados."

"Alvin, tengo otra pregunta. ¿No tiene la junta la obligación de conseguir la tasa más alta de retorno sobre los fondos invertidos? Ahora mismo la mayoría de los fondos están invertidos en cuentas de ahorro de bancos. No creo que el interés sea suficiente siquiera para mantener la tasa actual de inflación."

"Bueno, la junta también tiene la obligación de invertir los fondos sabiamente. Es mejor recibir un retorno consistente en una inversión segura, que recibir una tasa alta de retorno y potencialmente perder la inversión. Por ejemplo, el caso de la *Nueva Era*[12] que involucraba a organizaciones sin fines de lucro interesadas en una buena tasa de retorno pero olvidaron revisar la seguridad de la inversión. La tasa de interés era buena pero resultó ser un 'esquema Ponzi' un tipo de inversión fraudulenta, donde el dinero de inversionistas iniciales era gastado por el promotor, el dinero de inversionistas subsiguientes es usado para pagar intereses y el principal a los primeros inversionistas y no quedaba nada para pagar a los inversionistas subsecuentes. Muchas organizaciones sin fines de lucro perdieron una porción significativa de sus inversiones.

"Y dependiendo del uso propuesto de los fondos, a veces es mejor tener un interés menor y tener el dinero disponible inmediatamente en lugar de amarrar los fondos por un periodo más largo de tiempo, incluso si la tasa de interés es mayor."

UMIFA, UPMIFA e intención del donante

"Tengo una nueva inquietud," le dice Sam a Alvin en la siguiente reunión. "He estado hablando con uno de mis principales contribuyentes y él está pensando en tal vez establecer un fondo de donación para apoyar a nuestra organización. Él se preguntaba qué tipo de programa tenemos para controlar nuestras inversiones y gastos".

"Sam, sé que hay una ley uniforme lidiando con esta área. Déjame revisar y te aviso."

Luego de revisar, Alvin descubre que el UMIFA (Ley Uniforme para el Manejo de Fondos Institucionales), con el cual él estaba familiarizado, ha sido reemplazado. El UMIFA, redactado por la Comisión de Ley Uniforme en 1972 proveía un estándar de conducta en la administración e inversión de fondos

---

12 Véase *Foundation for New Era Philanthropy,* No. 95-13729BIF (Bankr. E.D. Pa. 1995).

institucionales. Antes de UMIFA, la ley concerniente a la administración de fondos institucionales particularmente fondos de donación, era incierta. Esta ley, adoptada en 46 estados estableció los estándares para la inversión y emisión de fondos, aparte de los activos mantenidos con propósitos relacionados con el programa. El concepto era que se debía ser prudente tanto en la inversión como en el gasto de los fondos de donación, con miras a mantener el fondo a perpetuidad.

En 2006, el UPMIFA, la Ley Uniforme de Manejo Prudente de Fondos Institucionales, fue aprobado por la Comisión de Ley Uniforme para que reemplazara a la UMIFA. Desde entonces, ha sido adoptado por 49 estados, el Distrito de Columbia y las Islas Vírgenes. Pennsylvania es la única excepción. UPMIFA moderniza la ley y permite a las instituciones a que desarrollen políticas para administrar fondos de donación, tomando en cuenta los cambios del mercado, y las circunstancias fiscales cambiantes. En lugar de evitar que un fondo caiga por debajo del valor histórico del dólar del fondo (lo que causó varios episodios cuando el valor de mercado de algunos fondos cayó por debajo de este monto), permite a la institución a actuar en buena fe considerando:

1. La duración y preservación del fondo de donación,
2. La razón del fondo,
3. Condiciones económicas generales,
4. El posible efecto de la inflación o deflación,
5. El retorno total esperado del ingreso y la apreciación de las inversiones,
6. Otras recursos de la institución y,
7. La política de inversiones de la institución.

Otro punto de notar es que normalmente la administración e inversión de fondos institucionales deberían ser diversificados a no ser que haya una circunstancia especial donde los propósitos del fondo son mejor servidos sin la diversificación.

"Hmm", dice Sam, luego que Alvin le explica esto. "No estoy seguro si esto será aceptable. Mi donante está bastante decidido en asegurarse de que preservemos el principal."

"Entonces Sam, esto no debiera ser un problema. La intención del donante siempre prevalece. El primer asunto es determinar cuál es la intención del donante. Si el instrumento de obsequio indica el uso solamente del ingreso, intereses, dividendos, rentas, emisiones o beneficios o, si por el contrario lo pone claro de que el principal debe permanecer como un fondo de donación permanente y, tú aceptas los fondos con esta limitación, debes atenerte a ella.

"Lo segundo es qué hacer si el instrumento de obsequio ya no desempeña para llevar a cabo la intención del donante. Si esto sucede y se puede ubicar al donante, el donante puede consentir a una modificación o liberarlo de la restricción. Pero si el donante no está disponible o no consiente, podrías necesitar permiso de la corte antes que puedas cambiar el uso.

"También debes notar que la UPMIFA no aplica si no hay instrumento de donación, ni aplica a fondos que tu junta haya designado como un fondo de donación o, para recursos relacionados con programas (mantenido para llevar a cabo un propósito de beneficencia y, no primariamente para inversión)."

¿Es deducible tu contribución? No puedes deducir el abrigo de piel

Cerca del comienzo de cada año, todos debemos enfrentarnos al hecho de que es hora una vez más de preparar nuestra devolución de impuesto al ingreso. Joe, el cuñado de Sam, al haber hecho donaciones significativas a Salve a las Ardillas, hacia su propia organización sin fines de lucro y a otras organizaciones de beneficencia está ahora en busca de cada posible deducción que pueda estar disponible. Ha venido donde Alvin para que le ayude a determinar cuáles de sus contribuciones pueden resultar en una eliminación del impuesto.

Donaciones abiertas de dinero, tal como las contribuciones de Joe a Salve a las Ardillas continúan siendo deducciones legítimas del impuesto al ingreso. Estos puede que estén en una lista completa en el Formulario A de deducciones de su declaración de impuestos.

¿Pero qué pasa con la donación sugerida de $10 que hizo Joe cuando asistió al concierto de Navidad que ofreció la Escuela de Oak Street? ¿O la cena de $100 el plato para el que pagó y planeó asistir, pero se lo perdió porque la tía Matilde vino de visita a la ciudad? ¿O un libro escrito por el presidente de la organización que le dieron cuando envió $60? ¿O los $20 que contribuyó a su programa de televisión favorito, a cambio de una foto autografiada del conductor del programa? ¿Y qué me dice de los $100 que pagó por el abrigo de piel en la subasta de beneficencia del hospital? ¿O los $4000 que tuvo que contribuir a la Escuela Oak Street para cubrir el costo de la educación de su hijo?

Todas estas "contribuciones" tienen algo en común: el donante recibe un beneficio a cambio de la contribución. Como resultado, la contribución puede que no sea total o incluso parcialmente deducible. *A no ser que el valor de lo recibido sea nominal, el valor debe ser deducido del monto contribuido para llegar a la deducción permisible.* Veamos los ejemplos:

Asistir al concierto con "donación sugerida"

Si se deben pagar $100 para asistir al concierto, entonces no es una deducción de $10. Si se puede demostrar que el valor actual del concierto es menos de $10, se debe restar el valor del concierto a los $10 para determinar la deducción apropiada. Si no se puede demostrar que el valor actual es menos de $10, no hay donación disponible. Para conciertos en el futuro, la Escuela Oak Street debe ser incentivada a informar el valor del concierto y el monto de la deducción disponible. Más aún, cualquier pago adicional no se le debe llamar "donación". Esto es engañoso y el IRS podría considerar que está incentivando el fraude fiscal.

Por supuesto, si el concierto es gratis y no hay que hacer ninguna contribución para asistir, entonces cualquier contribución debería ser deducible en su totalidad. Sin embargo, a no ser que pueda ser claramente demostrado que la gente entendió que la "donación sugerida" era estrictamente voluntaria, y que al menos hubo alguna gente que asistió sin hacer tal pago es posible que la deducción sea denegada. Hubiera sido más apropiado simplemente incentivar a los espectadores que donaran (por ejemplo, pasando canastas de donación), para que el monto dado fuera claramente un obsequio deducible.

Cena perdida porque la Tía Matilde llegó a la ciudad

Si Joe devolvió el tiquete a la beneficencia antes de la cena, él puede deducir el monto total contribuido ya que no recibió beneficios. Sin embargo, si él se quedó con los tiquetes pensando en que tal vez el viaje de la Tía Matilde se cancelaría, entonces él debe deducir el valor de poder asistir a la cena como si lo hubiera hecho. Como en el caso del concierto, la beneficencia debió informarle del valor de la cena (p. ej. $25) para que él supiera cuanto era deducible como contribución de beneficencia (p. ej. $75).

Foto autografiada de conductor de programa de TV

Si el programa de televisión estaba llevando a cabo una campaña de recaudación de fondos e informó a Joe de cuánto de su contribución era deducible y, el valor justo de mercado de la foto es nominal, se puede deducir la contribución completa. Sin embargo, si el valor de la foto es sustancial, su valor debe ser restado de la contribución para determinar el monto elegible a ser deducido.[13]

Libro por el presidente

Como con la fotografía, si el valor justo de mercado es insustancial ($10.50 o menos es el valor permitido por la IRS a partir del 2015), y la contribución es $52.50 o más se puede deducir el monto completo. Si es más que insustancial, la deducción debe ser reducida por el valor del artículo recibido. Las limitaciones del IRS de cuánto se puede dar a un donante sin afectar la deducibilidad de su donación se ajustan cada año debido a la inflación. Para el 2015 el donante puede recibir algo con el valor justo de mercado igual a no más del 2% de la contribución o $105, lo que fuera menor. Alternativamente, si el libro es un ítem simbólico y tiene el logo de la organización, los lineamientos permiten que el monto completo donado sea deducible. De ahí que si el valor justo de mercado del libro es insustancial o si la fotografía o libro vale un monto pequeño pero tiene el nombre o logo de la organización en él, su donación completa puede ser deducida.

Abrigo de piel de la subasta caritativa del hospital

Si el valor del abrigo fue $600, estaba claramente marcado así y Joe pagó $1000, entonces su deducción disponible es de $400. Si el valor del abrigo no está fundamentado puede ser difícil obtener una deducción. Claramente, si el valor es $1000 o más, entonces no hay deducción disponible, ya que Joe recibió el valor completo por su pago.

Contribución mandataria a la escuela para la educación de hijo

La educación nunca es deducible como contribución de beneficencia. Nunca. Jamás. Ni siquiera si se le llama por otro nombre. Si la escuela privada es parcial o totalmente patrocinada por otra organización sin fines de lucro (tal como una

---

13 Véase Rev. Rul. 67-246, IRS *Publicación 1391*.

iglesia) y no hay ninguna relación entre el monto contribuido a la iglesia por los padres y el número de niños que asisten a la escuela, entonces las contribuciones a la iglesia pueden ser deducidas. Sin embargo, si una "contribución" a la iglesia se basa en cuántos niños asisten la escuela, o se puede demostrar que padres con niños que asisten a la escuela y a quienes no se les solicitó pago de matrícula contribuyeron más a la iglesia que aquellos sin niños asistiendo a la escuela, la conclusión probable es que ésta es simplemente una manera encubierta de pagar matrícula, y la deducción será denegada en parte o en su totalidad.

Por supuesto, si Joe contribuyó a un fondo de becas para beneficiar a niños que se lo merecen y, los niños que se benefician no están relacionados con él u escogidos por él, entonces la deducción seguramente será permitida. Sin embargo, si sus hijos (o nietos) o el hijo de un amigo cercano se benefician, entonces no hay deducción disponible.

En resumidas cuentas las contribuciones que se solicitan a cambio de un beneficio no son deducibles.

Ingreso de negocio no relacionado

"Cuéntame un poco más acerca del impuesto al ingreso no relacionado con el negocio. No quiero pagar algún impuesto que no tenga que pagar," Sam le dice a Alvin la siguiente vez que se encuentran.

"Las organizaciones exoneradas generalmente no tienen que pagar impuesto al ingreso que reciben, sea que el ingreso provenga de contribuciones o la organización se la haya ganado. En algunas situaciones, organizaciones exentas comenzaron a operar lo que actualmente eran negocios que competían con negocios operados para entidades de lucro. Por supuesto, en algunas instancias, el 'negocio' era parte de los propósitos exonerados de la organización, tal como la escuela operada por una organización educacional.

"Sin embargo, en otras situaciones, el negocio no tenía ningún propósito exonerado y estaba instituido solo para recaudar dinero para la organización. Obviamente esto incomodó a dueños de negocios con negocios similares por lucro, ya que ellos tenían que pagar impuestos sobre el ingreso obtenido y de ahí que tenían mayores gastos generales, haciéndolo difícil que compitieran.

"El congreso trató de balancear todas estas preocupaciones cuando desarrolló el concepto de impuesto al ingreso de negocio no relacionado (UBIT, por sus siglas en inglés). Para que se valore un impuesto, el negocio no debe estar relacionado con el propósito sin fines de lucro de la organización y debe ser uno que funcione regularmente.

"Aunque esto suene como una regla relativamente simple, se vuelve difícil aplicarla en la práctica.

"Más aún, hay muchas excepciones a la regla. Una tienda de ahorro que vende artículos donados está exenta del UBIT incluso si el negocio se lleva a cabo de manera regular. Un negocio cuyo personal es totalmente voluntario también está exento.

"Otra excepción común es la excepción de conveniencia. Por ejemplo, la librería de la universidad es operada para la conveniencia de los alumnos y de ahí que cualquier ingreso obtenido no es sujeto de impuesto al ingreso de negocio no relacionado."

"¿Quiere esto decir que si la asociación de padres y profesores de la Escuela Oak Street tiene una tienda que vende insumos escolares y uniformes, no hay ingreso no relacionado con el negocio?" pregunta Sam. "¿Qué tal si solo opera durante la primera semana de cada cuatrimestre?" ¿Querría eso decir que no se lleva a cabo de manera regular?"

"¿Dónde empezar? Sam esta pregunta es un buen ejemplo de cómo esta área se vuelve compleja muy rápidamente. Para comenzar es la Asociación de Padres y Profesores (APP) una organización sin fines de lucro aparte o está operando como parte de la Escuela Oak Street?"

"Yo creo que es parte de la escuela. ¿Por qué? ¿Hay alguna diferencia?"

"Si es parte de la escuela, entonces proveer suministros escolares y uniformes podría estar muy relacionado con el propósito. Si la APP es una entidad aparte, entonces necesitamos averiguar su propósito para ver cómo se relacionan.

"Incluso, en el caso que la tienda opere como parte de la escuela necesitarás ver cada artículo que se vende para asegurarte que están relacionados. Si, por ejemplo, la tienda vende artículos como llaveros y otras baratijas, éstas puedan no estar relacionadas como sí lo estarían un papel de notas, lápices y libros.

"Pero no paramos nuestro análisis aquí. Incluso si alguno de los artículos no están claramente relacionados al propósito, podría haber otra exención. Tú mencionaste que la tienda actualmente es operada por la APP. ¿Los padres que trabajan en la tienda son voluntarios o se les paga?"

"Todos los padres son voluntarios. También involucramos a los estudiantes para hacer trabajos básicos como inventariar, rellenar estanterías y hacer el balance de la caja registradora."

"Si a nadie le pagan entonces puedes depender de la excepción de voluntariado, incluso si alguno de los artículos vendidos no están claramente relacionados. Pero mencionaste el tener a los estudiantes involucrados. En este caso parece que la tienda también se usa para enseñar a los alumnos a un nivel práctico. Esto demostraría nuevamente que la tienda y sus operaciones están claramente relacionadas al propósito de la escuela, incluso si tuvieras gente pagada para que la opere.

"Pero el análisis no termina aquí. Yo también mencioné la excepción por conveniencia. Incluso si las operaciones de la tienda no estuvieran claramente relacionadas al propósito de la escuela e incluso si no estuviera disponible la excepción por voluntariado, si los artículos que se ofrecen para la venta son para la conveniencia de los estudiantes, esto sería otra excepción para mantener el ingreso de ser clasificado como ingreso imponible de negocio no relacionado."

"Bueno, es el motivo por el cual comenzamos la tienda en primer lugar. La escuela tiene un código de vestimenta y, nos dimos cuenta que padres y estudi-antes estaban teniendo problemas para encontrar el uniforme requerido. Y con niños en crecimiento, este es un problema continuo. Al tener una tienda en el campus, los estudiantes no tendrían excusa para asistir en atuendos que no se conforman con lo requerido, con la excusa de que no encontraron lo que necesi-taban."

"Dado todo esto, probablemente no tengamos que poner sobre el tapete de si, al limitar la operación de la tienda a la primera semana de cada cuatrimestre, quedaría claro que las operaciones no se llevan a cabo de manera regular. Esto está bien, debido a que no estoy seguro de qué dictaría el IRS. Una vez al año normalmente no sería llevado a cabo de manera regular; cada día claramente lo es. No hay una línea definida para determinar la línea divisoria.

"El resultado final es que si estás haciendo algo que pudiera considerarse un negocio, realmente necesitas consultar con un experto para ver si y cómo lo puedes mantener categorizado como un ingreso no relacionado con negocio.

"Incluso si hay un impuesto, es un impuesto a las ganancias. Las ganancias posterior a pagar los impuestos obtenidos por la escuela son siempre mejor que ninguna ganancia."

Posibilidad de cobrar impuesto del ingreso a la inversión

"¿Qué pasa con el interés ganado en los fondos que tenemos invertidos? ¿Eso lo pueden gravar como ingreso no relacionado con el negocio?"

"Depende de la inversión, Sam. Inversiones pasivas, tales como dividendos, intereses, regalías y la mayoría de rentas provenientes de bienes inmuebles, normalmente no son tasados a no ser que el ingreso sea deuda financiada (esto es, pediste prestado para hacer la inversión). Si pediste prestado para hacer la inversión, entonces el impuesto sería sobre esa porción que es deuda financiada. Si tú pagaste $100.000 por bienes inmuebles y debes $50.000 sobre ello, entonces la mitad de tus ganancias serían gravables.

"Una inversión activa, tal como ingreso de una sociedad (incluso una que se cotiza en la bolsa), probablemente es gravable porque se considera que la inversión está participando en negocios."

Bancarrota subsecuente del donante

"OK, tengo un nuevo problema," informa Sam a Alvin por teléfono. "Tuve un donante que donó a Salve a las Ardillas cerca de $20.000 en el transcurso de los últimos dos años. El único problema es que recientemente se declaró en bancarrota y el administrador de la bancarrota está pidiendo todas sus contribuciones de vuelta. No tenemos $20.000 adicionales que darle. ¿Tiene en realidad derechos sobre estos fondos? Y si es así, ¿dónde espera que aparezcamos con el dinero?"

"Bueno, Sam podrías estar bien, pero necesitamos más información. Ha habido varias instancias donde luego que una persona se declara en bancarrota, el administrador ha intentado y en muchas ocasiones ha sido exitoso al requerir las contribuciones a varias beneficencias para que sean devueltas a la herencia en bancarrota, si es que la contribución fue hecha en el transcurso del año de declararse en bancarrota."

"La ley se cambió para proteger a algunas contribuciones de beneficencia de que fueran alcanzadas por el administrador de la bancarrota, como una manera de proteger a la inocente beneficencia.[14]

"La ley revisada también permite a gente en bancarrota continuar haciendo contribuciones de beneficencia siempre y cuando la contribución no exceda el 15 por ciento de su ingreso.

"La contribuciones protegidas son donaciones en efectivo o instrumentos financieros (p.ej. acciones, bonos, opciones y derivados) a ciertas organizaciones 'religiosas y de beneficencia'.[15] Salve a las Ardillas es una organización de

---

14 En junio 1998, la *Ley de Protección a las Donaciones de Beneficencia y Libertad Religiosa*, S. 1244, fue adoptado por el congreso de los Estados Unidos de NA.

15 Las organizaciones para las cuales aplica esta ley son las organizaciones 501(c)(3), cuyas contribuciones son deducibles amparadas a la Sección

beneficencia, así es que la primera pregunta es '¿Cuál fue la forma de las contribuciones?'"

"Bueno, la mayoría de los fondos fueron contribuciones en efectivo, pero también nos dio un contrato de fideicomiso por $5.000."

"Las contribuciones de otros tipos de propiedad personal y bienes raíces continúan siendo un reto. De ahí que, el administrador puede tener un reclamo en contra de los $5.000. Me temo que no conozco mucho acerca de las leyes de bancarrota para decirte si hay alguna otra defensa que puedas presentar.

"Hay otra pregunta también. La persona dio las contribuciones personalmente o usó una empresa u otra entidad para canalizar el dinero a Salve a las Ardillas. Las contribuciones se deben hacer directamente por el individuo y no a través de una empresa para estar protegido bajo esta ley."

"No sé la respuesta a esa pregunta. Creo que mejor reviso."

"Mientras revisas esto, podrías también averiguar cuánto dio el donante a organizaciones de beneficencia antes de declararse en bancarrota. Si el donante daba regularmente más del 15 por ciento cada año, entonces el límite de 15 por ciento en contribuciones permisibles hechas antes de la bancarrota puede incrementarse para corresponder con el patrón regular de donación de la persona.

"Por ejemplo, si la persona había dado 20 por ciento de su ingreso a la beneficencia por cada uno de los pasados 10 años, el 20 por ciento que dio en el año de la bancarrota puede permitirse que quede. Sin embargo, si él hubiera dado sólo el 10 por ciento en años pasados y lo incrementó a 20 por ciento en el año de la bancarrota, el 5 por ciento de esos fondos están disponibles al embargo por el administrador de la bancarrota.

"El límite del 15 por ciento sobre contribuciones por el individuo en bancarrota no será aumentada. Incluso la persona que regularmente daba 20 por ciento antes de declararse en bancarrota no será capaz de regalar más del 15 por ciento del ingreso de ella o él a la beneficencia mientras esa persona esté en bancarrota."

170(c)(1) o (c)(2) del *Código de Impuestos Internos*.

Requisitos para la presentación de informes

Formulario 990

"¡Sam, es bueno verte! ¿Cómo va tu organización sin fines de lucro?"

"Yo estoy bien, pero no estoy seguro acerca de mi empresa. Yo nunca fui bueno con los números y ahora me han dicho que necesito no sólo llenar mis propia declaración de impuestos sino que una para Salve a las Ardillas, también. Ni siquiera sé qué formulario usar. Y yo pensé que debido a que no tenemos ingreso por negocio no relacionado, Salve a las Ardillas no tenía que pagar impuestos. ¿Qué me estoy perdiendo?"

"De hecho, Sam el formulario básico que debes llenar para Salve a las Ardillas es un formulario 'informativo' en lugar de una declaración de impuestos. Es el Formulario 990, y se encuentra disponible en línea en el sitio web del IRS. Si eres una fundación privada el formulario que usas es el Formulario 990-PF. Si los comprobantes de recibos son de menos de $200.000 y tienes activos de menos de $500.000, entonces puede que puedas usar el Formulario 990-EZ. Y las organizaciones muy pequeñas, con recibos anuales de menos de $50.000 pueden usar el Formulario 990-N postal electrónica (e-postcard, en inglés), que se presenta en línea. Pero si no eres una iglesia, un auxiliar integrado, o una convención o asociación de iglesias, o incluido en una devolución grupal, *debes presentar* uno de estos formularios cada año. Si pasan tres años sin que presenten los documentos, vas a encontrar que tu estatus exento ha sido automáticamente revocado y tendrás que volver a presentar los papeles ante el IRS (y tal vez con tu agencia estatal) para que te restablezcan tu estatus exonerado.

"Además de presentar uno de estos formularios informativos, como lo discutimos antes, las organización sin fines de lucro pueden tener que pagar impuestos, si es que tienen un negocio que llevan a cabo regularmente y que no es relacionado con el propósito de la organización sin fines de lucro. Ahí, la organización debe *también* presentar el Formulario 990-T y pagar cualquier impuesto requerido. Y las fundaciones privadas tienen que pagar ciertos impuestos sobre el consumo (los que se determinan en el Formulario 990-PF). Sin embargo, debido a que Salve a las Ardillas no es una fundación privada y no está operando un negocio no relacionado, solo necesita presentar el Formulario 990."

"Ok. ¿Entonces traigo a mi contador para que llene los números? Debido a que no se debe ningún impuesto, supongo que en realidad no me debo preocupar."

"Al contrario, Sam. Debes ser muy diligente de ver que el Formulario 990 se complete correctamente. Aunque el contador puede ciertamente ayudar a llenar el formulario, el Formulario 990 es demasiado importante para dejárselo sólo a tu contador."

"La razón es que bajo la ley federal cualquiera que sea la versión que presentaste debe estar disponible para inspección por cualquiera que solicite verla. Además hay un sitio web que publica todos los formularios 990 que son presentados ante el IRS.[1] Debido a esto, aunque el formulario no fue diseñado con esto en mente, debes considerar el Formulario 990 como un documento de relaciones públicas y asegurarte que refleja adecuada y correctamente las operaciones de Salve a las Ardillas. De hecho muchos donantes ahora revisan los formularios 990 antes de decidir si donan a una organización o nó. Más aún, cualquiera que no sea particularmente amistoso con tu organización puede usar información contenida en el Formulario 990 para perjudicarla. El formulario también se firma bajo penalidad de perjurio."

"Entonces, ¿ahora también tengo que ser un experto en relaciones públicas?"

"Sam, solo necesitas asegurarte que el Formulario 990 cuenta tu historia y el sentimiento de lo que estás tratando de hacer. El contador te puede ayudar con los números, pero tú necesitas asegurarte que tú y el resto de la directiva están satisfechos si es que la única información acerca de tu organización que un individuo ve es tu Formulario 990, ese individuo entenderá el propósito y objetivo de tu organización y lo que está haciendo para satisfacer esos objetivos."

"Ok, creo que puedo hacer eso. ¿Hay alguna otra cosa que debo saber acerca del formulario?"

"En 2008 el formulario fue modificado completamente. Ahora es mucho más largo y más difícil de completar que antes y requiere un montón más de información. Un asunto de notar es que la compensación que se paga a los

....

1   Véase **www.guidestar.org** .

directores, directivos y empleados clave debe ser dada a conocer junto con el número de horas que cada uno trabaja. Como se requiere que el formulario esté accesible públicamente, esto es un asunto de registro público. Puede que quieras usar la dirección de la empresa como la dirección de cada director y directivo, en lugar de su residencia personal, por el mismo motivo. Debes indicar los mayores donantes en el formulario, y lo puedes eliminar cuando el formulario esté disponible al público a no ser que seas una fundación privada en cuyo caso se incluye en el requisito de conocimiento público."

"Otro punto muy importante de notar es que el IRS ha decidido involucrarse con gobierno corporativo. Aunque esto tradicionalmente es un área de ley estatal y no tiene impacto directo en asuntos de leyes impositivas, la posición del IRS es que una organización bien manejada es más factible que cumpla con asuntos de derecho fiscal. Aunque el IRS admitirá que no tienen la habilidad para requerir de una organización que siga lo que se ha determinado ser buenas practicas, al requerir de la organización que revele ciertas prácticas y políticas en el Formulario 990, que está disponible para inspección pública, una organización podría sentirse presionado a conformarse con estas prácticas para poder responder a las preguntas de manera afirmativa. Esto ha sido referido a veces como regulación por revelación. Pero asegúrate que no adoptas una política simplemente para responder que tienes una. Si hay algo peor que no tener una política, es tener una política que no está bien pensada y que no sigues." (Véase "Políticas adicionales para adoptar según se considere" en la página 155.)

"Por razones como ésta, también se recomienda que tengas a alguien conocedor del formulario, que lo revise después que lo hayas llenado para asegurarse que no hay ninguna bandera roja creada sin intención por alguna de tus respuestas."

"Nuevamente, debes notar que las organización sin fines de lucro pequeñas pueden usar el Formulario 990-EZ o el Formulario 990-N (postal electrónica)."

"Tengo una pregunta más, Alvin. Cuando le mencioné al Pastor Ray que te iba a preguntar acerca de los requisitos de presentación de informe, me pareció que él no sabía nada acerca de ellos. ¿Debe su iglesia presentar los Formularios 990 también?"

"No. Las iglesias, convenciones o asociaciones de iglesias y sus auxiliares integradas así como otras organizaciones afiliadas a iglesias no tienen que presentar el Formulario 990.

"Los donadores pueden solicitar copia de los estados financieros de la iglesia, pero no hay ningún requisito legal para que sean entregados. Las organizaciones religiosas que no son iglesias o auxiliares integradas siempre tienen que presentar el Formulario 990.

Algunas organizaciones afiliadas a iglesias pueden haber decidido que es "buen negocio" presentar el Formulario 990 para mantener a los donantes contentos, incluso si de otra manera están exentos pero, nuevamente este no es un requisito legal. Por supuesto, como mencionamos respecto al impuesto al ingreso de negocio no relacionado, si una iglesia tiene ingresos de negocios no relacionados, tendrá los mismos requisitos de presentación de documentos y pagar los mismos impuestos como cualquier otra organización sin fines de lucro."

Requisitos para justificar las donaciones

"¿Qué tipo de recibo por donación debo entregar a mis donantes?" pregunta Sam la siguiente vez que se reúne con Alvin.

"Cada beneficencia debe suministrar un recibo a los contribuyentes siempre que el monto contribuido exceda $250 o se le denegará la deducción de beneficencia."

"¿Qué pasa si el donante me da varias contribuciones? ¿Debo dar un recibo por separado cada vez?"

"No," contesta Alvin. "Aunque la ley se refiere a los recibos como un reconocimiento escrito ´contemporáneo´, un recibo puede usarse para varias contribuciones, pero debe ser expedido antes que el donante presente la declaración de impuestos o el día fijado para la presentación. Muchas organizaciones se aseguran de entregar un recibo antes del 31 de enero para las contribuciones hechas el año anterior."

"Además, cuando el contribuyente recibe algo de vuelta por la contribución, la beneficencia debe notificar a cada contribuyente de más de $75 cual porción de la contribución es deducible".[2]

No hay un vocabulario específico que necesite usarse para el recibo. Dos formularios de muestra se incluyen que deberían satisfacer los requisitos del recibo. En una situación normal, solo se debe usar uno de estos formularios.

El Formulario 6 (en la página 229) está diseñado para ser usado cuando hay una contribución de $250 o más a una organización, cuando el contribuyente recibe nada de la beneficencia a cambio de la contribución o recibe solo artículos que caen dentro de la excepción de "valor insustancial" (descrito en el Párrafo 2 de

---

2   *Publicación 1771* del IRS describe en más detalle la posición del IRS respecto a estas disposiciones.

las instrucciones del Formulario 1 en la página 217). La mayoría de las donaciones caerían dentro de esta categoría.

El Formulario 7 (en la página 231) se sugiere usarlo cuando un pago total superior a $75 se hace a una organización y, el donante recibe algo que excede la excepción de "valor insustancial" mencionada anteriormente. Por ejemplo, si tuvieras una cena para recaudar fondos que cuesta $100 por tiquete y el valor de la cena fue $35, entonces la donación permitida sería de $65.

Nota: No se requiere formulario justificativo cuando la transferencia es por el valor total, sin intención de donación, por ej. la compra de un artículo en la tienda de ahorro, o compra de libros o videos.

Responsabilidades del director (deberes fiduciarios)

"Alvin, tengo otra pregunta. Bill, Susan y yo nos juntamos para nuestra reunión regular de directorio y nos dimos cuenta que en realidad no sabíamos qué debíamos hacer. Yo sé que me dijiste que teníamos que establecer política y actuar en el mejor interés de la organización. Pero ahora que la empresa ya está levantada y operando, ¿cuáles exactamente son nuestras responsabilidades como directores? ¿Qué es lo que hacen los directores y como lo hacen?"

¿Qué hacen los directores?

"Esas son muy buenas preguntas Sam. Te puedo dar una lista del tipo de asuntos que deben preocupar a directores de una organización de beneficencia sin fines de lucro. Sin embargo, necesitas saber que no hay un patrón 'talla única para todos' de como llevar a cabo esas responsabilidades y deberes. Esto puede variar, dependiendo del tamaño y estructura de tu organización sin fines de lucro así como las necesidades de la organización y las habilidades que cada director tiene. Pero primero debemos revisar cómo lleva a cabo sus responsabilidades y, luego qué exactamente implica esto.[3]

....

3   Para una discusión más detallada de las responsabilidades y deberes de los directores, véase *Guidebook for Directors of Nonprofit Corporations*, Asociación Estadounidense de Abogados (ABA), Sección de Leyes Empresariales, 3ª Ed., 2012. Se recomienda obtener copias de esta guía y distribuirlas a cada director de una organización sin fines de lucro.

"Ya hemos hablado acerca del hecho que los directores tienen una responsabilidad de dirigir. No pueden considerar este puesto como 'honorario'; deben participar activamente en la vigilancia de la organización.

"Por otro lado, los directores no pueden encargarse tanto, que asuman las responsabilidades de la administración e implementación que son el deber de los directivos."

"Y como sabes, los directores no pueden hacer lo que les dé la gana con la empresa; deben asegurarse que las actividades son en el mejor interés de la organización. A la manera en que los directores llevan a cabo sus deberes se le llama comúnmente los deberes fideicomisarios de los directores."

"Repasemos algunas de las preguntas básicas que ustedes, como directores deben preguntar al determinar el alcance de sus responsabilidades y cómo se deben cumplir estas responsabilidades. Ya hemos hablado acerca de muchos de estos temas específicos, pero tomemos un ejemplo y veamos cómo responderías a las preguntas. Puede que haya otras preguntas que serían relevantes en situaciones específicas, pero este es un buen lugar donde empezar."

¿Cuáles son los propósitos declarados de la organización? Una organización sin fines de lucro debe utilizar todos sus recursos para avanzar los propósitos para el cual se formó, como está establecido en sus artículos de constitución o estatutos (los "propósitos declarados"). Estos propósitos declarados son un control sobre todos las otras declaraciones de política emitidas por la organización.

"Bueno", comenta Sam, "nuestros propósitos son preservar y mejorar el hábitat natural de las ardillas, educar al público sobre ellas, y tomar los pasos necesarios para asegurar que habrá ardillas por un buen tiempo para que nuestros hijos y sus hijos disfruten."

"Ese es un buen resumen, Sam. El primer paso que cada director debe tomar es revisar los documentos de organización (artículos, estatutos, constitución) para asegurarse que él o ella sabe exactamente cuáles son los propósitos. Todas las decisiones de la junta se deben hacer y todas las políticas corporativas deben desarrollarse a la luz de esos propósitos declarados."

¿La transacción hace progresar el propósito declarado? Al revisar una transacción, un director debe asegurarse que la actividad principalmente beneficia a la organización y, que es razonable cualquier beneficio a un individuo.

"Después de haber identificado tus propósitos, debes determinar cómo alguna actividad propuesta hace avanzar estos propósitos. Los recursos se pueden usar tanto para gastos directos como indirectos. El costo de adquirir tierra que se reserve como hábitat natural para las ardillas y el costo de establecer programas para educar al público son gastos directos. El costo de administrar los programas y solicitar fondos son gastos indirectos. Todos estos costos son justificados. Sin embargo, los gastos para cumplir otro propósito no incluido en los propósitos declarados de la organización no son justificados aunque éste otro propósito sea más encomiable."

"Como la situación de la que hablamos más temprano, de ayudar a la familia de un amigo que está con una enfermedad terminal."

"Eso es correcto, Sam. Ese podría ser un propósito encomiable, pero no es tu propósito. De manera que cada transacción mayor debe revisarse para probar si hace avanzar sea directa o indirectamente el propósito declarado."

"Si hay alguna duda, la directiva debe posponer la transacción hasta que haya consenso en cómo la transacción hace avanzar los propósitos."

"Las minutas de la junta directiva donde se considera este asunto deben reflejar el proceso de decisión."

¿La transacción beneficia a un individuo privado? La Sección 501(c) (3) del Código de Impuestos Internos prohíbe que los recursos de una organización de beneficencia sean usados para beneficiar a un individuo.

"Lo recuerdo. Yo estaba preocupado que esto significara que no seríamos capaces de pagar a nadie, pero tú me dijiste no es lo que quise decir."

"Es correcto. Una organización puede pagar salarios razonables y beneficios a empleados sin violar esta disposición. Y una actividad que ayuda a avanzar el propósito de la organización es permitida incluso si un individuo también recibe un beneficio. Sin embargo, la directiva debe determinar exactamente cuál es el beneficio para la organización antes de aprobar una actividad y las minutas deben reflejar los beneficios de la actividad. Si la directiva determina que el beneficio primario es hacia un individuo y no la organización, la actividad no debe ser implementada.

"Si este requisito es violado y se hay malversación de fondos o hay beneficio personal, la organización puede perder su estatus exento.

"Es aún peor cuando la persona que recibe el beneficio está en una posición de autoridad o tiene influencia sobre la organización. En tal situación, además de la posibilidad de que la organización pierda su estatus exonerado, bajo lo que se refiere como reglas de ́medidas cautelares ́, cualquier persona que es o ha estado en una posición de ejercer influencia sustancial sobre la organización y que recibe un beneficio mayor del valor de lo que proveyó a la organización, esa persona así como cualquiera que aprobara la transacción, puede enfrentar penas sustanciales." (Refiérase a "Medidas cautelares" en la página 174.)

¿Se hicieron algunas promesas cuando se recaudaron los fondos? Los fondos recaudados para un propósito específico deben ser usados para ese propósito y ningún otro.

"Recuerdo que yo quería usar alguno de los fondos recaudados para un propósito específico para cubrir los costos administrativos generales de la organización, y tú me dijiste que no podía."

"Estás en lo correcto, Sam. Generalmente, Salve a las Ardillas debe usar los fondos para el propósito para el cual fueron dados. Si ese propósito se vuelve imposible o impráctico, Salve a las Ardillas debería normalmente (a) obtener una exención o dispensa del propósito original de parte del donador o el fiscal general estatal o (b) obtener una orden de la corte indicando la resolución antes que los fondos sean usados para otro propósito. En algunos casos, si lo requiere el acuerdo de obsequio, puede requerirse que los fondos sean devueltos al donante."

"Entonces necesitamos calificar todos nuestras apelaciones para que los fondos recaudados puedan scr usados a discreción de la directiva o, debemos estar preparados para usar los fondos de la manera originalmente intencionada."

"Muy bien, Sam."

¿Se puso alguna condición sobre los fondos donados? Un donante puede poner condiciones sobre los recursos que él o ella den a la organización y requieren que ellos sean usados para un propósito específico. La misma limitación que existe cuando los fondos se dan en respuesta a una solicitud específica aplica para cuando el donante especifica el propósito.

"Salve a las Ardillas puede aceptar los recursos para el propósito especificado por el donador, si es consistente con los propósitos establecidos de la organización o rehusar aceptar los recursos sujetos a una condición," explica Alvin. "No puede aceptar los recursos y utilizarlos para un propósito aparte del especificado por el donador."

"Por ejemplo, un donador puede dar a Salve a las Ardillas una parcela de tierra para que sea dispuesto como hábitat para las ardillas. Esto sería claramente consistente con el propósito de la organización. Sin embargo, incluso aquí los directores deben ser cuidadosos; si el terreno no es apropiado como hábitat para las ardillas, la organización podría querer tener la posibilidad de vender la tierra y comprar otra propiedad en una mejor ubicación. O Salve a las

Ardillas podría determinar que el costo de ser dueño de la propiedad puede ser más de lo que puede permitirse.

"En cualquier situación, el donador debe ser abordado para ver si se puede llegar a un acuerdo. Por ejemplo, el donador puede estar de acuerdo de que, en el tanto que los recursos sean usados para establecer un hábitat para las ardillas, esto estaría bien, incluso si la propiedad a entregar es vendida. En la segunda situación, tal vez el donante esté anuente a proveer una dote que cubra los gastos en curso de ser dueño y usar la tierra. Si no se puede llegar a un acuerdo aceptable para la organización sin fines de lucro, Salve a las Ardillas debe declinar la contribución, si es que está bien aconsejada."

"¿Qué pasa si aceptamos la propiedad y luego nos damos cuenta que no va a servir para nuestros propósitos?"

"A veces hay una cláusula reversible que estipula qué pasará con la propiedad si es que no es utilizada para un propósito particular. Si no hay tal cláusula, entonces tienes el mismo tipo de situación como cuando eres incapaz de usar los fondos para el propósito para el cual fueron dados. Necesitas devolver la propiedad al donante, obtener una dispensa del propósito original por parte del dador u, obtener consentimiento del fiscal general estatal o una orden de la corte, indicando la disposición o cambio en propósito."[4]

¿El director asiste a las reuniones? Uno de los deberes de un director es el deber del cuidado razonable.

La asistencia regular a las reuniones de la junta directiva es un requisito básico del servicio de directores.[5]

Para cumplir con sus responsabilidades, los directores deben suministrar directrices para las operaciones de la organización. Las leyes estatales generalmente permiten que se usen poderes con los miembros pero no para los directores. Si los directores son incapaces de asistir regularmente a las reuniones de la junta directiva, serán incapaces de proveer la dirección necesaria a la empresa. Más aún, los directores serán responsables por acciones tomadas por la junta, incluso en su ausencia.

Antes de acceder a convertirse en un director, los individuos debieran considerar el compromiso de tiempo necesario. Si no pueden comprometerse, de-

---

4 Véase también "UMIFA, UPMIFA e intención del donante" en la página 122.

5 *Guidebook for Directors of Nonprofit Corporations*, American Bar Association (2012), en la página 26.

ben declinar la posición. Un director que luego se vuelve incapaz de atender las reuniones de manera regular, si está bien aconsejado, debiera renunciar.

¿Las reuniones se llevan a cabo de manera regular? A pesar que los directores normalmente no son responsables de convocar a reunión, un director debe solicitar que las reuniones se lleven a cabo tan a menudo como sea necesario para cubrir el negocio de la organización. Las reuniones se deben tener por lo menos una vez al año. Muchas organizaciones tienen reuniones regulares de directiva de manera cuatrimestral, cada dos meses o mensualmente.

La mayoría de los estados estipulan que los directores o dos o más directivos pueden convocar a reunión.

¿Tiene el director todos los hechos relevantes? Para tomar una decisión informada acerca de una acción, un director debe tener todos los hechos relevantes. Por ejemplo, si una organización propone construir un nuevo edificio, la junta debe revisar cualquier asunto de zonaje, permisos de construcción, costo de la construcción (con licitaciones), acuerdos financieros propuestos y factores similares antes de aprobar o desaprobar el plan. La junta también debe revisar cualquier consecuencia legal de su decisión y examinar cualquier alternativa (tal como comprar un edificio existente) que fuera más beneficioso para la organización.

Un director debe insistir en tener toda la información apropiada para revisar y debería revisarla antes de tomar una decisión.

> *Para satisfacer el deber de cuidar, los directores necesitan tener una adecuada fuente de flujo de información. Esta información generalmente es suplida por la administración de la empresa y otros empleados. Si no es adecuada, la junta o un directivo individual tendrá que determinar qué información adicional se necesita. Los directores deben leer cuidadosamente la información suministrada.[6]*

Si por alguna razón no hay suficiente información apropiada disponible, el director debe solicitar que esa acción sea atrasada hasta que la información esté disponible.

"¿Estás diciendo que necesitamos ser expertos en construcción antes que construyamos el edificio?"

---

6 *Guidebook for Directors of Nonprofit Corporations*, American Bar Association (2012), en la página 29.

"No Sam. Como directores tienen derecho a confiar en la información suministrada a ti por gente calificada. Sin embargo, esto nos guía directo a la siguiente pregunta."

¿Hay alguna razón para no confiar en la información suministrada? Los directores son responsables por las actividades en general de la organización, pero no manejan la organización día a día. Consecuentemente ellos normalmente no recopilan la información acerca de las actividades propuestas. A no ser que haya razón para sospechar de la confianza o competencia del individuo que suministra la información, los directores pueden confiar en la información suministrada. Sin embargo, los directores deben hacer cualesquiera consultas adicionales que sean necesarias para satisfacer la validez de la información suministrada si hay duda razonable sobre su confiabilidad.

¿Los impuestos de empleo están siendo pagados? Si la organización tiene empleados, los impuestos al ingreso y, en la mayoría de casos impuestos de seguridad social deben ser retenidos y pagados. Si no son retenidos, la organización puede ser responsable por los montos que debieron ser retenidos. La organización, cualquier individuo responsable y a menudo los directores mismos serán responsables por los montos adeudados, incluso si los directores no sabían que estos pagos no se estaban haciendo. Esto es especialmente cierto si un director tiene autoridad para firmar en las cuentas de bancos.

¿Hay un conflicto de intereses o auto negociación? Cada director tiene un deber de lealtad completa. Los directores no pueden usar la posición de director para lucro personal o para ganar ventaja personal. Un director no puede sacar ventaja personal de una oportunidad que pertenece a la organización, ni pueden los directores usar a la organización para provecho a sí mismos.

Por ejemplo, si Salve a las Ardillas anda buscando un pedazo de tierra y Bill, uno de los directores encuentra una parcela adecuada por un buen precio, Bill no puede comprar la parcela y luego venderla a Salve a las Ardillas por un precio mayor. Si Bill ya es el dueño de un pedazo de tierra adecuado, no puede venderla a la organización por un monto mayor al valor. Y, si Bill tiene una parcela de tierra inadecuada, no debería intentar venderla a la organización.

Es preferible evitar por completo cualquier actividad que involucre un conflicto de intereses o auto negociación (esto es, cualquier actividad entre la persona como individuo y la persona como director o fideicomisario). Si la auto negociación es inevitable o es claramente de beneficio para la organización, la mayoría de los estados lo permiten. Sin embargo, el director debe asegurarse que el conflicto de intereses y todos los hechos relevantes son dados a conocer, que no resulta en una ventaja injustificada al director interesado (o sea, es justo para la organización) y que es beneficioso para la organización. Incluso si se hace esto, algunos estados permiten que la transacción sea anulada a opción de la organización, independientemente de los resultados.

Los préstamos corporativos sea a directores o directivos son un tipo de auto negociación que es particularmente preocupante. Los directores que votan a favor de estos préstamos pueden resultar responsables de ellos en caso que el préstamo sea ilegal o no permisible. Las juntas directivas deben revisar la ley estatal bajo la cual están incorporados antes de considerar tales préstamos para ver si son permitidos en su estado.

Si un director se da cuenta de una oportunidad o transacción que sería de interés o beneficio para la empresa que él o ella sirve, especialmente si el director se da cuenta de esta oportunidad como resultado de su posición con la organización, el director debe informar de esta oportunidad a la empresa y permitir que saque ventaja de esta oportunidad si así lo desea. Si se hace una amplia divulgación de la oportunidad y la empresa declina actuar, el director entonces está libre de perseguir la transacción para su propio beneficio. La base para la doctrina es la "injusticia de los hechos particulares" del director tomando ventaja de una oportunidad que por derecho debiera derivarse a la empresa.

El director debe asegurarse que la ley estatal permite la auto negociación. Si lo hace, el director debe asegurarse que el conflicto de intereses se da a conocer y que la actividad es beneficiosa a la organización misma. Dependiendo de la ley estatal, fallar en seguir los procedimientos correctos puede resultar en sanciones estrictas sobre los directores quienes se involucran en transacciones para provecho personal o transacciones con conflicto de intereses. Los procedimientos correctos pueden incluir un requisito que indique que el director interesado no participe en deliberaciones o vote sobre el asunto. (Véase también "Medidas cautelares" en la página 174.)

Los directores también se deben asegurar que la organización adopte una política de conflicto de intereses y, que todos los directores, directivos y empleados están conscientes y de acuerdo en cumplir con la política. Una buena manera de asegurar este conocimiento es de requerir una declaración anual por parte de los fideicomisarios, de cualquier conflicto potencial.[7] (Refiérase a "Conflictos de interés" en la página 172.)

---

7   Una política de ejemplo se adjunta como Formulario 8 (pág. 233).

¿Es la justa la transacción para la organización? Un director debe determinar si una actividad es justa y razonable en lo que concierne a la organización. Esto usualmente es una llamada de juicio; sin embargo, si la auto negociación está involucrada (véase más arriba), entonces la transacción debe claramente ser justa y razonable.

¿Cómo decidiría el asunto una persona ordinariamente razonable y prudente? Se espera de los directores corporativos que escojan el curso de acción que una persona ordinariamente razonable y prudente escogería en circunstancias iguales o similares. Sin embargo, con una empresa sin fines de lucro, este estándar puede diferir del estándar aplicado en un escenario de negocios cuando es visto a la luz de los propósitos e ideales de la organización.

Por lo tanto, la decisión no debe hacerse en base a lo que una persona ordinariamente razonable y prudente decidiría en un escenario de negocios, sino lo que una persona ordinariamente razonable y prudente decidiría a la luz de los propósitos e ideales de la organización sin fines de lucro. Con una organización religiosa, las creencias religiosas y doctrina también se deben tomar en cuenta.

¿Hay otras leyes que afecten la situación particular? Hay leyes que podrían afectar tanto la responsabilidad de la empresa y la responsabilidad del director en un área particular. Por ejemplo, la organización y sus directores no están exentos de las leyes de valores o de leyes criminales en lo que se refiere a actividades fraudulentas. Y algunas organizaciones sin fines de lucro han encontrado que las leyes antimonopolios aplican a ellos. Este tipo de información debe ser parte de la información que se revise cuando la junta considere una actividad en particular.

¿Qué tan precisos son los registros? Otro deber de un director es el deber de dar cuentas. Para hacer esto, los registros de la organización deben ser certeros. Debe haber suficiente contabilidad interna y procedimientos de administración para garantizar la precisión y control de las actividades y fondos de la organización. Como parte de llevar los

Registros, no debe haber ninguna mezcla de fondos entre los recursos de los directores, los recursos de la organización y recursos pertenecientes a cualquier otro individuo u organización. Los recursos deben mantenerse a nombre de la organización o a nombre de un individuo encargado de la organización o para un propósito específico.

> *. . . Los registros y contabilidad del fideicomisario deben constituir un registro completo y claro, preciso e inequívoco y la información en detalle de la administración del fideicomiso, mostrando recibos y sus fuentes, indicando los pagos realizados y el saldo remanente, para al final distribuir al beneficiario la propiedad en fideicomiso o fondos o su valor, con ingreso a partir de ahí e incrementos a la misma, y sin ganancias al fideicomisario, aunque permitiéndole una compensación y reembolso.*[8]

¿Está el director actuando honestamente, de buena fe, con integridad? El requisito que un director actúe de buena fe, requiere que los directores ejecuten sus labores honestamente y con integridad. Esto incorpora una serie de responsabilidades ya discutidas. Por ejemplo, los directores no pueden confiar en información que saben que es falsa o involucrarse en actos para provecho personal, sin violar estas responsabilidades.

¿Es la transacción en el mejor interés para la organización? Finalmente, una vez que un director ha revisado todos los asuntos relevantes a la transacción y encontrado que la transacción es consistente con el propósito de la organización y, revisado toda la información concerniente al asunto, el director debe darse la oportunidad de mirar nuevamente a la imagen completa. En este momento, el director debe determinar que la actividad o transacción es en el mejor interés de la organización y que no hay mejor alternativa disponible en el momento presente.

"Si tú, Bill y Sue como directores de Salve a las Ardillas, hacen todas las preguntas enumeradas anteriormente y actúan de acuerdo con las sugerencias, es probable que estarás llevando a cabo tus deberes de manera satisfactoria. Sin embargo, las cosas todavía podrían ir mal, incluso con directores y organización con las mejores intenciones."

Asuntos que deben ser de preocupación para la junta directiva

"Wow. Bueno, eso nos da lineamientos de cómo tomamos decisiones, pero aún no aborda la pregunta de qué deberíamos estar decidiendo."

"Es verdad, Sam. Y eso nos pone cara a cara con el hecho de que las decisiones actuales que tu junta debe tomar van a variar dependiendo de las actividades de la organización, su tamaño y cuánto ha delegado a otros. Dicho esto, repas-

---

8 76 Am. Jur. 2d, Sección 507.

emos algunos de los asuntos básicos que están en el ámbito de las responsabilidades de los directores."

Gobernanza corporativa. La estructura de la empresa y la operación de la junta necesitan ser evaluados y revisados periódicamente, según sea necesario.

Como se hizo notar anteriormente, los directores deben estar familiarizados con los reglamentos y estatutos de la empresa. Como parte de esto, necesitan asegurarse que los reglamentos, estatutos y operaciones de la empresa son consistentes. Si hay un conflicto, deben revisarse ya sea los documentos o las operaciones. Es casi siempre más fácil hacer que los documentos se conformen a las operaciones de lo que es que las operaciones se conformen a los documentos.

Los directores necesitan tener un método de asegurarse que los reglamentos o estatutos continúan conformándose con la ley. Si hay cambios en la ley, esto puede requerir enmiendas a los reglamentos o estatutos.

Los directores generalmente son responsables de nominar (y si la empresa no tiene miembros, de elegir) nuevos directores así como seleccionar a los oficiales. Para hacer esto de manera adecuada, se requiere que haya un esfuerzo continuado con el fin de determinar qué experiencia se necesita en la junta y si hay otras calificaciones que deben cubrirse. ¿Necesita la junta tener diversidad en la junta? ¿Necesita incluir consumidores de sus servicios? También es responsable de localizar directores calificados, de proveer orientación a la junta para los nuevos directores y, de proveer una educación continua a todos los directores.

Debe haber un procedimiento establecido para programar y anunciar reuniones de la junta directiva, así como preparar y aprobar minutas de la junta directiva y reuniones de comités.

A menudo las políticas se establecen por resolución de la junta directiva, en lugar de estar contenidas en los estatutos o reglamentos. Se necesita tener un proceso para seguirle la pista a las políticas de la directiva. Sin esto, es difícil, si no imposible que un director nuevo sepa si una política ha sido desarrollada y si lo ha sido, si la han seguido o no.

Aprobación y supervisión de actividades. Los directores dirigen, los directivos implementan. Para poder cumplir con sus responsabilidades, los directores necesitan desarrollar planes de largo y corto plazo para lograr los propósitos de la empresa. Esto a veces se llama planeamiento estratégico y un buen plan se hará para unos tres a cinco años a futuro. Ahí tendrá un medio para medir qué tan efectivamente ha estado trabajando la organización y el personal en trabajar a favor y llevar a cabo estos planes.

Luego se necesita el desarrollo de políticas. Las políticas pueden incluir una determinación de quién va a ser servido (la circunscripción electoral), los servicios que se proveerán, la infraestructura para proveer estos servicios (tal como métodos de recaudación de fondos, idear actividades para concesionar becas, y establecer prioridades entre los objetivos aprobados) y, desarrollando políticas y procedimientos del personal. Los directivos luego deben seguir estas políticas al implementar las actividades.

Dependiendo del nivel de sofisticación de la organización, los directores pueden gobernar definiendo los objetivos y parámetros, dejándole a los directivos que determinen exactamente qué se hará para alcanzar los objetivos dentro de los parámetros establecidos. O los directores pueden establecer lineamientos específicos para las actividades que se persiguen, pero dejar a los directivos determinar cómo van a llevar a cabo cada actividad. O los directores puede que quieran aprobar cada actividad específica por separado.

Por ejemplo, la junta directiva del Hogar de Joe para Niños Delincuentes podría tener el objetivo de establecer dos nuevos hogares que servirán a 30 niños adicionales este año, pero deja a discreción de los directivos el determinar la ubicación de cada hogar (siempre y cuando estén dentro de las áreas servidas por la organización), cuánta gente se necesita de personal, y, cuánto serán los salarios (siempre y cuando estén dentro de los lineamientos de X número de niños por cada empleado y los salarios caigan dentro de los rangos establecidos para cada puesto de trabajo). O los directores pueden solicitar a los directivos que regresen para la aprobación de cada ubicación de hogar nuevo, el número de niños que atenderá y para aprobación de los nuevos miembros de personal y sus salarios.

Mientras los directores puedan establecer más directrices y parámetros, puedan confiar que los directivos van a llevar a cabo sus deberes sin supervisión constante, tanto más efectivo y eficiente serán los directores como los empleados. Generalmente esto no ocurre a no ser que y hasta que el personal haya demostrado un nivel de competencia que asegure a los directores que su confianza no está mal puesta. Sin embargo, los directores no deben usurpar los deberes de los directivos. Deben recordar que los directores dirigen; los directivos implementan.

Además de desarrollar y revisar periódicamente las políticas y aprobar las actividades mayores de la empresa, la junta directiva generalmente aprobará todos los contratos para servicios, subsidios y propuestas de financiamiento y, todos los préstamos y cuentas de banco (incluyendo los firmantes). Ellos son los responsables últimos de evaluar la exposición al riesgo y de determinar qué seguro es necesario para la empresa, la junta directiva y los directores individuales. Deben tener instaurado una estructura que asegure el control de calidad. Deben aprobar transferencias de bienes inmuebles, propiedades y alquiler de equipo, contratos corporativos mayores y cualquier otra actividad corporativa significativa.

Supervisión financiera. Una de las áreas más importantes de supervisión es en la arena financiera. Hay varias partes en esto.

La primera área de supervisión es determinar el método de manejar dinero y aprobar gastos. Como ocurre con la supervisión de actividades, esto puede hacerse en varios niveles. Por ejemplo, los directores pueden establecer metas y parámetros para avanzar en las actividades propuestas y solicitando al mismo tiempo que la organización termine el año con un presupuesto equilibrado, mientras le deja a los directivos el determinar exactamente de dónde vendrá el dinero y cómo se distribuirá entre las varias actividades. O los directores pueden aprobar ciertas actividades y adoptar un presupuesto que da una cierta cantidad de discreción dentro de las categorías; los directivos luego son autorizados a gastar hasta el monto presupuestado. Ellos deben, sin embargo, regresar a la junta directiva para aprobación adicional de gastos mayores, si el monto excede la cantidad presupuestada, incluso si los fondos han sido recaudados en cantidad suficiente para pagar el incremento. O (no es recomendado), los directores pueden aprobar cada gasto según surja.

No es suficiente dirigir el gasto de los fondos. Debe haber un método instaurado de revisar la imagen financiera de la organización de manera regular y así asegurarse que cumple con los objetivos financieros y que los recursos de la organización continúan siendo usados para beneficiar su propósito exento y no para el beneficio de una persona no exenta.

El método más común usado por las organizaciones sin fines de lucro para revisar y aprobar gastos es de establecer un presupuesto, que es generalmente preparado por el personal y aprobado por la junta directiva. La junta directiva luego recibe estados financieros periódicos que muestran ingresos y gastos con comparaciones del acumulado anual al presupuesto aprobado y (preferiblemente) el año previo en el mismo período.

Además de dirigir el gasto del dinero, los directores de las organizaciones sin fines de lucro necesitan asegurar que el dinero está ahí para gastarse. El nivel de involucramiento con recaudación de fondos varía significativamente entre las organización sin fines de lucro. Los directores de organizaciones sin fines de lucro que están financiados casi exclusivamente por contratos de gobierno o, que son fundaciones privadas que solicitan poco o nada de ayuda de terceras personas puede tener virtualmente ningún involucramiento con la recaudación de fondos. Otras organizaciones sin fines de lucro que son patrocinadas públicamente pueden depender de sus directores para contactar donantes significativos. Muchos obsequios significativos se hacen en respuesta a solicitudes por individuos con quien el contribuyente tiene una relación preexistente. En cualquier caso, los directores deben estar conscientes de las restricciones sobre cualquier fondo recaudado y ver que se cumplan las restricciones. También deben estar conscientes de y aprobar todos los métodos de peticiones.

La segunda área de supervisión financiera involucra contratar y supervisar al auditor. No todas las organización sin fines de lucro están requeridas a ser auditadas y, una pequeña organización sin fines de lucro puede que no pueda costear una auditoría. Sin embargo, la tendencia es solicitar la auditoría. Algunas juntas directivas encuentran que la auditoría es apropiada y a veces una fuente de financiamiento la solicitará.

Cada organización sin fines de lucro debe estar al tanto de qué está haciendo la legislatura estatal en esta área. En el 2002, en respuesta a varios escándalos, el Congreso adoptó reglas aplicables a compañías públicas (la Ley Sarbanes-Oxley de 2002). Algunos estados han considerado que alguna de estas reglas debiera aplicarse a las organizaciones sin fines de lucro. Y, como parte de estas consideraciones, las "buenas prácticas" han avanzado, sugiriendo que políticas similares debieran seguirse por parte de las organizaciones sin fines de lucro. Varias leyes ahora requieren la auditoría de organizaciones sin fines de lucro que son más grandes que cierto tamaño. Por ejemplo, California adoptó un requisito que requiere que la mayoría de organizaciones sin fines de lucro con un ingreso anual de $2 millones o más, debe tener una auditoría anual, tener la auditoría disponible para el fiscal general y poner la auditoría a disposición del público general de la misma manera que el Formulario 990 (vea más abajo).

Una auditoría la prepara un contador público certificado independiente que no tiene otra conexión (o muy restringida) con la organización. El auditor debe ser contratado por la junta directiva (o por un comité de auditoría) y responderle a la junta directiva en vez de al personal. A pesar que el auditor trabajará con el personal para completar la auditoría, debe quedar claro que la junta directiva contrató al auditor y es a la junta directiva a quien el auditor debe rendir cuentas. Luego que se completa la auditoría, la junta directiva en pleno o un comité de auditoría deben reunirse con el auditor para una entrevista de cierre. Todos los directores deben recibir una copia de la auditoría y cualquier carta de la administración y tener la oportunidad de hacer las preguntas que puedan tener.

Presentación de documentos regulatorios; relaciones públicas. Los directores necesitan asegurarse que la presentación de documentos regulatorios requeridos sea confeccionada por la organización. Junto con esto, debido a que la presentación de documentos generalmente es asunto de registro público, los directores deben asegurarse que los formularios sean llenados de manera de informar al público así como proveer la información requerida al gobierno. Debido a que estos formularios son un asunto de registro público, es aconsejable para los directores el haber revisado y estar familiarizado con la información contenida en ellos.

Formulario 1023.[9] El Formulario 1023, Solicitud para Reconocimiento de Exoneración, se presenta ante el IRS y es uno de los primeros documentos que se presentan por parte de la organización. La solicitud, que incluye toda la correspondencia entre el IRS y la organización, así como la carta de determinación de exención emitida por el IRS, es considerada un documento público. Si la solicitud se presentó antes del 15 de julio de 1987 y la organización no tenía una copia de la solicitud en esa fecha, no tiene que hacerla disponible para inspección por el público. Sin embargo, si la solicitud se presentó ante el IRS después del 15 de julio de 1987 o, si la organización tenía una copia de la solicitud a esa fecha, la solicitud debe hacerse disponible a cualquiera que lo solicite. Si la solicitud debe estar disponible, el hecho que no la puedas encontrar no es excusa; debes encontrar la solicitud (se puede solicitar una copia al IRS). La misma ley aplica a una organización sin fines de lucro que ha presentado el Formulario 1024 (solicitud de reconocimiento de exoneración amparado a una sección diferente a la 501(c)(3)).

El Formulario 1023 debe ser revisado periódicamente para asegurarse que no ha habido algún cambio en el propósito. Si hay algún cambio en los artículos o estatutos, especialmente en la cláusula del propósito o, si se han agregado nuevas actividades, es apropiado notificar al IRS del cambio. Esto se puede hacer presentando documentos directamente con el IRS o suministrando tal información junto con el Formulario 990 anual de la organización.

Aunque el requisito de que la solicitud de exoneración de la organización esté disponible para inspección pública también aplicaría al Formulario 1023-EZ, debido a que este formulario solo se puede presentar electrónicamente queda poco claro cómo van a hacer para cumplir con este requisito. Además,

9 Véase "Establecer el estatus exonerado" en la página 94 para una discusión del proceso para la presentación de documentos.

debido a que el Formulario 1023-EZ no suministra al IRS información específica acerca del propósito de la organización en primer lugar, siempre y cuando la organización complete de manera adecuada su declaración informativa anual, parece no ser necesario alguna notificación adicional al IRS en lo que a cambio de propósito se refiere.

Formulario 990.[10] El Formulario 990 es la principal declaración informativa anual requerida para que presente ante el Servicio de Impuestos Internos (IRS).[11] Algunos estados requieren que el formulario federal también les sea presentado. Los últimos tres años de los Formularios 990 también se requiere que estén disponibles al público para su inspección (o entregar copias a un costo nominal).

El Formulario 990 requiere declarar el proceso utilizado por la organización para revisar el formulario antes de presentarlo. Y, debido a que se requiere que el formulario esté disponible para inspección pública, como se hizo notar anteriormente, es importante que los directores o un comité de la junta directiva se responsabilicen en ver que describe adecuadamente a la organización y sus operaciones.

Debe hacerse notar que todos los Formularios 990 (y los Formularios 990-EZ) que se presentan ante el IRS también se pueden encontrar en línea en la dirección **www.guidestar.org**. GuideStar también publicará información adicional en su sitio web si la organización se las suministra. Por ejemplo, algunas organizaciones suministran a GuideStar estados financieros auditados y otra información. Se recomienda que cada organización revise el sitio para ver qué información está incluida acerca de la organización, ver si la información es correcta y determinar si se debe suministrar información adicional. Como este sitio web está disponible fácilmente, muchos potenciales contribuyentes, junto con aquellos que pudieran ser críticos sobre la organización, se refieren directamente a GuideStar para obtener información acerca de la organización. Debido a esto, se recomienda que cuando se complete un Formulario 990, se ponga cuidado para asegurar que cualquiera que revise el formulario pueda determinar

---

10 Véase "Formulario 990" en la página 133 para discusión de cómo llenar el Formulario 990 y formularios relacionados.

11 Como se hizo notar anteriormente, las organizaciones más pequeñas pueden usar el Formulario 990-EZ o el Formulario 990-N (presentación electrónica) en su defecto, y las fundaciones privadas usan el Formulario 990-PF.

fácilmente las actividades y propósito de la organización y por qué es y debe permanecer exenta.

Presentación de documentos ante el estado. Algunos estados requieren que se presenten declaraciones informativas similares al Formulario 990 ante la autoridad de impuestos estatal.

También, generalmente solicitan declaraciones informativas anuales o bianuales por parte del estado en que se constituyó la organización y, por otros estados en que la organización está calificada para hacer negocios, a menudo con el Secretario de Estado. Estas declaraciones informativas suministran información tal como el agente registrado o notificador, la dirección registrada de la organización y, los principales directivos de la organización.

Algunos estados pueden requerir presentación de documentos adicionales ante la oficina estatal de beneficencias (que a menudo es el Fiscal General). Por ejemplo, el estado de California solicita que se presente un formulario anual que suministra información acerca de las actividades de la organización, junto con el Formulario 990 federal. Los estados también pueden publicar información acerca de beneficencias (junto con los requisitos de presentación de documentos) en la Web.

Si la presentación de alguno de estos documentos no se hace en el debido tiempo, la organización puede resultar suspendida o disuelta administrativamente y, a veces, que su estatus exento sea revocado. De ahí que es importante que los directores confirmen que hay un proceso para asegurarse que ninguno de estas presentaciones de documentos sea pasado por alto.

Formulario 990-T. Si la organización se involucra en un negocio no relacionado que resulta en ingreso gravable de $1.000 o más, se debe presentar el Formulario 990-T ante el IRS. Algunos estados también requieren la presentación de documentos correspondientes ante la autoridad de impuestos estatal.

Actividad legislativa. Si la organización se involucra en cabildeo legislativo, puede requerirse la presentación de otros documentos, tanto a nivel federal como estatal.

Otra información de dar a conocer. Además de la información contenida en la presentación de documentos correspondientes, muchas organizaciones sin fines de lucro escogen poner la información directamente disponible a la comunidad. Por ejemplo, se puede emitir comunicados de prensa cuando ocurre una actividad particularmente notable.

Para lo que muchas organizaciones no están listas es cómo lidiar con los medios cuando ocurre una crisis. Siempre es mejor pensar esto de antemano, incluyendo nombrar un portavoz, en lugar de esperar a que estalle el desastre. Cada directivo y director, así como todos los empleados deben saben quién es el portavoz y estar instruidos a referir cualquier consulta hacia esa persona en lugar de intentar responder las preguntas ellos mismos. Esto asegurará que se suministrará una respuesta consistente y completa y también que los directivos y directores no proveerán de manera inadvertida información confidencial o sensitiva, cuya revelación pudiera violar el deber de cuidado o el deber de lealtad.

Supervisión a los empleados o voluntarios. Una de las responsabilidades principales de la junta directiva es contratar y evaluar al director ejecutivo o presidente (por sus siglas en inglés). Los directores o un comité de la junta directiva deben evaluar al director ejecutivo o presidente de manera anual, basados en criterios objetivos al grado más alto.

Todos los otros empleados se reportan con el director ejecutivo o presidente. Aunque algunos empleados puede que trabajen con la junta directiva (por ejemplo, el director financiero jefe (CFO, chief financial officer) puede ser asesor del comité de finanzas), esto es una conveniencia y no debe malinterpretarse como un cambio en la línea de mando.

Dicho eso, hay varias otras áreas que involucran a otros empleados con quienes la junta directiva pueda estar involucrada. Primero, aunque el director financiero jefe se reporta con el director ejecutivo, en concordancia con las mejores prácticas establecidas después de Sarbanes-Oxley, la junta directiva querrá asegurarse que ha aprobado el salario del director financiero jefe como uno razonable. (Refiérase también a "Medidas cautelares" en la página 174.)

En segundo lugar, la junta directiva puede a menudo adoptar una política en donde las apelaciones, disputas y quejas de los empleados (particularmente quejas de acoso o discriminación que involucre al personal de administración) que no pueden resolverse a nivel de personal son referidos a la junta directiva para su resolución. Esto da a la junta directiva una oportunidad para resolver una disputa, previo a que se presente una demanda.

Finalmente la junta directiva puede adoptar un manual de personal y determinar qué beneficios (tal como beneficio de pensión, tiempo de vacaciones, ausencia por enfermedad, etc.) serán ofrecidos a los empleados. Nótese que si se adopta un manual de personal o cualquier política de personal, *deben ser seguidas*. No hacerlo puede aumentar la posibilidad de una demanda exitosa en contra de la organización o sus directivos o directores.

Políticas adicionales para adoptar según se considere

Aunque la mayoría de (Ley de) Sarbanes-Oxley no aplica a organizaciones sin fines de lucro, dos de sus cláusulas, la cláusula del delator y la cláusula de retención/destrucción de documento sí aplican. Más aún, la revisión del Formulario 990, que comenzó en el 2008, requiere divulgar si la organización ha adoptado o nó ciertas políticas. Y, finalmente una de las responsabilidades de la junta directiva es de adoptar políticas para la organización.

Lo que sigue es una discusión breve de las políticas mencionadas en el Formulario 990. Puede haber otras políticas que la junta directiva debiera adoptar dependiendo del propósito y actividades de su organización. Sin embargo, las políticas mencionadas más abajo deben ser consideradas por cada organización sin fines de lucro, y por lo menos algunas de ellas deberían redactarse, adoptarse e implementarse por todas las organizaciones sin fines de lucro. Tu organización puede que ya tenga algunas de ellas. Pero incluso si ya las tienes, es buena idea revisarlas periódicamente para determinar qué cambios puedan ser necesarios o apropiados, debido a los cambios en el ámbito legal. Por supuesto puede haber algunas políticas que no necesitas en este punto pero que puedas necesitar en el futuro y, otras que no necesitas ahora y posiblemente tampoco necesitarás en el futuro. Muchas de estas políticas también se discuten en otra parte del libro, en mayor detalle.

Por favor note que lo único peor que no tener una política escrita sobre un asunto importante es tener la política redactada y no seguirla. Eso es receta para el desastre. Debido a que muchas organizaciones simplemente están adoptando políticas que les han sido dadas a ellos por sus contadores o bajadas de internet, sin asegurarse que la política es apropiada para su organización o que puede fácilmente ser implementada, tal política es probable que sea usada en contra de ellos en un subsecuente litigio. Más aún, puede haber asuntos que no fueron considerados cuando una política se adopta simplemente para que la organización pueda decir que tiene tal política; nuevamente, esto puede actuar en contra de la organización cuando ese asunto se presente y no esté cubierto. La práctica de adoptar una política sin examinar todas las implicaciones potenciales puede dar trabajo a abogados litigantes, pero es posible que resulte en un agravante a la organización, a sus directores y directivos.

Dicho esto, revisemos brevemente las políticas:

Misión/actividades más significativas. Esto es algo que la mayoría de las organizaciones ya tienen. La misión debe revisarse regularmente, probablemente de manera anual, para asegurarse que continúa siendo una descripción adecuada de los propósitos/actividades de su organización y de que se hagan las revisiones necesarias.

Debes notar, sin embargo, que la misión no es la última palabra en este asunto. El lugar para comenzar a examinar los propósitos y actividades son los estatutos de la sociedad comercial. La cláusula del propósito en los estatutos establece para qué se formó la organización y qué va a llevar a cabo. Échele una mirada a los estatutos. ¿Qué dice el propósito? ¿Está en concordancia con lo que hace su organización? Si nó, los estatutos deben ser enmendados, si es posible para alinearlas con tus actividades. Si los estatutos no pueden ser enmendados, entonces la organización necesita cambiar sus operaciones para ser consistentes con la cláusula del propósito en los estatutos, *independientemente* de lo que pueda decir la misión.

La misión debe ser una explicación corta, fácilmente entendible de los objetivos y aspiraciones de la organización. Necesita ser consistente con la cláusula del propósito, pero puede incluir objetivos más específicos. La misión puede ser enmendada de manera regular, a medida que se expanden las operaciones, se contraen o son modificadas. Generalmente, la misión es adoptada por la junta directiva, mientras que si la organización tiene miembros, se necesita la aprobación de los miembros para enmendar los estatutos de constitución. Más aún, las enmiendas a los estatutos requiere que se presenten ante el secretario de estado u otra entidad similar estatal; los cambios a la misión se pueden hacer por resolución.

Política de compensación. El proceso que determina la compensación tributaria que otorga una organización sin fines de lucro, la cual es definida por consultores independientes que hacen una revisión y aprobación de datos que deben ser similares y comparables con los de la organización para poder fundamentar y sustentar la política tomada. Para el presidente y el CFO, la determinación última de la compensación debe ser hecha por la junta directiva misma. Esta política es necesaria para cumplir con la ley de medidas cautelares federales (véase más abajo), así como algunas leyes estatales y de buenas prácticas.

Política de reembolso para viajes de negocio y entretenimiento (aplica principalmente a directivos, directores y empleados clave). Ésta es un área en la que muchas organización sin fines de lucro se meten en problemas.

Uno de los mayores problemas tiene que ver con el uso de tarjetas de crédito corporativas. En la medida de lo posible, *no tenga tarjetas de crédito corporativas.* En su lugar, haga que la persona pague y que luego solicite un reembolso o, que el gasto lo pague directamente la organización o, si el monto es conocido que se haga un adelanto con recibos y contabilidad prevista. Esto no siempre puede ser posible; por ejemplo, un centro de salud calificado federalmente puede tener gente en su junta directiva que no tienen tarjetas de crédito. Si se van a usar tarjetas de crédito, alguien aparte del usuario debe hacer emparejar los recibos a los estados de cuenta y solicitar reembolso de cualquier gasto para los cuales no hay recibo o que no son gastos reembolsables.

Nota: algunas organizaciones han perdido su estatus exento de impuestos y algunos directivos han sido convictos por robo a las empresa y enviados a prisión, cuando no se han llevado apropiadamente los registros, cuando no ha habido política de reembolso instaurada que seguir o, cuando ha habido uso inapropiado de tarjetas de crédito.

Política de conflicto de intereses. Ya hemos mencionado y vamos a hablar más sobre conflicto de intereses; las preguntas en el Formulario 990 tienen tanto que ver con adoptar como implementar una política de conflicto de intereses. El tener una política de conflicto de intereses no es un concepto nuevo y todas las organizaciones sin fines de lucro deberían tenerla.[12]

Algunas organizaciones sin fines de lucro incluyen la política de conflicto de intereses en los estatutos. Esto puede ser problemático. Una declaración básica de la política es aceptable, pero poner la mayoría de los detalles específicos en una política aparte adoptada por resolución lo hace más fácil de revisar a medida que cambian las operaciones de la organización y las políticas de gobierno.

Política de independencia de los miembros de la junta directiva. Aunque algunas leyes estatales requieren que una mayoría de los directores no sean empleados, no hay ningún requisito estatal o federal que prohíba a los empleados ser directores. Además, el tema de independencia es extremadamente complicado. La definición de director independiente ha sido debatida interminablemente en círculos legales, especialmente en lo que concierne a empresa de negocios. Cualquier requisito de divulgación debe específicamente exonerar la divulgación de asuntos confidenciales. La definición del IRS de director inde-

----

12 Véase Formulario 8 (pág. 233), que contiene tanto la política de conflicto de intereses como un cuestionario.

pendiente es tanto simplista (hay algún beneficio financiero) y al mismo tiempo, extremadamente difícil de determinar/implementar.

Puede haber situaciones en que un director podría estar interesado en un ítem en particular, pero de otro modo estar desinteresado. Sin embargo, incluso si ese director está desinteresado más del 99 por ciento del tiempo, si él o ella están financieramente interesado en un ítem en particular, para propósitos de completar el Formulario 990, el director será considerado ser un director interesado para todos los propósitos. Como resultado, muchas organizaciones han modificado la estructura de su gobernanza corporativa de manera que no permita alguna actividad que pueda resultar en un director "interesado". Este tipo de modificación significa que la organización muy posiblemente tenga que renunciar a beneficios que pudieran derivarse de los directores.

Ya sea que la organización decida rehacer su estructura de gobernanza o nó, debiera tener un cuestionario que cubra estos asuntos para que la organización sea capaz de contestar apropiadamente las preguntas del IRS, con las explicaciones que sean necesarias o deseables. Debe hacerse notar que el IRS periódicamente revisa sus requisitos; de ahí que la organización debe revisar las preguntas cada año para asegurarse que las preguntas correctas son las que se están preguntando.

Código de ética. Tener un código de ética es posiblemente una buena idea. Sin embargo, una organización no debe simplemente adoptar un código de ética de otra entidad sin determinar qué impacto va a tener en la organización. ¿Será aplicable el código a los directores? ¿A los directivos? ¿A otros empleados?

Política del delator. La ley Sarbanes-Oxley (SOX) aplica los requisitos del delator a las organizaciones sin fines de lucro (por ejemplo, no puedes castigar a alguien por denunciar la violación a una ley federal), por lo que tener una política escrita para prevenir una violación inadvertida de este requisito, generalmente es una buena idea. Debe hacerse notar que SOX no requiere que la organización tenga una política escrita para este propósito, de ahí que, se recomiende que la organización se tome su tiempo para asegurarse de que cualquiera que sea la política que adopten en última instancia, sea fácilmente cumplida por la organización. Como se hizo notar anteriormente, es mejor no tener una política que tenerla y que la organización no la implemente.

Política de retención/destrucción de documentos. La ley Sarbanes-Oxley también aplica los requisitos de retención/destrucción de documentos a las organizaciones sin fines de lucro, así es que, como sucede con la política del delator, tener una política en teoría es una buena idea. Sin embargo, esta política es extremadamente difícil de desarrollar y de implementar.

La razón original para tal política es de explicar por qué algunos documentos se mantuvieron y otros fueron destruidos, y de dar a la organización la habilidad de destruir documentos sin la inferencia negativa de que fueron destruidos para prevenir que fueran descubiertos. Esto solo funciona si la organización de hecho mantiene los documentos que deben mantenerse y destruye los documentos que deben ser destruidos. Si no se sigue la política o ésta no menciona un tipo específico de documento (por ejemplo, un correo electrónico) entonces la exigencia de la política puede levantar más preguntas que respuestas.

De ahí que, la política debe ser redactada solo después de una cuidadosa consideración de los temas y opciones y, al adoptarla debe ser implementada. De otra manera, la organización estaría mejor si no tuviera la política escrita.

Política de integridad del documento. Esto generalmente podría ser combinado con una política de retención de documentos.

Política de dotaciones / inversiones. La mayoría de organizaciones que tienen algunas inversiones significativas generalmente tienen una política de inversión que define cuáles tipos de inversiones son apropiadas y cómo se debe asignar los recursos. Algunas organizaciones incluyen una determinación de no invertir en ciertas compañías que no operan de acuerdo con las creencias morales de la organización. Tal política debe ser reevaluada de manera regular, especialmente a la luz de la economía actual.

Es menos probable que una organización tenga una política de dotación. Sin embargo, si la organización tiene o posiblemente tenga dotaciones, el tener o no tener tal política puede resultar en consecuencias de largo plazo para la organización. Por ejemplo, si un donante hace una contribución supeditada a que se le ponga el nombre de él o ella al edificio, ¿qué pasa si la dotación termina siendo insuficiente para mantener el edificio? ¿Qué pasa cuando se demuele el edificio y se erige uno nuevo? Si la dotación se hace con otro propósito específico, ¿cuánto tiempo tendrá voz el donante y su familia en determinar si ese propósito se lleva a cabo o qué pasará a los fondos si ese propósito ya no es viable? ¿Los fondos que son contribuidos serán gobernados por UPMIFA[13] o, habrá un estándar aparte para determinar cuándo y qué porción de los fondos pueden ser gastados? Éstas y muchas otras preguntas se tomarán en cuenta con una política de dotación bien redactada.

....

13 Véase "UMIFA, UPMIFA e intención del donante" en la página 122.

Estados financieros / política de auditoría. Cualquier organización que esté requerida por ley estatal a tener una auditoría financiera debería probablemente tener una definición de su comité de auditoría y/o finanzas en sus estatutos. Algunos contadores están ahora sugiriendo que el comité de auditoría tenga un acta constitutiva aparte; como el comité de auditoría es un comité de la junta directiva, tener la estructura y operación enunciados en los estatutos debiera ser suficiente. Sin embargo, es apropiado revisar las recomendaciones de los auditores para determinar qué más podría hacerse para asegurarse que la organización está adecuadamente gobernada con respecto a la supervisión de sus finanzas.

Política de revisión del Formulario 990. El Formulario 990 es un documento público. Al llenarlo debe ser tratado como un documento de relaciones públicas. Más aún, como está disponible para inspección pública, es apropiado que aquellos que supervisan a la organización lo hayan revisado. El IRS quiere saber si el formulario final fue puesto a disposición de los directores antes de que se presentara a las autoridades; también quiere saber el proceso que se sigue para las revisiones. Es apropiado tener una política que exponga este proceso.

Política de disponibilidad pública / revelación de documentos. El Formulario 1023, Solicitud para Reconocimiento de Excepción, así como los Formularios 990, deben estar disponibles para inspección. Esto se puede hacer al poner los formularios disponibles en línea. Otros formularios, como las auditorias pueden ser requeridos por ley estatal que estén disponibles. Sin embargo, no hay requisito para que los otros documentos de los que el IRS quiere saber, deban estar disponibles al público para inspección. Depende de la organización decidir cuáles documentos estarán disponibles para inspección y si es así, los términos de la divulgación.

Política de aceptación de obsequio. Una política de aceptación de obsequio, como la política de dotación, puede ser una política muy beneficiosa para desarrollar e implementar, ya que determinará qué limitaciones está anuente a tener impuesta sobre los obsequios y cuándo no es en el mejor interés de la organización el aceptar un obsequio en particular. Esto, nuevamente debe ser cuidadosamente desarrollado. Como no es fácil visualizar todas las situaciones que se puedan presentar, se debe incluir un método por medio del cual, los obsequios cuestionables se presentarán ante la junta directiva o comité de la junta directiva para una determinación final antes de aceptarlos.

Política respecto a minutas contemporáneas. Para poder calzar dentro de la seguridad de las medidas cautelares uno de los requisitos es que una decisión esté reflejada en las minutas y, que estas minutas sean aprobadas por la junta directiva a más tardar la próxima reunión.

Incluso aparte de eso es una buena práctica corporativa asegurarse que todas las resoluciones de la junta directiva sean apropiadamente incluidas en las minutas, que las minutas sean entregadas a la junta directiva en tiempo razonable para que ellos puedan verificar que éstas reflejan de manera precisa las decisiones de la misma y, que las mismas son aprobadas por la junta directiva a más tardar en la siguiente reunión.

Política de recaudación de fondos. A pesar que la recaudación de fondos está íntimamente conectada con la política de aceptación de obsequios y la de dotación, el aspecto de recaudación de fondos de las operaciones de una organización tiene muchas reglas y regulaciones tanto estatales como federales que necesitan seguirse. Nuevamente, al igual que con las otras políticas descritas, el tener una política de recaudación de fondos es una buena idea, pero no debe adoptarse ni implementarse sin asegurarse que cumple con tus leyes estatales (o múltiples leyes estatales si recaudas fondos en más de un estado) y, qué es apropiado para tu organización. Por ejemplo, si nadie de tu personal entiende lo que es o cómo funciona un fideicomiso de beneficencia remanente, entonces quien sea que lleva a cabo la recaudación de fondos no debe sugerir a un donante potencial que un fideicomiso de beneficencia remanente es un medio apropiado para obsequiar.

Política de emprendimiento conjunto. A pesar que el Formulario 990 pide una política de emprendimiento conjunto, es difícil visualizar una política de "talla única", especialmente en esta área. Hay tantos tipos de emprendimientos conjuntos potenciales que es probablemente mejor desarrollar tal política para cada tipo de emprendimiento conjunto a medida que surja. De otra manera, una política de emprendimiento conjunto genérico podría simplemente expresar que la organización no entrará en un acuerdo de emprendimiento conjunto con otra organización sin asegurarse que el acuerdo cumple con todas las leyes estatales y federales y, no pone en peligro el estatus exonerado de la organización.

Política de servidumbres de conservación. Este tipo de políticas va a ser necesaria específicamente para la organización o totalmente innecesaria. La mayoría de las organizaciones sin fines de lucro no van a estar nunca en la posición de aceptar servidumbres de conservación. Sin embargo, unas cuantas querrán tener una política detallada en esta área. Al redactar tal política, debe hacerse notar que ha habido varios casos recientes involucrando servidumbres de conservación que deben ser revisados primero.

Política respecto a operación de capítulos / afiliaciones / sucursales. Solo una organización que tiene operaciones extensas a través de capítulos, afiliaciones o sucursales separadamente organizadas, donde la organización tiene la autoridad legal de ejercer una supervisión y control directo o indirecto podría necesitar tal política.

Poniendo a un director "al corriente"

Debido a que los directores tienen responsabilidades y deberes significativos, muchos de los cuales no pueden cumplir adecuadamente sin tener la información básica acerca de la organización, se recomienda que los nuevos directores reciban información básica acerca de la misma. Adicionalmente se recomienda que todos los directores revisen regularmente la organización y el rol que ellos juegan en ella, posiblemente en un retiro de la junta directiva. Refiérase al Capítulo 13, Guía para Directores de Empresa sin Fines de Lucro,[14] para sugerencias más específicas de cómo hacer esto.

Observando las formalidades corporativas

Claramente los deberes de los directores son significativos. Aparte de cumplir con sus responsabilidades, la junta directiva necesita crear un registro de sus decisiones. Este registro debe documentar el hecho de que las decisiones de los directores fueron tomadas luego de considerar los factores pertinentes. La mayor responsabilidad y riesgo ocurre no cuando se toma una decisión errada después de considerarla como es debido, sino cuando no se tomó una decisión, cuando se tomó sin la consideración debida o, no fue apropiadamente documentada. Si existe la documentación apropiada de la decisión tomada (por ejemplo, en las minutas de las reuniones de la junta directiva), es improbable que una corte cuestione la decisión de la junta directiva.

Una empresa es una entidad aparte de los individuos involucrados con ella. Para recibir todos los beneficios asociados con hacer negocios en el formato corporativo, es importante para los directores, directivos y miembros el demostrar que las acciones en las que participaron fueron realizadas por y para la entidad

---

14 *Guidebook for Directors of Nonprofit Corporations*, 3ª ed., Asociación Estadounidense de Abogados (ABA), Sección de Leyes Comerciales (2012)

corporativa. El hecho que las acciones corporativas fueron la intención se demuestra más comúnmente por un juego completo de minutas corporativas, resoluciones de la junta directiva y contratos ejecutados en el nombre de la empresa por sus agentes debidamente autorizados. Si no se puede hacer una verificación de una acción corporativa debido a que los registros han sido pobremente mantenidos o son inexistentes, puede ser posible que se encuentre responsabilidad civil en las personas que han lidiado con los directores, directivos o miembros. A esto comúnmente se le conoce como "levantamiento del velo corporativo".

Un mantenimiento pobre de registros también puede poner en peligro el estatus exento de impuestos de la empresa sin fines de lucro, debido a que el IRS y las autoridades de impuestos estatal pueden solicitar pruebas de que la empresa está operando de manera consistente con su clasificación exonerada.

Acciones tomadas en reuniones formales o por consentimiento escrito. Debido a que los directores son agentes que actúan a nombre de la empresa, es muy importante que sus acciones estén de acuerdo con todos los requisitos legales y que sus acciones estén apropiadamente documentadas. Los directores solamente están autorizados a tomar acciones de dos maneras, en una reunión debidamente notificada en la que hay un quórum presente o por consentimiento escrito. La mayoría de los estados requieren un consentimiento escrito para que sea unánime, p. ej. firmado por todos los directores, ya que todos en la junta directiva tienen derecho y de hecho el deber de participar. Algunos estados permiten un consentimiento por escrito mayoritario.

La notificación de reuniones debe ser dada en la manera requerida por los estatutos corporativos y la ley corporativa estatal. Si no hay cuórum en una reunión de junta directiva, no se puede tomar ninguna acción válida, más que levantar la sesión.

Si se notifica, se debe entregar copia de la notificación junto con las minutas de la reunión de junta directiva y deben archivarse junto con las minutas en el libro de minutas corporativas. Si la reunión se lleva a cabo sin notificación, debe haber una dispensa de notificación y consentimiento a que se lleve a cabo la reunión, firmada por cualquier director que no participara en la reunión.[15] Si algún director objeta la falta de notificación, la reunión no se puede llevar a cabo hasta que se notifique apropiadamente.

---

15 Véase Formulario 3 (pág. 223) y Formulario 4 (pág. 225) para un ejemplo de Dispensa de Notificación y Notificación de Reunión.

A menudo hay debate respecto al grado de detalle que debe estar reflejado en las minutas de las actas corporativas. Las minutas son un registro de lo que se hizo, no lo que se dijo. En otras palabras, las minutas no necesitan (y probablemente no deban) ser una transcripción literal de cada palabra hablada en la reunión. En su lugar, las minutas deben documentar de manera precisa las acciones que fueron aprobadas en la reunión. También pueden presentar una descripción resumida de cualquier discusión preliminar, antes de la acción formal, que puedan ser necesarios para entender la naturaleza e intención del curso de acción aprobado. Una buena pregunta es si entenderías lo que ocurrió en la reunión si no asististe y solo tuviste la oportunidad de leer las minutas.

También debe hacerse notar que, especialmente en materia que involucra conflicto de intereses o aprobación en materia de compensación, puede ser necesario una documentación más completa (Refiérase a "Medidas cautelares" en la página 174.)

Otro asunto que es debatido a menudo es el mérito de hacer grabaciones de audio o video de las reuniones de junta directiva. El grabar las reuniones generalmente no es recomendable porque la grabación no sirve como el registro oficial de las actas y, sin embargo, la cinta estará disponible, con toda su discordia y errores en sintaxis para ser usado en actas de litigio. Si el secretario corporativo desea grabar las actas de la junta directiva con propósitos de asegurar precisión en la preparación de las minutas escritas, la empresa debiera adoptar una política que diga que se deben borrar las cintas una vez que las minutas escritas han sido leídas y aprobadas.

Si un director está en desacuerdo con las acciones aprobadas por la mayoría de la junta directiva, el director tiene el derecho de demandar que su desacuerdo sea anotado en las minutas. Un desacuerdo afirmativo de acciones pudiera proteger al director en desacuerdo de la responsabilidad civil en el caso que la acción de la mayoría resulte en alguna responsabilidad.

Usando la comunicación electrónica. Hoy en día, una cantidad significativa de negocios se hace vía comunicaciones electrónicas. Esto es cierto con las organizaciones sin fines de lucro también. Aunque debes revisar tus leyes estatales para ver si hay alguna limitación específica, generalmente es permisible el suministrar noticias vía correo electrónico e incluso tener reuniones usando la internet. Sin embargo, es importante que la reunión se lleve a cabo de manera que todos los directores se puedan comunicar unos con otros al mismo tiempo. *No es permisible* tener una cadena de correos electrónicos hablando de algún asunto y, concluir que se ha tomado una decisión. Tiene que haber una reunión debidamente convocada y notificada, donde se adopte una resolución o, la resolución debe ser específicamente redactada y firmada por cada director (nótese que puede ser enviada vía correo electrónico, firmada y enviada de vuelta).

Ausencia de responsabilidad civil (la "regla de la buena fe en el negocio")

"¿Así es que si hacemos todo esto," pregunta Sam, "quiere decir que no seremos responsables si algo sale mal? Por ejemplo, nuestra junta directiva recientemente aprobó establecer senderos a través de la reserva de las ardillas para que la gente pueda visitar. ¿Qué pasa si alguien sale herido?"

Con la excepción tal vez de responsabilidad por "transacciones con conflicto de intereses", si un director lleva a cabo su deber de acuerdo con los estándares discutidos anteriormente[16], él mismo normalmente no es responsable por alguna acción tomada o no tomada como director. Esta excepción a la que comúnmente se refiere como la "regla del juicio comercial" aplica incluso cuando las acciones u omisiones del director exceden o anulan el propósito de la empresa.

La regla del juicio comercial está enraizado en la idea de que los directores deben tener derecho a (y para poder administrar apropiadamente una iniciativa deben) ejercer un amplio rango de discreción en temas de administración corporativa y no deben estar sujetos a evaluaciones retrospectivas de sus decisiones por parte de las cortes. La regla se originó en el contexto de empresa de negocio donde los accionistas a menudo esperan que la administración tome riesgos de manera de maximizar ganancias.

A pesar que la búsqueda de ganancia generalmente está ausente de la organización sin fines de lucro, las justificaciones para la regla no son menos convincentes para los directores de empresa sin fines de lucro, debido a que el elemento de riesgo y la necesidad de que la organización opere de manera "comercial" están presentes para poder continuar en operación. De ahí que el concepto de que las decisiones de los directores no deben cuestionarse sin tener una base sustancial para hacerlo permanece relevante a las organizaciones sin fines de lucro. Frecuentemente, no será obvio cuál de varias decisiones alternativas terminarán siendo la mejor para avanzar la misión de la empresa.

Excepción por conducta agraviante. A pesar de la regla del juicio comercial, incluso si los directores hacen todo correctamente, pueden ser responsables. Por ejemplo, en California, la Corte Suprema encontró que la regla del

16 Sección 8.31 de la *Ley sobre el Modelo de Empresas sin Fines de Lucro*, 3ª Ed

juicio comercial no es un impedimento a la responsabilidad individual del director si el director participa en conducta dañina, incluso si el director actúa en su capacidad oficial. La Corte Suprema de

California encontró que un director podía ser individualmente responsable si: (a) el director específicamente autorizó, dirigió o participó en la conducta dañina; o (b) el director sabía o debió saber que una condición bajo el control de la junta directiva era arriesgada y podría causar daño; y (c) una persona prudente ordinariamente, poseedora del mismo conocimiento que el director, hubiera actuado de manera diferente. La corte también sostuvo que cualquier director que no votara a favor de la acción que causó daño tendría una defensa de responsabilidad civil.[17]

Muchas legislaturas estatales han intentado anular decisiones de la corte y extender alguna medida de protección a los directores de empresa sin fines de lucro. A menudo estas protecciones requieren que los directores sean voluntarios para que puedan ser efectivas; algunas requieren que haya un seguro o que haya una disposición incluida en los estatutos de la empresa antes que el estatuto estatal sea efectivo. Queda poco claro si alguno de estos estatutos probará ser efectivo en limitar la responsabilidad de los directores.

"¿Entonces, si nos pueden demandar aunque hagamos todo correctamente, qué protección tenemos?"

"Ahí es cuando entra en juego la indemnización y el seguro de responsabilidad civil de los directores y directivos ('D&O Insurance', por su nombre en inglés). Yo no trabajaría en la junta directiva de una organización sin fines de lucro que no tenga seguro de responsabilidad civil para los directores y directivos. Incluso si al final encuentran que tú no tienes responsabilidad, el costo de la defensa va a ser significativo. El seguro cubrirá estos gastos de defensa así como proveer protección en el evento que encuentren que la junta directiva hizo algo de lo que es responsable."

"¿A quién debo llamar?"

"Hay varias compañías de seguro que ofrecen el 'seguro D&O'. Aparte de esto, hay varias organizaciones sin fines de lucro que se han formado con el propósito de suministrar seguro asequible a organizaciones sin fines de lucro en algunos estados."[18]

....

17 Véase *Frances T vs. Village Green Owner Assn.*, 42 Cal.3d 490, 509-511 (1986).

18 www.insurancefornonprofits.org y www.nonprofitrisk.org

Cumplimiento de la ley

Jurisdicción estatal (fiscal general)

Debido a que los beneficiarios de cualquier empresa de beneficencia son individuos que nunca están específicamente definidos, sino que más bien son los propósitos los que hacen avanzar el bien público o que proveen beneficios a un segmento significativo del público en general, a menudo ninguna persona individual tiene suficiente interés económico para monitorear las actividades de la organización.

Incluso si un individuo tuviera el interés necesario y la habilidad financiera para supervisar las actividades caritativas de una organización, la mayoría de las leyes no da a los individuos el derecho de demandar a una beneficencia a adherirse a y llevar a cabo su propósito caritativo.

En consecuencia, la división encargada de hacer adherir a las beneficencias de un estado, que por lo general es la oficina del Fiscal General como guardián del bien público, tiene amplia autoridad supervisora para asegurar que este "fideicomiso de beneficencia" se lleve a cabo y que las organizaciones cumplen con otras leyes aplicables.

Muchos estados requieren que las organizaciones exoneradas sin fines de lucro presenten sus informes regulares con el Fiscal General del estado. Esto va a diferir de estado a estado así como el nivel de actividad de cumplimiento. En estados como Nueva York, Massachusetts, Pennsylvania y California el Fiscal General tiene una activa división de cumplimiento.

Jurisdicción federal

La principal agencia federal con responsabilidad sobre organizaciones sin fines de lucro es el IRS. Esto surge de las disposiciones del Código de Impuestos Internos (IRC) que establecen cuándo una organización es exonerada de impuestos y cuándo puede ser sujeto de impuestos.

Auditorías del IRS

"¿Por cierto, Sam, como le va a tu cuñado Joe? No he sabido de él por un tiempo."

"Está totalmente abrumado ahora mismo. El IRS ha estado auditando su organización y acusándolo de todo tipo de cosas. El IRS parece que piensa que él ha estado manejando la organización para beneficio propio, aunque es obvio que él está dando un beneficio extremadamente valioso a los niños a quienes sirve la organización. Yo nunca he visto tanto cambio en un niño antes de ver como él trabajaba con niños que nadie más tocaría."

"¿Él no está tratando de representarse a sí mismo, o si? Si lo está haciendo, está buscándose problemas. Como tú ya te has dado cuenta, el IRS habla un idioma diferente al del resto de nosotros. El hecho que la organización sin fines de lucro está haciendo cosas no significa que puedas pasar por alto alguna irregularidad que ocurre al hacerlo. Y si Joe está tratando de explicar su posición al IRS personalmente, sin entender la manera en que el IRS ha interpretado sus declaraciones, él pudiera estar cavando una zanja aún más profunda. Solo porque él está obteniendo buenos resultados con su operación no significa que él no ha violado alguna ley o que se haya involucrado en alguna actividad cuestionable."

Incluso aparte de hablar de los temas legales específicos que él enfrenta en la auditoría con el IRS hay varios pasos de procedimiento que Joe o su representante debe tratar de tomar:

1. En la medida de lo posible, mantener el proceso de auditoria "en la casa". Si el agente está hablando con Joe en lugar de con entidades externas, Joe va a poder responder cualquier pregunta y proveer los antecedentes necesarios o documentación de apoyo para tratar los temas que surjan. Además, Joe va a querer saber todo lo que el IRS sabe de su organización, lo que es difícil si el IRS está obteniendo su información de otra fuente. Joe debe entender, por supuesto, que el IRS puede ya haber obtenido información de otras fuentes y, que si Joe no produce la misma información, el IRS podría considerar esto un intento de esconder alguna irregularidad.

2. Joe necesita estar haciendo su propia auditoría de la organización para que pueda identificar los asuntos potenciales en los que el IRS pueda enfocarse. Él debe buscar no sólo asuntos que puedan estar en contra de la organización sino también cosas que puedan estar a su favor. Estos son puntos que Joe puede usar para negociar si es necesario. Sin embargo, Joe no debe esperar hasta que el agente haya concluido la auditoría para llamar la atención del auditor; si lo hace podría desencadenar otra serie de comprobaciones. Junto con esto, Joe no debe asumir que el IRS entiende cómo funciona su organización; parte del proceso de auditoría

es educar al agente del IRS acerca de la organización, sus actividades y cómo lleva los registros.

3. Determine quién va a trabajar con el agente. Esto es crucial. Joe necesita limitar quién trabaja con el agente lo más posible para mantener control sobre el proceso. Como parte de esto, Joe necesita estar detrás de todos con los que el agente habla y de lo que dicen junto con los documentos examinados. Esto, nuevamente no se hace para esconder información al IRS sino para mantener a la empresa informada del estatus de la investigación y para asegurarse que la persona que se comunica con el IRS entiende cómo trabaja la organización y puede responder preguntas acerca de la misma.

4. Sé honesto con el IRS.

5. Si vas a retener documentos porque son privilegiados, déjale saber al IRS que lo estás haciendo y por qué.

6. Si fuera necesario, reconcilia los libros con el Formulario 990 o con el Formulario 990T si es que se tiene que presentar. Si Joe no hace esto, entonces el agente lo hará, y él o ella podrían gastar tiempo examinando otros asuntos que de otra manera no serían revisados. Nótese que muchas auditorías son causadas por una mala preparación del Formulario 990.

7. Documenta todo lo que te solicite el agente y la manera en que responde la organización. Si la solicitud parece muy amplia, ve si puedes trabajar con el agente para reducirlo a lo que realmente quiere el agente. Al mantener registro de lo que solicita el agente y revisar los documentos entregados, se puede determinar las áreas de preocupación. De esta manera vas a poder manejar los asuntos de mejor manera e incluso suministrar documentos adicionales de manera voluntaria cuando éstos sean necesarios para que el agente entienda completamente la posición de la organización.

8. Sé consciente que las solicitudes de información que no tienen nada que ver con la responsabilidad de la organización usualmente las hacen los agentes que van detrás de terceras personas. No hay nada que Joe pueda o deba hacer para limitar esta revisión, ya que un agente siempre puede solicitar la información.

9. Los agentes pueden resolver asuntos basados en disputas sobre datos; tienen mucho menos autoridad para resolver asuntos que involucran una interpretación de la ley. Si la organización llega a un acuerdo con el agente, asegúrese que el acuerdo está basado en hechos y no en asuntos legales.

"Me voy a asegurar que Joe te llame de una vez," respondió Sam.

Desviación de fondos, beneficio personal, y medidas cautelares

Cumpliendo con su palabra, Sam llama inmediatamente a Joe después de salir de la oficina de Alvin. Joe, suficientemente amonestado por Sam, llama para establecer una cita con Alvin el siguiente día. Alvin le pide a Joe que traiga copia de toda la correspondencia que ha recibido del IRS, lo que les ha entregado y cualquier cosa que tenga que pudiera mostrar lo que el gobierno pensó que era el problema.

"Hola, Joe. Escuché que estabas teniendo un problema con el IRS. ¿Qué está pasando?"

"Bueno, ¿te acuerdas que mencioné que tenemos un fondo auxiliar que había acumulado una reserva relativamente grande? Me interesaba ver que por lo menos parte de él fue usado para avanzar en nuestros propósitos en lugar de mantenerlo todo invertido para el futuro."

"Lo recuerdo. ¿Qué pasó?"

"Cuando hablé con la junta directiva acerca del fondo auxiliar, ellos estuvieron de acuerdo en que no era necesario mantener todos los fondos en reserva y, transfirieron $100.000 al Hogar Joe para Niños Delincuentes. Cuando mi junta directiva lo estudió, decidieron que yo debería recibir un bono de $10.000."

"Joe, ¿estás en la junta directiva?"

"Pero por supuesto. Pero yo no voté sobre el bono."

"Eso es bueno. ¿Abandonaste la sala cuando la junta directiva discutió el asunto?"

"No. Debí haberlo hecho?"

"Hubiera sido una buena idea, incluso si no es legalmente requerido. Sin embargo, eso trae a colación otro asunto. ¿Tu empresa tiene una política de conflicto de intereses que delinea como manejar posibles conflictos? ¿Por ejemplo, participaste en la discusión acerca del bono?"

"Tenemos una política general en que los directores deben abstenerse de votar cuando hay un conflicto presente, pero no estoy consciente de que tengamos algún otro requisito. ¿Me estás diciendo que deberíamos desarrollar una política más comprensiva?"

"Yo ciertamente recomendaría que tu organización lo haga, Joe. ¿Así es que esto es lo que está cuestionando el IRS?"

"Es uno de los puntos. Tenemos otro problema también. Yo había estado presionando a la junta directiva de que tuviéramos un retiro para hacer un planeamiento serio y de largo plazo. Debido a que ahora teníamos fondos que no estaban comprometidos, la junta directiva decidió que deberíamos proceder y tener el retiro de la junta directiva, el cual tuvimos, durante un crucero a México. Cada miembro de la junta directiva trajo a su esposo o esposa y, lo hicimos un retiro/vacación de fin de semana para las familias. Pareció una buena idea ya que a veces hemos tenido problemas para que todos los miembros de la junta directiva se presenten a reuniones extras. Ahora el IRS afirma que tanto mi bono como los fondos gastados en el retiro son lo que ellos llaman un 'beneficio en exceso'; están demandando que tanto yo como la junta directiva devolvamos personalmente los fondos, y están hablando acerca de imponer sanciones mayores. También están auditando nuestros libros de los últimos tres años para ver qué otra cosa pudimos haber hecho por la cual nos puedan cobrar impuestos. ¿Qué hicimos mal y qué podemos hacer ahora? Pensé que los retiros de la junta directiva eran buenos."

"Los retiros de la junta directiva son buenos. Pero los gastos incurridos necesitan ser razonables y relacionados con los propósitos de la organización. Entonces tenemos conflicto de intereses y asuntos de medidas cautelares que necesitamos revisar. ¿Algo más?"

"No, creo que es todo."

"Muy bien. Empecemos con un repaso de la ley primero y luego resolvemos qué hiciste mal y qué podemos hacer para corregirlo."

Fundamento para revocación de exoneración

Probablemente las razón más común para que a una beneficencia le revoquen su estatus exonerado es por "beneficio personal" o "desviación de fondos", que ocurre cuando una actividad de la beneficencia resulta en que una persona no exonerada (sea una persona o una entidad) recibe un beneficio mayor que el valor recibido por la beneficencia por parte de esa persona. Ésta también parece ser el área que con mayor rapidez llega a las primeras planas de los periódicos.

Los beneficios han sido de preocupación principal para el Congreso como razón para una regulación mayor de las organizaciones exoneradas.

Como resultado, la compensación que se pague o los beneficios acumulados de los ejecutivos, empleados, directores y directivos deben ser cuidadosamente revisados.

La determinación de razonabilidad en la compensación así como qué beneficios son gravables al individuo son los mismos para organizaciones exoneradas como lo son para los negocios.

Cualquier beneficio privado recibido por un individuo además de ser razonable debe también ser incidental a los beneficios recibidos por la organización.

Conflictos de interés

Cuando un director está tomando una decisión en representación de la empresa, él debe estar velando por el mejor interés de la empresa en lugar del suyo propio. Cuando una decisión pudiera beneficiar o dañar al director personalmente, entonces se considera que el director tiene un conflicto de intereses. La ley estatal trata los asuntos de limitar y regular los conflictos de intereses.

Esto también se ha vuelto una preocupación particular para el IRS, especialmente al asegurar que los recursos de la beneficencia se usan para beneficio de su propósito caritativo en lugar de beneficiar principalmente a un individuo. Una manera de satisfacer la preocupación del IRS es de adoptar una política de conflicto de intereses. La presencia de una política de conflicto de intereses permitirá a la junta directiva tomar decisiones de manera objetiva sin influencia indebida de personas interesadas. Esto ayudará a asegurar que la organización cumple su propósito caritativo y que la compensación pagada es razonable.[19]

"¿Qué debe incluir tal política?"

"Esa es un buena pregunta, Joe. Una política bien redactada tomará en cuenta tanto la ley estatal como las recomendaciones del IRS. También debe tomar en cuenta los propósitos de la organización. Por ejemplo, un museo de arte podría querer incluir disposiciones concernientes a la adquisición de arte en el cual el museo tiene interés. Este tipo de disposición sería de poco uso para una escuela. Sin embargo, como mínimo la política de conflicto de interés debe requerir:

---

19 Véase *FY 1997 Exempt Organizations CPE Technical Instruction Program Textbook*, Chapter C, Community Board and Conflicts of Interest Policy, pp. 18-19, **www.irs.gov/Charities-&-Non-Profits/ Form-1023:-Purpose-of-Conflict-of-Interest-Policy**

1. Divulgación completa por parte de la persona interesada del potencial conflicto.

2. Procedimientos para determinar si el interés podría resultar en un conflicto de hecho (por ejemplo, el museo de arte podría decidir que no está interesado en una adquisición en particular).

3. Los procedimientos a seguir cuando la junta directiva considere y vote sobre asuntos que pueden involucrar conflictos de interés, tal como requerir a la persona interesada que deje la reunión durante la discusión de y votar sobre la transacción que involucra el conflicto; tal vez investigando alternativas que no involucran un conflicto; solicitar a una mayoría de directores interesados para que determinen que la transacción es en el mejor interés de la organización, y que será adoptada para su propio beneficio, que es justa y razonable a la organización; y es la escogencia más ventajosa; y determinar qué pasos son apropiados para corregir una situación donde la persona interesada viola la política de conflicto de intereses.

4. Procedimientos para documentar en las minutas de la junta directiva, el conflicto, qué pasos se tomaron para asegurar que el proceso establecido en el ítem 3 fueran seguidos y, quienes votaron por la transacción.

5. Procedimientos para asegurar que todos los directores, directivos y empleados clave están conscientes de la política y de acuerdo a adherirse a ella.[20]

"Incluso aparte de aplicar la política a situaciones de conflicto potencial, la organización sin fines de lucro debe revisar periódicamente sus actividades para asegurarse que está operando de manera consistente con su propósito caritativo y que no resulta en beneficio privado o beneficio personal impermisible."

"¿Nos puedes dar un ejemplo de una política de conflicto de intereses que podamos usar para desarrollar nuestra propia política?"

"Claro, Joe. Estaré feliz de hacerlo. Incluso si no ayuda directamente con la situación actual, si el IRS está convencido que tú estás tratando de operar correctamente, esto puede ayudar en nuestras negociaciones."[21]

....

20 *FY 1997 CPE Textbook Chapter C,* en 21-23

21 Véase Formulario 8 (pág. 233) para un borrador de política de conflicto de interés.

Medidas cautelares

"Esto nos trae a la siguiente área de la ley, que pudiera ser el cambio más importante en los últimos 30 años en el área de leyes sobre organizaciones sin fines de lucro o leyes filantrópicas —a lo que comúnmente se refiere como 'medidas cautelares.'"

"Si. Tú y el agente del IRS ambos se refirieron a las medidas cautelares, pero no estoy seguro de qué significa."

"Solía pasar que si una organización exonerada operaba para beneficiar a una persona particular, el único remedio que el IRS tenía era revocar el estatus exonerado de la organización. Esto a menudo no penalizaba a los infractores sino que de hecho lastimaba a los beneficiarios quienes ya no podían recibir servicios de parte de la organización cuyo estatus exonerado fue revocado. Así es que en 1996, el Congreso adoptó una ley que daba una alternativa o un paso intermedio a la revocación del estatus exonerado de una organización.[22]

"Como resultado, el IRS puede imponer penas a ciertas personas que se benefician de manera inapropiada de las transacciones con una organización exonerada. La pena es impuesta directamente sobre la persona que se beneficia de la transacción en lugar de la organización.

"El concepto básico es que si hay alguien que está o ha estado en los últimos cinco años en posición de influir sustancialmente en la organización (eso te incluye a ti, Joe) y recibe un 'beneficio excesivo'—esto es, más de lo que la persona tiene derecho a, basado en lo que él o ella provee a la organización— esa persona debe reembolsar el beneficio excesivo (más intereses) junto con una pena del 25 por ciento del beneficio en exceso. Además, si el beneficio en exceso (más intereses) no se paga de manera oportuna, el IRS puede imponer una pena adicional del 200 por ciento. Aún más, cualquiera que aprobara el beneficio, incluso si la persona que aprobó no recibió ni un cinco, está sujeto a una penalidad de 10 por ciento del beneficio, hasta $20.000 por transacción."

"¿Entonces, si deciden que mi bono de $10.000 es un beneficio excesivo, yo tendré que reembolsar el bono completo?"

"Más intereses."

"¿Y también tendré que pagar una pena de $2.500?"

"A no ser que la pena sea anulada."

"¿Y la junta directiva tendrá que pagar una pena de $1.000?"

---

22 Véase The *Taxpayer Bill of Rights 2*, que agregó la sección 4958 al Código de Impuestos Internos.

"Es correcto."

"¿Y si yo no tengo $12.500 para reembolsar inmediatamente, el IRS me cobrará $20.000?"

"Si. Y esos $20.000 serían adicionales a los $12.500 que pagarías tú y los $1.000 que pagaría la junta directiva."

Joe respira profundamente.

"Entonces todo este asunto es más serio de lo que pensé. No tenía idea que tenían ese poder."

"Tú no eres el único, Joe. A pesar que el IRS ha tratado de hacer esto público, mucha gente que trabaja con organizaciones exoneradas aún no están conscientes de esta ley. Y mi resumen anterior es muy simplista; ha habido por lo menos un libro entero escrito sobre medidas cautelares."[23]

"Tu dijiste que yo era, ¿cómo se llama? ¿Alguien con influencia sustancial?"

"Si. Cualquiera con influencia sustancial es lo que se llama ´persona descalificada´. Tú, como director ejecutivo jefe, estás automáticamente descalificado al igual que tu gerente financiero y tu junta directiva, además de tus familiares. Si eres dueño de más del 35 por ciento de la compañía, esa compañía también estará descalificada.

"Otra gente podría también estar descalificada basado en hechos y circunstancias, por ejemplo, incluso si no fuiste un directivo o director, podrías estar descalificado porque fuiste el fundador de la organización o un contribuyente sustancial.

"Debe hacerse notar que lo opuesto también aplica: si alguien no está descalificado, no será sujeto de medidas cautelares, incluso si el monto que le pagan es claramente irrazonable, aunque pudiera haber otros modos de ir tras él."

"¿Si soy una persona descalificada, quiere eso decir que cualquier cosa que reciba estará sujeto a medidas cautelares?"

"Tu aún puedes ser remunerado. Pero tu compensación, incluyendo muchos de los beneficios debe ser razonables. Si tu compensación excede lo que es razonable, entonces las penas por medidas cautelares aplican al exceso."

"¿Pero estoy en riesgo de que el IRS encuentre *cualquier* cosa que yo haga irrazonable?"

Puerto seguro. "Hay pasos que puedes tomar, Joe para que tu compensación calce en lo que a veces se llama 'puerto seguro'. Este puerto seguro es-

---

23 Véase Bruce Hopkins, *The Law of Intermediate Sanctions*, 2003, John Wiley & Sons, Inc.

tipula que si ciertos requisitos se cumplen, entonces el asunto depende de que tú pruebes que tu compensación es razonable y, al IRS le corresponderá probar que la compensación es irracional. El puerto seguro requiere tres pasos:

1. Aprobación por parte de una junta directiva imparcial. Una junta directiva o comité de la junta directiva que está compuesto en su totalidad por personas no relacionadas a ti y no sujetas a tu control deben aprobar el acuerdo. Debido a que tú eres un director, no debes participar en la decisión respecto a tu salario (aunque puedes participar en decisiones acerca de otros asuntos). Te puedes reunir con otros directores para contestar preguntas, pero debes abstenerte del resto de las discusiones y no estar presente durante el debate y votación sobre la transacción o acuerdo de compensación. Para que el puerto seguro esté disponible, la decisión por parte de la junta directiva o comité desinteresado debe hacerse cuando se haga el pago o antes.

2. Basado en Valoración Independiente. La junta directiva o comité debe obtener y confiar en la información objetiva externa para determinar que un acuerdo es razonable. Por ejemplo, podrías ver la compensación que pagan otras organizaciones similares (sea que impongan o que nó) para puestos similares, estudios independientes de compensación compilados por firmas independientes, ofertas escritas a la persona descalificada de instituciones similares y, estimaciones independientes de cualquier propiedad que sea sujeto de la transacción. Si tu organización tiene facturas brutas anuales de menos de $1 millón, se puede basar en datos de compensación pagados por cinco organizaciones comparables en las mismas o similares comunidades para servicios similares. Está claro que puedes ver lo que se paga en entidades por lucro así como sin lucro, de manera de determinar lo que es razonable.

3. Documentación adecuada. La decisión debe estar adecuadamente documentada, con la base para determinar razonabilidad claramente definida. Las minutas deben describir: a) los términos de la transacción y la fecha en que fue aprobada; b) los directores presentes durante el debate y, quienes votaron; c) los datos comparables obtenidos y en los que se confió y cómo se obtuvo y, d) cualquier acción tomada por cualquiera directores quienes tenían

un conflicto de intereses concerniente a la transacción (por ej. se abstuvieron de la reunión). Si la junta directiva determina que una compensación razonable al valor justo de mercado es mayor o menor que los comparables obtenidos, la base para esta determinación debe quedar registrada. Las minutas de la reunión deben ser preparadas para que estén disponibles para la siguiente reunión de la junta directiva y, deben ser revisadas y aprobadas por la junta directiva como razonablemente precisas y completas dentro de un marco de tiempo prudencial después de eso.

"Si se toman estos pasos, entonces el IRS para prevalecer tendrá que proporcionar información adicional para mostrar que la compensación no fue razonable o que la transferencia no fue a un valor de mercado justo."

"Pero esto no aplica a mi situación actual, debido a que no seguimos un estudio de salarios."

"Correcto. Para tu situación actual, depende de nosotros probar que tu paquete de compensación total, incluyendo este bono, fue razonable."

"Muy bien, ahora de vuelta a mi junta directiva. Tu dijiste que podrían ser responsables incluso si ellos no recibieron ningún dinero."

"El término que la ley utiliza para una persona que puede tener este tipo de responsabilidad es gerente de organización. Un gerente de organización es cualquier directivo, director, fideicomisario o persona que tiene poderes similares o responsabilidades, independientemente de su título. Una persona es un directivo si específicamente fue designado amparado a los reglamentos o estatutos de la organización, o si él o ella regularmente ejercen una autoridad general para tomar decisiones administrativas o decisiones de política para la organización. Si una persona sólo da recomendaciones, pero no puede implementar decisiones sin la aprobación de un superior, esa persona no es un directivo. Un gerente de administración que participa en una transacción de beneficio excesivo, a sabiendas que es tal transacción, es responsable por penas, a no ser que la participación no fuera deliberada y, se debiera a causa razonable."

"¿Entonces si se hubieran apoyado en una encuesta de salarios, no serían responsables?"

"Si ese apoyo fue razonable (si no tenían razón de desconfiar de la información), entonces estás en lo correcto, ellos probablemente no tendrían la responsabilidad."

"¿Esto aplica a todas las organización sin fines de lucro? Yo recientemente estuve de acuerdo en servir en la junta directiva del YMCA local. ¿Hay responsabilidad potencial para mi debido a esto?"

"Sí, Joe. Esta ley aplica virtualmente a todas las organizaciones 501(c)(3) y 501(c)(4), aparte de otras fundaciones privadas (que están sujetas a su propia tasa e impuestos sobre bienes específicos)."

Beneficios a la junta directiva. "Creo que voy a tener que convocar a una reunión especial de la junta directiva para hablar de todo esto. No creo que nadie en nuestra junta directiva esté consciente de la responsabilidad potencial."

"Bueno, antes que hagas eso, hablemos de ese retiro de la junta directiva que tuviste."

"Sí, claro, nuestro crucero a México."

"¿Cuánto costó el crucero, por persona?"

"No recuerdo el monto exacto, pero creo que fue $1.250 por pareja."

"Lo que quiere decir que el beneficio para cada esposo(a) fue de $625."

"Correcto, pero debo interponer aquí que el valor suministrado por cada director es mucho mayor que el valor del crucero. Ciertamente si lo miramos desde la base de compensación razonable, no se debería cuestionar la razonabilidad."

"Joe, ¿cuándo tomaron el crucero?"

"Cerca de fines del año pasado."

"¿Informaste del valor del crucero, o por lo menos esa porción pagada por cada esposo, como compensación a cada director?"

"Por supuesto que no. No se les estaba pagando."

"El problema, Joe es que si hubo compensación pagada, incluso si de otra manera fuera razonable y, esa compensación no fue reportada cuando debió haberlo sido, será automáticamente considerada como un beneficio excesivo. Aunque puedes ser capaz de argumentar que el monto pagado para que los directores asistieran al retiro fue un gasto de negocio razonable a la organización sin fines de lucro, ha sido claramente establecido que el viaje de esposos no es deducible como gastos de negocio. De ahí que el monto recibido por cada director que se debió reportar fueron los $625 pagados por cada esposo (a). Cualquier monto de compensación superior a los $600 para alguien que no es empleado debe ser reportado en un Formulario 1099. Debido a que no hiciste esto, termina cayendo en la categoría de beneficio excesivo."

"Entonces, ¿qué debemos hacer?"

"Mi recomendación sería que cada director reembolse inmediatamente a la empresa los $625 del viaje del esposo(a). En este punto, el IRS está más preocupado de que la organización cumpla. Si haces esto, podrías incluso lograr que te condonen la pena, aunque no es seguro."

"Bueno, a mi junta directiva no le va a gustar escuchar esto. ¿Tienes alguna otra buena noticia para mí?"

"Creo que es todo por ahora, Joe. Déjame saber si tienes alguna otra pregunta o si puedo ayudar a explicar algo de esto a la junta directiva."[24]

Protección legal para directores

"Tengo otra pregunta," dice Sam en su próxima reunión con Alvin.

"Bueno, Sam, me imaginé que era por eso que estabas aquí. ¿Qué puedo hacer por ti hoy?"

"Le dije a mi junta directiva que teníamos que comprar seguro de responsabilidad civil para directores generales y directivos y Bill, quien sirve como tesorero dijo que él pensaba que no era necesario. Dijo que había leído un artículo que mencionaba una ley federal que protege a los voluntarios y que la mayoría de los estados tienen leyes que protegen a los voluntarios también. Él piensa que no vale la pena gastar el dinero en seguro si ya estamos protegidos. El otro director estuvo de acuerdo con él. Yo sé que piensas que el seguro es importante, por lo que me imagino que sabrás si él está en lo correcto."

Leyes de protección al voluntario

"Bill está en lo correcto en cuanto a que existen tales leyes. Está equivocado si él piensa que esas leyes son adecuadas para protegerte de toda responsabilidad civil.

"La Ley de Protección al Voluntario de 1997 fue promulgada por el Congreso de los Estados Unidos (111 Stat. 218). Como ocurre con leyes estatales similares, el propósito de esta Ley es de limitar las demandas en contra de voluntarios que sirven en organizaciones sin fines de lucro y agencias gubernamentales. La ley fue promulgada en respuesta a que varios voluntarios se estaban retirando del servicio a organizaciones sin fines de lucro debido a la preocupación

---

24 Para más información acerca de medidas cautelares, véase

runquist.com/2014/03/intermediate-sanctions-new-regulations/

Véase también Bruce Hopkins, *The Law of Intermediate Sanctions*, John Wiley & Sons, Inc., 2003.

de un posible litigio. Al limitar las demandas en contra de los voluntarios, se pensó que aumentaría el número de voluntarios promocionando así la capacidad de las organizaciones sin fines de lucro y entidades gubernamentales de proveer servicios a un costo razonable."

¿Quién es un voluntario? Amparado a la Ley, un voluntario es cualquiera que 1. ejecuta un servicio, 2. para una organización sin fines de lucro y, 3. sea que reciba ninguna compensación (puede ser reembolsado por gastos incurridos) o, no recibe nada de valor en lugar de una compensación que exceda los $500 por año. La pregunta de compensación no siempre queda clara, particularmente cuando el voluntario recibe beneficios incidentales tales como comidas o cuido de niños.

¿Cuándo recibe protección un voluntario? La Ley provee que si un voluntario cumple con ciertos criterios,[25] él o ella tiene defensa completa a una acción y no tiene responsabilidad civil. Incluso cuando el voluntario no cumple

....

25 Los siguientes criterios se deben cumplir:

El voluntario estaba "actuando dentro del ámbito de las responsabilidades del voluntario" en la organización al momento del acto u omisión. En muchas organizaciones el ámbito de las responsabilidades del voluntario no está claramente definida. A veces la organización ni siquiera sabe qué hace el voluntario. ¿Debe la organización autorizar específicamente al voluntario a desempeñar servicios particulares antes que aplique la ley?

El voluntario está correctamente certificado, tiene una licencia o está autorizado por las autoridades propias del estado para las actividades dadas, si tal es "apropiado o requerido". Los requisitos de licencia estatal son claros y fácilmente definibles, Sin embargo, queda poco claro qué significa licencia "apropiada".

El voluntario no es culpable de mala conducta deliberada o criminal, negligencia grave, mala conducta evidente o, "una indiferencia flagrante consciente a los derechos o seguridad del individuo lesionado." Para demandar a un voluntario uno sólo necesita alegar indiferencia por parte del voluntario a los derechos o seguridad del individuo lesionado, incluso si el voluntario no tenía ningún deber de estar atento por el individuo y que no hiciera nada para causarle daño.

El daño no fue causado por la operación de un vehículo. Aunque esto generalmente se anticipa a las leyes estatales, el estado puede también imponer condiciones específicas adicionales.

con estos criterios, él o ella pueden aún tener alguna protección a cambio de premios no económicos y daños punitivos, siempre y cuando el voluntario no se haya involucrado en ciertos tipos de conducta prohibida.[26]

Sin embargo, la Ley no prohíbe las demandas; en el mejor de los casos proporciona una defensa para el voluntario si es que es demandado. Además la ley no aplica a un recurso interpuesto por la organización en contra del voluntario ni limita la responsabilidad civil de la organización misma, en la medida que es responsable por la acción del voluntario.

La intención de esta ley es encomiable. Desafortunadamente, la ley es poco probable que proporcione protección significativa para los voluntarios. Cualquier régimen legal que meramente limite la responsabilidad civil no disminuirá las demandas. Las demandas en contra de los voluntarios se evitarán solo al grado que un estatuto prohíba demandas en contra de los voluntarios y transfiera toda la responsabilidad por la conducta del voluntario a la organización. No va a escudar a los voluntarios del tiempo, los gastos y el agravio de defenderse de una demanda, incluso si a la larga la ley impide un juicio. En el peor de los casos, la ley podría guiar a un demandante en cómo redactar técnicamente una causa de acción adecuada, permitiendo así que la causa sobreviva a posibles impugnaciones legítimas, temprano en una demanda y enredando a voluntarios en litigaciones costosas y alargadas.

Leyes estatales que limitan la responsabilidad civil

"Además de la Ley de Protección al Voluntario, la mayoría de los estados tienen una disposición que pretende limitar la responsabilidad civil de los directores de organizaciones sin fines de lucro," apunta Alvin. "Sin embargo, estos estatutos nuevamente hacen tanto daño como hacen bien, al:

1. darle a la beneficencia el sentimiento de inmunidad cuando es posible que no exista, y

---

26 Conducta prohibida que excluirá cobertura por la Ley son mala conducta por parte del voluntario, 1. que constituya un crimen de violencia o terrorismo por el cual el voluntario ha sido condenado, 2. que constituya un crimen de odio (no es necesario una condena), 3. que involucre una ofensa sexual por la cual el voluntario ha sido condenado, 4. donde se encuentra al voluntario (no se indica por quién) de haber violado una ley de derecho civil, 5. donde el voluntario estaba bajo la influencia de drogas o alcohol (no hay definición de "bajo la influencia").

2. dar una hoja de ruta de lo que necesitan alegar a cualquiera que
   los demande.

"Estos estatutos no impiden que la demanda se presente, incluso si en última instancia resulta que los directores están protegidos por el estatuto. Debido a que mucho del costo de la demanda está en la defensa, a menudo hay un monto grande de honorarios que se adeudan al abogado, incluso si ganas. Y, por supuesto, no hay garantía de ganar.

"Veamos, por ejemplo, en la ley de Florida,[27] para ver cómo funciona. El estatuto comienza diciendo:

(1) Un oficial o director de una organización sin fines de lucro reconocida al amparo de 501(c)(3), o 501(c)(4), o 501(c)(6) del Código de Impuestos Internos de 1986, en su forma enmendada o, de una organización agrícola u hortícola reconocida al amparo de 501(c)(5) del Código de Impuestos Internos de 1986 en su forma enmendada, no es personalmente responsable por daños monetarios . . .

"Nótese la inserción de 'monetario' que implicaría que podría haber daños no monetarios por los cuales el director podría ser considerado responsable.

a cualquier persona por cualquier declaración, voto, decisión o falla en actuar, respecto a la administración organizacional o política por parte de un oficial o director . . .

"Si yo estuviera demandando, una de las primeras cosas que alegaría es que el asunto decidido por el oficial o director que causó el daño no tenía nada que ver con ´administración organizacional o política´, lo que sea que eso sea."

a no ser . . .

"Oh, sí. El 'a no ser'. Esto quiere decir que hay algo más por debajo que puedo alegar en favor de mi cliente."

(a) El oficial o director incumplió o falló en desempeñar sus deberes como oficial o director; y

27 Véase *Estatutos de Florida*, Sección 617.0834.

(b) El incumplimiento del oficial o del director o la falla en desempeñar sus deberes constituye:

1. Una violación a la ley criminal, a no ser que el oficial o director tuviera causa razonable para creer que su conducta era legal o no tenía causa razonable para creer que su conducta fuera ilegal. Un juicio u otra adjudicación definitiva en contra de un oficial o director en cualquier proceso penal por violación de la ley criminal, impide al oficial o director impugnar el hecho de que su infracción o falla en el desempeño constituye una violación de la ley criminal, pero no impide al oficial o director el establecer que él tenía causa razonable para creer que su conducta era legal o no tenía causa razonable para creer que su conducta era ilegal;

"Bueno, digamos que yo estaba representando a un cliente que alegaba acoso sexual, incluido tocamiento no deseado. Eso sería agresión bajo la ley criminal y, esos directores que lo permitieron —¿tal vez estaban ayudando e incitando?"

2. Una transacción de la cual el oficial o director obtuvieron un beneficio personal inapropiado, sea directa o indirectamente; o . . .

"¿Qué es un beneficio personal ´inapropiado´? ¿Se opone esto a un beneficio personal apropiado?"

3. Imprudencia o un acto de omisión que fue cometido de mala fe o con propósito malicioso o de manera caprichosa y deliberada indiferencia hacia los derechos humanos, la seguridad o la propiedad.

"Esta es la disposición que aguanta cualquier cosa. Mientras yo declare imprudencia o mala fe o propósito malicioso (que por supuesto tenían, si fueron tan insensibles de permitir que mi cliente saliera lesionado) o deliberada indiferencia hacia la seguridad y bienestar de mi cliente, yo siempre puedo quedarme en la corte. No es factible que te salgas con una excepción ni siquiera con una moción de juicio sumario.

"El punto de esto es ilustrar que, como lo dije antes, ninguno de estos estatutos que limitan la responsabilidad civil prohíben las demandas, (lo que quiere decir que aún tienes que pagar por la defensa, incluso si terminas ganando), las áreas donde las demandas son posibles que sucedan son excluidas a menudo y, la ley podría simplemente proveer un esquema para cualquiera que quiera demandar. De ahí que, tanto las disposiciones de indemnización y el seguro de responsabilidad civil para directores y oficiales (nuevamente, que cubre las áreas de posible demanda) serían muy aconsejable que los tenga una empresa."

Indemnización

"Muy bien," dice Sam, "eso nos trae al siguiente ítem. Nuestro tesorero Sam señaló a la cláusula en nuestros estatutos que dice que la empresa indemnizará a los oficiales y directores. Yo creo que eso quiere decir que si nos demandan, la empresa nos defenderá, en lugar de tener que confiar en seguros."

"Sam, ¿cuánto dinero hay en el fondo general de Salve a las Ardillas ahora mismo que pudieras utilizar para este propósito sin afectar tus programas?"

"Cuando lo pones de esa manera, no mucho."

"Generalmente, los estatutos de indemnización contienen disposiciones de indemnización tanto obligatorias como permisivas. Aunque las disposiciones obligatorias son efectivas incluso si no hay un vocabulario que permita la indemnización en los estatutos, las disposiciones permisivas son generalmente efectivas solamente si la junta directiva las aprueba. Al tomar esto en cuenta por adelantado en los estatutos (esto es, proveer por indemnización en la mayor medida permitida por ley), te estás asegurando que la junta no vote en contra tuyo cuando necesites la indemnización.[28]

"Pero la indemnización sólo es buena en la medida que la organización lo es. Si la organización no tiene recursos, entonces su promesa de indemnizar no tiene valor. Más aún, debe haber una constatación positiva de que tienes derecho a la indemnización, ésta constatación debe ser hecha por una mayoría de directores imparciales. Si una mayoría de los directores están siendo demandados, entonces obtener aprobación de una mayoría de directores imparciales se vuelve imposible. Más aún, el demandante puede declarar hechos que si son ciertos, prohibirían a la empresa indemnizar al director y los estatutos del estado pueden requerir del director que se defienda (exitosamente) de tal acción antes que se ordene un reembolso o que incluso éste sea permisible.

"Incidentalmente, la mayoría de las demandas en contra de directores involucran temas de empleo (despidos ilícitos, discriminación, acoso sexual, etc.) por lo que debes asegurarte que cualquier póliza de seguros para directores y oficiales cubre el asunto."

....

28 Las disposiciones de indemnización varían de estado a estado, por lo que deberías asegurarte que tus disposiciones son consistentes con la ley de tu estado.

Empleados y voluntarios

"Es gracioso que lo menciones," comentó Sam. "Hace poco tuvimos que dejar ir a nuestra secretaria. Continuamente llegaba tarde, vestía de manera inapropiada, masticaba chicle mientras hablaba por teléfono, y fue grosera con uno de nuestros donantes. La reemplazamos con alguien que ha estado llegando temprano al trabajo, viste de manera agradable, se presenta, y realmente parece interesada en el propósito de la organización. Ayer recibimos una carta de un abogado respecto a la secretaria que dejamos ir, alegando despido injustificado y discriminación por edad. Es cierto que la primera persona era mucho mayor que la segunda que contratamos, pero realmente no discriminamos en base a la edad. ¿Ahora qué hacemos?"

"¿Le hicieron advertencias antes de despedirla?"

"Bueno, cada vez que llegaba tarde yo la confrontaba y le decía que tenía que ser puntual. Una vez que estaba vestida como si fuera a ir a la playa, la envié a su casa a cambiarse. Pero en realidad fue su manera de ser grosera con un donante lo que rebasó el vaso. Cuando esto sucedió, la despedí el mismo día."

"¿Alguna de las advertencias fue por escrito?"

"Ella no había estado el tiempo suficiente como para hacerle una revisión formal."

"¿Había alguien más presente cuando le diste las advertencias formales?"

"Generalmente lo hice en mi oficina, por lo que adivino que no."

"Sam, te voy a referir con un abogado de trabajo que se especializa en este tipo de leyes para que te defienda. La buena noticia es que tu estado es un estado 'a discreción'—puedes contratar y despedir a cualquiera por cualquier motivo en cualquier momento. Pero necesitas entender que, debido a que ninguna de tus advertencias fue por escrito, si estás basando tu decisión en estos varios factores que mencionaste, será tu palabra contra la de ella. Incluso con el donante —¿la escuchaste a ella ser grosera?"

"No, el donante me lo dijo. Él estaba muy molesto por la forma en que fue tratado."

"Entonces, incluso en esa oportunidad, es la palabra del donante contra la de ella. Ella puede sostener que el la malinterpretó, o que ella no lo hizo —que al donante ella sencillamente no le agradaba. El asunto en resumidas cuentas es documentar, documentar, documentar."

¿Cómo debes tratar a tus empleados?

El área en el que los directores y oficiales de organización sin fines de lucro van a ser demandados con mayor probabilidad es el área de leyes de trabajo —tales asuntos como despido injustificado, acoso sexual y discriminación. Muchas veces aquellos operando una organización sin fines de lucro han pensado que simplemente le estaban haciendo un favor a un individuo al pagarle a él o a ella por realizar trabajos ocasionales, solo para descubrir que las cortes estaban dispuestas a otorgar al individuo un estatus de empleado y otorgarle a él o ella los beneficios más allá de lo que la organización sin fines de lucro anticipó.

Una organización sin fines de lucro no está exenta de la mayoría de leyes concernientes a empleados. Por ejemplo, la organización debe retener impuestos por ingresos e impuestos por concepto de Seguridad Social a los salarios, y pagar los montos retenidos junto con la contribución del empleador al gobierno estatal y federal de manera regular; debe cumplir con los requisitos de carteles de trabajo; debe pagar salarios mínimos a sus empleados; debe proveer un ambiente seguro de trabajo; y, dependiendo del número de empleados podría estar requerido a suministrar ciertos beneficios tal como permiso por maternidad y permiso familiar a sus empleados. Un análisis (de hecho, incluso un resumen) de lo que son estas leyes y cómo aplican a una organización en particular está más allá de nuestro propósito; cualquier organización sin fines de lucro que contrate empleados debe tomar los pasos necesarios para aprender lo que estas leyes son y cómo cumplir con ellas. Aunque puede haber algunas diferencias con aquellas entidades con fines de lucro (especialmente con organizaciones religiosas), todos los empleadores deben tratar a sus empleados de la manera que lo requiere la ley.[29]

Habiendo dicho esto, hay algunos problemas que son más posibles que ocurran con organizaciones sin fines de lucro. Por ejemplo, un problema común son las organizaciones sin fines de lucro que tratan a sus empleados como "parte de la familia". Esto puede resultar en olvidar hacer evaluaciones periódicas de los empleados (debe hacerse por lo menos anualmente). O si las evaluaciones se hacen, se registra de manera positiva en lugar de reflejar las áreas que necesitan cambios. El resultado es que cuando la persona finalmente es despedida, no

---

29 Hay leyes de trabajo tanto federales como estatales de las cuales la organización sin fines de lucro debe estar informada. Es importante conocer qué proveen tus leyes estatales, ya que éstas a menudo son más estrictas que los requisitos federales y pueden resultar en responsabilidad civil significativa al empleador si son violadas.

hay documentación escrita que sustente los reclamos del empleador de que el empleado estaba consistentemente tarde, no realizaba su trabajo de manera apropiada, y no daba seguimiento en las áreas que necesitaban mejoras. En leyes de trabajo, tal vez más que en cualquier otra área, como lo está descubriendo Sam ahora, es importante recordar que si no está escrito, no existe (o por lo menos va a ser difícil de probar).

Otro problema que tal vez es único de las organizaciones sin fines de lucro es que pueden esperar que el empleado "sienta como suya" los valores fundamentales de la organización. Esto puede resultar en más involucramiento en la vida del empleado de lo que es legalmente permisible. Generalmente, la organización no tiene control sobre las actividades en las cuales el empleado se puede involucrar fuera de horas de trabajo a no ser que esas actividades afecten directamente a la organización misma.[30]

Política de acoso sexual

"Alvin, mencionaste el acoso sexual. ¿Legalmente necesitamos una política de acoso sexual? Yo sé que en el lugar donde trabajo tienen uno pero no parece tan importante cuando solo tenemos unos pocos empleados."

"Sam, la pregunta apropiada no es, ¿legalmente necesitamos tal política?, sino '¿Si no tengo tal política incrementa eso mi riesgo de ser demandado, o de perder la demanda si ésta surge?' La respuesta a la segunda pregunta, incluso si solo tienes cinco empleados, es *¡SI!* El propósito de que tu organización tenga tal póliza es de reducir la posibilidad de ser demandado y de darte algún tipo de defensa si es que te demandan. De hecho, incluso si no tuvieras empleados, sería apropiado tener una política de acoso sexual porque:

1. algunos de tus voluntarios podrían ser considerados empleados; y,

2. incluso si son realmente voluntarios, podrían aun así presentar demandas de acoso sexual en contra de la organización.

....

30 Las iglesias son una excepción posible a esta declaración; podría requerir que todos los empleados se adhieran a sus doctrinas. Véase Capítulos 5 y 6, *Guide to Representing Religious Organizations*, Asociación de Abogados Estadounidense (ABA) (2009).

"La política debe aplicar a tus empleados, a tus voluntarios e incluso también a tus integrantes (ha habido algunos casos donde las escuelas han sido demandadas debido a acoso sexual entre estudiantes)."

Empleados vs. contratistas independientes

"Entonces, debido a los problemas potenciales con los empleados, Bill sugirió que tal vez queramos tratar a todos como contratistas independientes. ¿Ayudará eso?"

"No, Sam. Eso probablemente te va a dar aún más problemas. Alguien debe ser realmente un contratista independiente para ser clasificado como tal. Por ejemplo, los contratistas independientes normalmente son capaces de controlar cómo, dónde y cuándo realizan servicios para ti, siendo la única preocupación tuya, el resultado final. Si tú controlas al individuo, incluyendo cuándo, dónde y cómo ella hace su trabajo, esa persona va a parecer como un empleado. Si ella parece un empleado, entonces tienes que tratarla como empleada."

Siempre que una organización sin fines de lucro es auditada, el IRS revisará el asunto de la clasificación errónea de los empleados. La Oficina de Auditoría del Gobierno Estadounidense (GAO) ha estimado la pérdida de miles de millones de dólares anuales como resultado de la clasificación errónea de empleados como contratistas independientes.[31]

Y un estudio del Departamento de Trabajo del año 2000 encontró que 10 al 30 por ciento de las firmas auditadas clasificaron erróneamente por lo menos a algunos empleados.[32]

Si tu organización exonerada tiene individuos que son pagados como contratistas independientes, debes revisar con cuidado esta área y determinar si, siguiendo los lineamientos de la ley común los individuos realmente califican como contratistas independientes. Si un individuo no es claramente un contratista independiente, la organización puede ser desafiada en esta área.

---

31 Testimonio de la Oficina de Auditoría del Gobierno Estadounidense ante el Subcomité en Supervisión, Comité de Métodos y Procedimientos refleja pérdidas estimadas de $1.6 miles de millones en 1984, de $2.3 miles de millones en 1987 y de $3.3 miles de millones en 1992. Véase GAO-T-GGD-196-130, en 5.

32 *Employee Misclassification: Improved Coordination, Outreach, and Targeting Could Better Ensure Detection and Prevention*, GAO-09-717: Publicado el 10 de agosto de 2009. www.gao.gov/assets/300/293679.pdf

El lugar para comenzar un análisis de si un individuo debe ser tratado como un empleado sería con la prueba del empleado de hecho, adoptada por el Departamento del Tesoro:

Generalmente, la relación entre empleador y empleado existe cuando la persona para la cual se realizan los trabajos tiene el derecho de controlar y dirigir al individuo que realiza los servicios, no sólo el resultado sino también respecto a los detalles y medios por el cual ese resultado se obtiene. Eso es, un empleado está sujeto al deseo y control del empleador no sólo en cuanto a lo que hay que hacer sino cómo se debe hacer. En esta conexión, no es necesario que el empleador dirija o controle la manera en que se realizan los servicios; es suficiente si tiene el derecho a hacerlo. El derecho a despedir también es un factor importante indicando que la persona que posee ese derecho es un empleador. Otros factores característicos de un empleador, pero no necesariamente presentes en cada caso, son el suministro de herramientas y de un lugar de trabajo al individuo que realiza los servicios. En general, si un individuo está sujeto al control o dirección de otro meramente respecto al resultado esperado por el trabajo y no de los medios y métodos para obtener el resultado, él no es un empleado. [33]

En casos dudosos, la determinación se hará luego de un examen de los hechos particulares de cada caso.

Hechos que dan evidencia del grado de control e independencia caen dentro de tres categorías: control del comportamiento, control financiero y el tipo de relación de los involucrados. [34]

El control de comportamiento incluye:

1. Instrucciones tales como:
   - Cuándo y dónde hacer el trabajo
   - Qué herramientas o equipo usar.
   - Qué trabajadores contratar o que asistan en el trabajo (el contratista independiente puede contratar y supervisar a sus

---

33 Treas. Reg. 31.3401 (c) 1(b).

34 *Publicación 15-A* del IRS (*Employer's Supplemental Tax Guide*).

propios empleados, pero no debiera ser supervisado por o supervisar a los empleados del jefe.

• Dónde comprar suministros y servicios.

• Qué trabajo debe ser realizado por un individuo especificado (a los empleados generalmente se les requiere que realicen los servicios directamente; los contratistas independientes a menudo delegan).

• Qué orden o secuencia seguir.

Mientras más instrucciones se den, más parece el individuo un empleado que un contratista independiente.

2. Entrenamiento. Una organización puede entrenar a sus empleados, mientras que los contratistas independientes normalmente usan sus propios métodos. Traen las habilidades necesarias con ellos sin necesidad de entrenamiento adicional.

El control financiero incluye:

1. La extensión a la cual el trabajador ha reembolsado los gastos de negocio. Un empleado normalmente es reembolsado, mientras que un contratista independiente asume la responsabilidad de sus gastos.

2. La extensión de la inversión del trabajador.

3. La extensión a la cual el trabajador pone los servicios al alcance de otros incluyendo si publicitan, si mantienen un lugar de trabajo visible y están disponibles para el trabajo. Un contratista independiente generalmente está disponible para realizar servicios para más de una entidad.

4. Cómo el negocio paga al trabajador. Aunque no siempre, un empleado generalmente tiene garantizado un salario regular por horas, por semana u otro periodo de tiempo, mientras que un contratista independiente a menudo es pagado una tarifa plana o en base al tiempo o a los materiales requeridos para el trabajo.

5. La extensión a la cual el trabajador puede obtener una ganancia o una pérdida. Un contratista independiente puede tener una ganancia o una pérdida.

Hechos que muestran el tipo de relación entre los involucrados:

1. Contratos escritos que describen la relación que se intentaba crear entre las partes.

2. Si el negocio da al trabajador beneficios de trabajo tales como seguro, plan de pensiones, vacaciones pagadas o permiso por enfermedad.

3. La permanencia de la relación. El empleador y el empleado tienen una relación continua, mientras que un contratista independiente trabaja en un proyecto (s) específico y luego sigue su camino.

4. La extensión a la cual los servicios realizados por el trabajador son un aspecto clave del negocio regular de la compañía. Los servicios de los empleados generalmente están integrados dentro de las operaciones de la organización, por ejemplo, sus servicios son esenciales para traer los productos del empleador o los servicios al mercado. (Esto se ha vuelto un asunto primordial en algunos casos).

Basados en estos factores, hay varios ítems prácticos que la organización debiera tener para apoyar la posición de que alguien es un contratista independiente en lugar de un empleado:

1. Un contrato escrito que refleje algunos, si no todos los factores enumerados anteriormente y que defina un proyecto específico en vez de una relación en curso.

2. Una copia de la licencia de negocio del contratista.

3. Facturas enviadas a la organización en papelería con membrete de la compañía en lugar de tarjetas de tiempo laborado.

4. El contratista tiene su propio seguro.

5. Una copia del anuncio del contratista ofreciendo sus servicios al público en general. (Esto podría incluir el historial de trabajo o currículo vitae del contratista).

6. Una copia de la tarjeta de presentación del contratista.

7. Una lista de referencias de otros negocios para los cuales el contratista realiza trabajos.

Además, la organización debería lidiar con estos individuos a través del proceso regular de contratación y compras, en lugar del departamento de personal.

Nótese que también es importante para el trabajador haber sido consistentemente tratado como un contratista independiente, que la organización trate a otros en una posición similar de la misma manera, que la organización presente todos los formularios de impuestos federales requeridos (incluyendo el Formulario 1099) y, que la organización tenga una base razonable para tratar al trabajador como un contratista independiente.

¿Cuál es la diferencia práctica entre tratar a alguien como a un empleado en lugar de tratarlo como contratista independiente?

1. Los empleados están requeridos a reportar su compensación anual directamente en el Formulario 1040 y generalmente son reembolsados por gastos. Ellos pueden reclamar gastos de negocio no reembolsados en el Esquema A sólo si especifican las deducciones y, luego sólo en la medida que esas deducciones especificadas excedan el 2 por ciento del ingreso bruto ajustado y están limitadas a reclamar sólo el 80 por ciento de comidas de negocios y gastos de entretenimiento. Las personas empleadas por cuenta propia, por otro lado, reportan su compensación y gastos de negocios en el Esquema C. Los gastos de negocios por cuenta propia son deducibles sea que el individuo especifique o nó las deducciones y no están sujetas a la base del 2 por ciento, aunque también están limitadas en el porcentaje de comidas de negocio que pueden ser deducidas.

2. El ingreso bruto ajustado tiende a ser mayor si un individuo reporta como empleado, ya que los gastos de negocio no reembolsados son deducciones del ingreso bruto ajustado. Las personas que trabajan por cuenta propia deducen todos los gastos de negocio al calcular el ingreso bruto ajustado. Este valor de ingreso bruto ajustado es importante porque las limitaciones porcentuales sobre las contribuciones de beneficencia y deducciones por gastos médicos están atados al ingreso bruto ajustado.

3. Los formularios utilizados son diferentes. Los individuos deberían recibir un Formulario W-2 cada año si son empleados y, un Formulario 1099-MISC si trabajan por cuenta propia.

4. Los beneficios de retiro ofrecidas por algunas organizaciones sin fines de lucro pueden estar disponibles sólo para empleados.

5. La exclusión de pago por discapacidad está disponible solo para aquellos que tienen estatus de "empleados".

6. Una vez que se adopta el estatus de "empleado" al expedir el Formulario W-2, no puede ser cancelado a los ojos del IRS.

"Entonces creo que me estás diciendo que un secretario no será nunca un contratista independiente."

"Bueno, algunos servicios secretariales pueden ser realizados por un contratista independiente (por ejemplo, podrías contratar a alguien para que envíe correspondencia a todos tus donantes). Pero el secretario que viene todos los días a contestar el teléfono, abrir la correspondencia y escribir las cartas en la computadora es poco probable que sea otra cosa más que un empleado."[35]

¿Puede un empleado realizar servicios voluntarios a la organización sin fines de lucro?

"Tenemos otro asunto también. Como lo mencioné con nuestra nueva secretaria, ella está muy interesada en lo que estamos haciendo y se ha ofrecido a voluntariamente a donar una cierta parte de su tiempo, por lo que cuando trabaje 40 horas, le pagaremos por 35. ¿Eso no es problema, verdad?"

"Ay, Sam. Esto potencialmente es más problema que el asunto del contratista independiente. Parte del problema es documentar que ella hace esto voluntariamente y no porque se lo pediste. Si más adelante ella decide que no fue tratada correctamente, podría interponer una acción por salarios retroactivos. Y si esto resulta en que ella reciba menos del salario mínimo, podría resultar que tanto el departamento estatal del trabajo y el federal se van a involucrar."

Este asunto se da regularmente con organizaciones sin fines de lucro —donde al empleado se le solicita que haga servicios de manera voluntaria o, donde el empleado a solicitud de él mismo trabaja horas adicionales gratuitamente.

Todos los empleados están exonerados o no exonerados con respecto a beneficios por horas extras, basados en la Ley de Estándares de Trabajo Justo que es federal.

---

35 Véase **www.irs.gov/pub/irs-pdf/p15.pdf** para más información acerca de empleados, temas de retención, etc.

Empleados no exonerados incluye a todos los empleados que son pagados por hora y que tienen derecho a beneficios por horas extras.

Empleados exonerados incluye cierto oficiales, directores, administradores, supervisores, personal profesional y administrativo que son pagados en base a un salario pero que no tienen derecho a beneficios de sobre tiempo.

Si el empleado es un empleado exonerado, la descripción de su trabajo puede incluir deberes que podrían requerir más de 40 horas por semana de servicio. Sin embargo, si el empleado puede desempeñar los deberes asignados en menos de 40 horas por semana, no se puede penalizar al empleado por trabajar menos de 40 horas y se le debe pagar el salario completo.

Si el empleado no está exonerado, él o ella deben ser pagados por *todo el trabajo* realizado. Incluso si el empleado no exonerado normalmente es pagado un salario, si el empleado trabaja más de 40 horas, él debe recibir compensación adicional por el tiempo adicional trabajado. Una organización *no puede* requerir a un empleado no exonerado a realizar trabajo "voluntario" para el cual no es pagado.

Cuando cualquier empleado no exonerado, tal como el secretario solicita que le permitan realizar servicio voluntario, la organización debe asegurarse que el empleado no está de alguna manera presionado a realizar estos servicios. Además, sería extremadamente sabio requerir que cualquier servicio voluntario esté fuera del ámbito normal del trabajo (esto es, como el empleado es el secretario, tal vez podría voluntariar en otro campo, tal como guiando caminatas por la naturaleza).

¿Cuál es la diferencia entre un voluntario y un empleado?

Esto trae a colación la pregunta de cuál exactamente es la diferencia entre un voluntario y un empleado. Muchas organizaciones sin fines de lucro dependen en gran parte de voluntarios para dotar de personal a sus operaciones. Sin voluntarios, un número sustancial de estas organizaciones sin fines de lucro serían incapaces de desempeñarse en el nivel actual de servicio. Como resultado, el uso de voluntarios sigue siendo importante para las organizaciones de beneficencia.

Esencialmente un voluntario es alguien que no tiene derecho a compensación alguna y no recibe compensación de parte de una organización, no depende de la organización para su sustento,[36] y realiza servicios por voluntad propia del individuo y no por compulsión.

Si se recibe cualquier tipo de compensación, entonces es posible que al individuo se le trate como a un empleado, sujeto a salario mínimo y horas laborales y otros requisitos que vienen junto con ser empleado, incluyendo el requisito de que el individuo esté cubierto por compensación para el trabajador. Junto con esto está el requisito de que los beneficios recibidos sean tratados como ingreso gravable para el empleado.

Y si la organización depende de la excepción de voluntario del impuesto al ingreso de negocio no relacionado, esta excepción desaparece, lo que puede resultar en ingreso gravable a la organización.

La compensación no tiene que ser en la forma de remuneración monetaria.

Un caso significativo en esta área es el caso de la *Fundación Tony y Susan Alamo* decidido por la Suprema Corte de los EEUU en 1985. El Secretario del Trabajo de los EEUU (ministro de trabajo) demandó a una organización sin fines de lucro por violar las disposiciones de salario mínimo, las horas extras y el registro de datos de la Ley de Estándares de Trabajo Justo (FSLA, por sus siglas en inglés).

A los trabajadores se les dieron beneficios (comida, ropa, albergue y otros beneficios). Esto junto con la naturaleza comercial del trabajo parece ser crucial a la decisión de la Corte.[37] El recibo de beneficios removió a los trabajadores del estatus de voluntarios, el pago de beneficios puso a las operaciones en línea con los propósitos de la FSLA y, las actividades comerciales removieron las actividades de la categoría de actividades religiosas que de otra manera hubieran tenido protección constitucional.

La corte no prohibió a los voluntarios con respecto a sus actividades exoneradas:

> *Está claro por un lado que, un individuo tal como un próspero abogado tocando la campana para el Ejército de Salvación en la calle para Navidad por una cuantas horas no es un "empleado" sino un voluntario donando su tiempo para el avance de una causa valiosa . . . . Sin embargo, es igualmente claro que llega un momento en que el esfuerzo secular debe ser reconocido*

---

36 Véase, por ej. *Tony and Susan Alamo Foundation v. Secretary of Labor*, (1985) 471 U.S. 290.

37 Véase *Tony and Susan Alamo Foundation v. Secretary of Labor*, en 292.

*como tal y sobrepasa la raya separándolo de las funciones sagradas de la
adoración religiosa.*[38]

Sin embargo, los individuos en Alamo estaban trabajando a largo plazo regularmente para sobrevivir, en lugar de solamente trabajar de manera voluntaria una pequeña parte de su tiempo. Y el hecho que el trabajo fue hecho para un propósito comercial es un punto continuo enfatizado por la Corte. En otras palabras, si uno se involucra en una actividad comercial, entonces uno está sujeto a los mismos estándares que cualquier otro.

Este último punto es especialmente importante hoy en día con los continuos reclamos por parte de negocios de que las organizaciones sin fines de lucro están compitiendo de manera injusta con ellos. El mismo impulso de aumentar el alcance del impuesto al ingreso de negocio no relacionado es probable que demande que todos los otros estándares a los que están sujetos se impongan sobre organizaciones sin fines de lucro que compiten.

La ley estatal a menudo también apoya esta posición. De hecho, la ley estatal puede imponer requisitos aún más estrictos que la ley federal.

Hay dos razones dadas para normas laborales mínimas: 1) para proteger a los empleados y, 2) para proteger a otros empleados que cumplen. Incluso si el empleado consiente trabajar por menos del salario mínimo, el estado no lo va a permitir. Llamar voluntario a un individuo no cambia los requisitos de pagar a un empleado el salario mínimo por todas las horas laboradas.

Por otro lado, algunos individuos que reciben compensación pueden aun no ser considerados empleados, porque son beneficiarios de los servicios de rehabilitación ofrecidos por la organización sin fines de lucro. Bajo este argumento, la persona es admitida al programa de rehabilitación para tratamiento. Cualquier terapia laboral realizada se hizo para asistirle en la rehabilitación, más que para pagar por habitación, comida y ropa. Pero esto solo funciona si hay un programa estructurado establecido y, es poco probable que sea aplicado a casos individuales donde se contrata a un individuo como un acto de beneficencia.

¿Qué deberías saber acerca del uso de voluntarios?

Hay varias áreas de riesgo con el uso de voluntarios. La primera es el riesgo mismo de las actividades voluntarias a la organización. Si se encuentra al voluntario realizando actividades en representación de la organización (especial-

---

38 Véase *Tony and Susan Alamo Foundation v. Secretary of Labor*, en 399.

mente haciéndolo bajo la dirección de la organización), la organización podría ser responsable civilmente por cualquier daño resultante. Hay varias cosas que la organización debe hacer para limitar su responsabilidad civil:

1. Obtener un seguro que cubra las actividades de la organización y sus voluntarios.

2. Investigar apropiadamente al individuo (especialmente si el voluntario va a trabajar con niños). Esto puede incluir asegurarse que el individuo tiene una licencia que lo certifica y que tiene seguro para el trabajo realizado.

3. Implementar un programa voluntario, que identifica cómo un individuo se convierte en voluntario y delinea las áreas específicas en que son usados los voluntarios. Esto reducirá reclamos por si un individuo actúa como voluntario para tu organización siendo que la organización no tiene conocimiento de las actividades de esa persona. Además, cada voluntario debe acordar por escrito, que él o ella cumplirá todas las políticas de la organización sin fines de lucro.

4. Proveer suficiente supervisión para las actividades voluntarias. Esto puede incluir entrenamiento donde sea necesario y disciplinar o remover al voluntario si hay alguna señal de alarma acerca del desempeño del voluntario. Esté consciente que la misma responsabilidad civil por acciones de los empleados pueden adherirse a las acciones de los voluntarios (p.ej. acoso sexual)

Otra área de riesgo, es el riesgo al voluntario. Tus voluntarios podrían encontrarse en medio de una demanda cuando pensaron que estaban haciendo un buen trabajo. Esto a menudo incluye a voluntarios que están sirviendo como directores y oficiales. Claramente la organización debe suministrar protección con un seguro y una posible indemnización (véase la discusión, arriba).

¿A quién le pertenece el sitio Web? Hay otro asunto potencialmente significativo que surge si el voluntario no es un empleado. Si el individuo es un empleado, cualquier cosa que el empleado cree como parte de su empleo le pertenece al empleador. Sin embargo, si el individuo es un voluntario, entonces lo que el voluntario cree, le pertenece al voluntario, a no ser que la persona haya firmado primero un acuerdo de "obra hecha por encargo".[39] Esto también aplica a cualquier cosa creada por un empleado en su propio tiempo. Este acuerdo debe obtenerse antes que el ítem sea creado —en cualquier ocasión en que algo creativo se desarrolla, tal como un logo, una fotografía, un diseño de sitio web, un documento u otro trabajo "creativo".

"Eso quiere decir que tenemos un problema."

"¿Qué sería, Sam?"

"Bueno, un voluntario diseñó nuestro logo. ¿Quiere eso decir que el logo no nos pertenece?"

"Puedes tener un derecho implícito a usarlo, pero debes ver si el voluntario está dispuesto a firmar un documento después de lo sucedido para dejar en claro tus derechos. Aunque es muy tarde para tener un acuerdo de obra hecha por encargo, podría ser que obtengas una cesión de derechos de autor.[40] Esto te da la mayoría de derechos que tendrías bajo un acuerdo de obra hecha por encargo, aunque hay ciertos derechos residuales que no pueden ser asignados."

"Bien, voy a hacer eso."

---

39 Vea el Formulario 9 (en la página 249), Acuerdo de servicios profesionales: Trabajo por contrato.

40 Vea el Formulario 10 (en la página 253), Modelo de cláusula de cesión de derechos de autor.

3

FIN DE LA PLANIFICACIÓN PARA ORGANIZACIONES EXONERADAS

Después de muchos años de arduo trabajo, en la última reunión los directores de Salve a las Ardillas decidieron que era hora de llegar hasta ahí. La población de ardillas en muchos estados ha aumentado a tal punto que hoy en día nadie las consideraría como una especie amenazada. Más aún, se volvía más y más difícil conseguir contribuciones. Incluso aquellos individuos que habían estado entre los mayores contribuyentes a través de los años estaban volviendo su atención hacia otros proyectos. Y Sam decidió el año pasado que se jubila, después de muchos años en la dirección. Los directores que quedaron solicitaron a su consultor Chip Finder que explorara opciones de qué hacer con la organización sin fines de lucro y que se reportara de vuelta con ellos en la siguiente reunión. Chip le ha solicitado consejo a Alvin. ¿Qué debería decirle Alvin?

Opciones

Cuando los miembros o directores de una organización exonerada determinan que continuar operando como lo han estado haciendo ya no sirve a sus intereses, hay varias opciones abiertas para ello. Si quieren continuar de alguna manera, podría ser apropiado expandir los propósitos, por ejemplo, Salve a las Ardillas podría expandirse a un propósito mayor, tal como "Salve a los Roedores" o hacer algo similar tal como "Salve a los Lemming". También podría ser posible reducir el tamaño de las operaciones para calzar con el actual nivel de financiamiento.

En la mayoría de las situaciones, sin embargo, cuando los directores deciden que la empresa ya no puede funcionar en el estatus actual no la quieren resucitar de manera diferente; prefieren darla por terminada. Las opciones incluyen fusionarse con otra entidad exonerada, la disolución y distribución de activos a una o más entidades exoneradas o la transferencia del control. Las fusiones y disoluciones involucran muchos de los mismos pasos, aunque la disolución es el cambio más extremo.

Tanto la fusión como la disolución de una empresa se efectúan de acuerdo al estatuto del estado bajo el cual se registró la empresa. La disolución en la mayoría de los estados es relativamente directa, aunque algunos estados han hecho del proceso algo cada vez más difícil. Lo que sigue es una discusión generalizada; debe hacerse notar que puede haber requisitos adicionales en algunos estados que no se describen más adelante. También debe hacerse notar de que puede haber algunas diferencias, basadas en el tipo de organización exonerada (por ejemplo, las empresas de beneficio mutuo generalmente no están sujetas a la revisión del Fiscal General a no ser que mantengan recursos en una fundación benéfica).

Si es que una fusión es posible, el propósito empresarial podría continuar aunque de forma modificada. Algunos de los miembros existentes (o directores) pueden desear servir en la empresa que sobrevive, continuando así su supervisión sobre los recursos. Esto puede ser deseable, especialmente si se necesita una base de capital más fuerte.

Otra opción sería mantener la organización separada, pero tener otro grupo que tome el control al ser elegidos en una mayoría de los puestos de la junta directiva o una mayoría de las membresías. Alternativamente los recursos podrían distribuirse a otra entidad manteniendo la estructura de la entidad actual para uso en una fecha futura.[1]

Un asunto que notar: Amparado a la mayoría de las leyes corporativas, si una empresa se fusiona con otra entidad, la entidad que sobrevive normalmente será la que recibe cualquier legado a la entidad fusionada. No hay una disposición similar para una empresa que recibe los recursos de una empresa en disolución. De ahí que, si la empresa que desaparece ha hecho un buen trabajo de convencer a la gente que los incluya como beneficiarios en sus testamentos o fideicomiso, la fusión debe considerarse fuertemente. Por otro lado, en una fusión, la entidad que adquiere recibe todos los recursos y obligaciones de la empresa que se fusiona. De ahí que, si las obligaciones (incluyendo los pasivos contingentes) exceden los recursos sin otro beneficio correspondiente, entonces la transferencia del control (dejar la estructura corporativa existente) o la disolución (y distribución de cualquier recurso remanente, luego de pagar a los acreedores) podría ser preferible.

Venta de activos

Si la empresa vende todos o sustancialmente todos sus activos, primero debe recibir la aprobación por parte de los directores, miembros (si los hay) y, otras personas especificadas en los artículos de la organización. Además, puede ser necesario obtener aprobación por parte de la entidad gubernamental responsable de supervisar las organizaciones de beneficencia. Por ejemplo, en California las organizaciones de beneficencia deben notificar por escrito al Fiscal General.

Conversiones

Una empresa se puede convertir en cualquier otro tipo de empresa enmendando sus artículos de acuerdo con la ley estatal. En algunos estados, las entidades incluyendo las empresas, compañías de responsabilidad limitada y asociaciones pueden también convertirse en otro tipo de entidad. La directiva de la empresa, sus miembros si los hay y cualquier otra persona cuya aprobación es requerida por los artículos debe aprobar el cambio. Si la organización tiene recursos, la entidad gubernamental responsable de la supervisión de beneficencias debe

----

1   Nótese, sin embargo que si la empresa no está involucrada de hecho en algún tipo de actividad sin fines de lucro, eventualmente va a perder su estatus exonerado. Como mínimo, la directiva tendrá que continuar con las reuniones y planear las futuras operaciones y actividades exoneradas de la organización.

aprobar cualquier cambio de entidad de beneficencia al formato de entidad de negocios.

Después de decir esto, se debe enfatizar que los recursos sujetos a una fundación benéfica deben continuar siendo usados para el propósito para el cual fueron dados. De ahí que, si el propósito de la organización cambia drásticamente, se deben tomar medidas para asegurar este uso. Por ejemplo, al momento de la conversión, si una beneficencia se convierte en una entidad de negocios, debe haber una transferencia hacia una organización exonerada sin fines de lucro similar de recursos iguales al valor de la organización.

Transferencia de control

A veces aquellos involucrados con la organización determinan que ya no son capaces de operar la organización efectivamente; sin embargo, puede haber otros que puedan estar dispuestos a tomar el control de la organización y continuar con sus operaciones. Por ejemplo, el Hogar Joe para Niños Delincuentes podría estar anuente a hacerse cargo de las operaciones de un hogar para niñas cuando los individuos que operan ese hogar ya no estén dispuestos o no sean capaces de continuar. Sin embargo, debido a que el hogar para niñas puede tener un objetivo un tanto diferente, en lugar de fusionar las dos organizaciones, la directiva del hogar para niñas podría renunciar luego de haber elegido a los directores del Hogar Joe para Niños Delincuentes como sus reemplazantes. Los directores entonces podrán determinar la mejor estructura para las dos empresas. Por ejemplo, podrían volver a redactar los estatutos para que los directores del Hogar Joe para Niños Delincuentes sirvan como miembros y elijan a los directores del hogar para niñas.

Pasos para la disolución voluntaria

Aunque la ley estatal específica controlará, hay varios pasos que puede ser necesario seguir de manera de poder disolver una empresa sin fines de lucro, incluyendo:

1. Los directores de la organización deben votar para acabar y disolver, y adoptar un plan de distribución (p. ej. quién recibe los recursos). Si la organización es una beneficencia, esto normalmente será otra entidad de beneficencia con propósitos similares. Si la organización es una de beneficio mutuo, tal como un club social o una asociación de dueños de condominios, los recursos podrían ir a los miembros. Uno debe revisar los artículos y estatutos para determinar si hay una cláusula de disolución que estipule qué sucede con los recursos luego de la disolución.

2. Los miembros de la organización, si los hay, y cualquier otra persona especificada en los Artículos, debe votar para dar por terminado y disolver.

3. Una notificación inicial de la elección para disolver puede requerir ser firmada y presentada ante la oficina del Secretario de Estado. Este paso no es requisito en la mayoría de los estados.

4. Antes de hacer cambios fundamentales, podría requerirse la pre aprobación por parte del IRS. Esto es especialmente importante si la organización es una fundación privada.

5. Se debe notificar a los acreedores y que se les cancele lo adeudado o que la organización que se haga cargo asuma las responsabilidades. Si hay obligaciones contingentes, se debe notificar de la disolución a cada posible acreedor y tal vez publicarlo en un periódico de circulación general. Esta notificación podría requerir que se presente un reclamo dentro del período de tiempo establecido. Si no se presenta ningún reclamo, dependiendo del estado, el reclamo puede ser excluido. Si la ley estatal no pro-

vee un método para limitar las obligaciones contingentes o, si el acreedor no fue notificado correctamente, el acreedor podría presentar una demanda en contra del beneficiario de los recursos, por el monto de los recursos recibidos.

6. Si la empresa es una entidad de beneficencia, podría tener que obtenerse una aprobación para la transferencia de estos recursos de parte de la entidad gubernamental que regula los recursos de beneficencia.

7. Podría también tener que presentar documentos ante la autoridad impositiva estatal.

8. Todos los recursos de una entidad de beneficencia que queden después de pagar obligaciones deben ser distribuidos a otra organización exonerada. La organización (es) que reciban los recursos deben ser similares a la organización que se disuelve y, pueden estar específicamente designados en los artículos.

9. Un Certificado de Disolución debe presentarse a la oficina del Secretario de Estado. En muchos estados, este es el único requisito que se pide presentar. Uno debe notar que en muchos estados, la ley que actualmente aplica a las organizaciones sin fines de lucro puede no ser la ley que fue efectiva en el momento en que se formó la organización. Esto puede conducir a error tanto de parte del que solicita como del examinador estatal respecto a los requisitos exactos de la disolución. A veces habrá que hacer referencia a la ley que estaba en efecto al momento de la formación, aunque la organización esté sujeta a la ley actual.

10. Algunos estados también requieren que se publique una notificación de disolución en un periódico local de circulación general para completar el proceso de disolución.

11. Si la organización está requerida a presentar documentos de información fiscal ante el IRS, debe presentar una declaración de información final e incluir una copia del Certificado de Disolución y cualquier otra información solicitada por el IRS. Podría también ser necesario presentar documentos de información fiscal ante el estado.

Pasos para fusiones

Los pasos para fusionar dos empresas sin fines de lucro son muy similares:

1. Los términos de un acuerdo de fusión deben ser negociados. Es importante que el propósito de cada organización sea suficientemente similar para que los recursos de la organización que desaparece continúen siendo usados para un propósito similar. Los conceptos que podrían ser incluidos en un acuerdo de fusión incluye si los miembros de la organización que desaparece se vuelven miembros de la organización que sobrevive o nó; si alguno de los directores u oficiales de la organización que desaparece se vuelven o nó directores u oficiales de la organización que sobrevive; cambios a los artículos o los estatutos y posibles restricciones en el uso de los recursos.

2. Los directores de cada organización deben votar por la fusión y aprobar el acuerdo de fusión. Esto debe ser hecho de acuerdo con los términos de los estatutos respectivos y la ley estatal aplicable.

3. Los miembros, si los hay, de cada organización deben votar por la fusión y aprobar el acuerdo de fusión. Nuevamente, esto se debe hacer de acuerdo con los términos de sus respectivos estatutos y las leyes del estado de la organización. A veces los miembros de la empresa que se fusiona pueden convertirse en miembros de la empresa que sobrevive; tal disposición debe estar contenida en el acuerdo de fusión.

4. El acuerdo de fusión debe ser firmado en representación de cada empresa y presentado ante la oficina del Secretario de Estado.

5. Podría ser necesario una pre aprobación por parte del IRS antes de hacer cambios fundamentales. Esto es especialmente importante si la organización es una fundación privada.

6. Podría ser necesario obtener aprobación para la fusión por parte de la entidad gubernamental que regula a las entidades de beneficencia y, posiblemente de la autoridad tributaria estatal.

7. Una vez se obtengan los requisitos de aprobación, el acuerdo de fusión se presentará ante el Secretario de Estado y la fusión quedará completa.

Nota: En una fusión, no es necesario notificar a los acreedores. Esto es porque cualquier responsabilidad perteneciente a la empresa que desaparece es asumida por la empresa que sobrevive como parte de la fusión.

Hay otros documentos que pueda tener que presentar. Por ejemplo, la organización que sobrevive podría presentar documentación para proteger el uso de nombres que fueron usados por la organización que desaparece. Si la organización que desaparece fue registrada o calificada para hacer negocios en otros estados aparte de la organización que sobrevive, la organización que sobrevive podría querer volver a presentar la documentación en esos estados. Finalmente, algunas licencias no se transfieren automáticamente de la organización que desaparece a la que sobrevive. Es una buena práctica revisar con las autoridades regulatorias estatales—a través de la cual la organización que desaparece está certificada *antes* de la fusión, para ver si es necesario presentar alguna documentación para poder transferir tales licencias.

Si la fusión es entre empresas en dos estados diferentes, se debe tener cuidado al redactar el acuerdo de fusión para asegurarse que cumple con los requisitos de cada ley estatal. El acuerdo de fusión luego será presentado ante el Secretario de Estado o entidad equivalente en ambos estados. Como el acuerdo de fusión indicará cuál es la empresa que sobrevive, luego de que se haya presentado la documentación de fusión en cada estado, el estado en el cual la empresa que sobrevive está ubicado, tendrá autoridad completa sobre la entidad fusionada.

Preguntas prácticas

Luego de escuchar a Alvin con la recitación de esta información, Chip Finder se ha dado cuenta que, para aconsejar a la directiva de Salve a las Ardillas de la mejor solución, él debe encontrar exactamente qué es lo que la directiva quiere y cuál es el estatus actual de la empresa. Por ejemplo:

1. ¿Alguno de los miembros/directores desea continuar operando una empresa sin fines de lucro similar? Si la respuesta es sí, las alternativas deben incluir opciones continuas de involucramiento, tal como ampliar el propósito o fusionarse con una organización sin fines de lucro que estaría de acuerdo con este involucramiento (tal como agregar a uno o más directores a su directiva, etc.).

2. ¿Existen otras organizaciones sin fines de lucro con propósitos similares que estarían interesadas en fusionarse o con las cuales Salve a las Ardillas podría querer fusionarse?

3. ¿Tiene la empresa legados significativos? Si los tiene, considere de manera vehemente la fusión por encima de la disolución.

4. ¿Tiene la empresa responsabilidades significativas, posiblemente más de lo que tiene en recursos (incluyendo responsabilidades contingentes)? Si la respuesta es sí, la disolución podría ser la mejor opción, notificando de esto a todos los acreedores y a los acreedores potenciales.

5. ¿Existe una organización que quisiera adquirir los activos, tal vez comprándolos? Esto sería de gran ayuda si las responsabilidades son significativas.

6. ¿Hay organizaciones 501(c)(3) específicas que los miembros o los directores quisieran ver beneficiadas una vez se disuelva Salve a las Ardillas? Nota: El Fiscal General va a preocuparse si ve que una cantidad significativa de recursos son asignados a una organización con propósitos diferentes a aquellos de Salve a las Ardillas. Más aún, esta opción podría estar limitada si los artículos mencionan una lista de herederos.

7. ¿Hay algunos obsequios con cláusulas de reversión?

8. ¿Hay algún período de tiempo por el cual la directiva quisiera ver esto consumado?

9. ¿Hay alguna instalación de salud involucrada? Si la respuesta es sí, es muy posible que el gobierno tome un rol más activo para revisar y aprobar cualquier transferencia de recursos.

10. ¿Hay alguien que objeta la desaparición de Salve a las Ardillas?

11. ¿Hay alguna organización u otros individuos que quisieran asumir la operación de Salve a las Ardillas?

12. ¿Hay algún desacuerdo acerca de este tema que pudiera requerir el involucramiento de la corte?

Una vez que la directiva ha pensado bien donde están y donde realmente quieren estar, entonces podrán tomar una decisión de cómo llegar ahí.

Consideraciones especiales de organizaciones con membresía

"Este debe ser mi mes de las disoluciones," le comenta Alvin a Sam Goodman, quien había llegado a que le revisaran su plan de sucesión.

"Interesante que dijeras eso. Mi iglesia está ahora tratando de decidir qué pasos debe tomar. No sé si recuerdas, pero la Iglesia Oak Street está en un área urbana y la mayoría de los miembros de larga data se han trasladado fuera del área con sus familias. Aquellos de nosotros que quedamos hemos tenido que aceptar ofertas especiales solo para evitar que no se nos caiga el techo encima."

"¿Entonces están pensando en disolver?"

"No estamos seguros de qué vamos a hacer, pero sabemos que debemos hacer algo."

"Tú sabes, por supuesto, que los recursos deben ser usados para avanzar los propósitos para el cual la iglesia se formó. De ahí que, la pregunta primordial es si la iglesia y dónde está actualmente situada, puede efectivamente seguir llevando a cabo su propósito. Si no puede, entonces se debe tomar la decisión que permita que los recursos sean usados de manera tal que hagan avanzar este propósito."

"Diste en el blanco. Parece claro que la iglesia no está ministrando efectivamente a los miembros restantes, mucho menos a los nuevos individuos, ya que nuestros números siguen disminuyendo. Incluso Ruth, una de nuestros miembros más antigua, ya no quiere seguir asistiendo. Y la oportunidad de atraer a un número significativo de nuevos miembros a una iglesia agonizante ubicada en un área deprimida (especialmente miembros con dinero) parece ser pequeña. Si no podemos atraer suficientes miembros que apoyen al centro, nuestra única esperanza sería pedir dinero prestado para mantener las instalaciones en buen estado. Yo les he dicho que solamente están posponiendo lo inevitable, en una manera tal que resultará en una reducción de los activos que la iglesia tiene."

"Muy cierto, Sam. Tal vez tú podrías sugerir que consideren una de las siguientes soluciones:

1. Vender la instalación actual y arrendar o comprar una instalación más pequeña en el vecindario que los miembros puedan pagar. De hecho podrías encontrar otra iglesia que estaría dispuesta a comprar la propiedad y arrendar parte de ella de vuelta a la iglesia. Esto va a reducir inmediatamente los gastos generales y, también pondrá fondos a disposición que puedan de hecho extender el ministerio o, apoyar otro ministerio en un área más viable. Sin embargo, no hay seguridad de que los actuales miembros permanecerán, especialmente si algunos ya se quieren ir. Los mismos problemas enfrentados ahora podrían enfrentarse nuevamente en unos pocos años. Sin embargo, si algunos miembros son entrados en años e incapaces de manejar a una nueva ubicación, mantener la presencia de la iglesia puede ser esencial al bienestar de los miembros restantes.

2. Fusionar la iglesia con otra iglesia en el área, vendiendo una de las instalaciones y manteniendo la más apta. Esto aumentaría la membresía de la iglesia que permanece y disminuiría los gastos de mantener dos iglesias abiertas. Nuevamente, con esta escogencia, el dinero recibido por la venta puede ser usado para continuar el ministerio de la iglesia que sobrevive o podría contribuir a asistir a otra iglesia en un área donde los antiguos miembros viven ahora y asisten a la iglesia. La desventaja de esta escogencia es que las fusiones resultan en dos pastores con objetivos que compiten (p.ej. mantener sus puestos de trabajo). También, con este tipo de fusión, la congregación de la iglesia que permanece siente que la iglesia les sigue perteneciendo y que los nuevos miembros son unos intrusos que deben ajustarse a sus prácticas. Si esta actitud es la que se asume, solo servirá para ahuyentar a los miembros de la iglesia que se fusiona y no resultará en beneficios de largo plazo.

3. Encontrar una o dos organizaciones sin fines de lucro adicionales que pudieran querer alquilar una parte de las instalaciones a

ustedes. Por supuesto que si haces esto seguirás siendo responsable por las instalaciones y su mantenimiento y aún podrías no tener suficiente dinero para pagar por las reparaciones.

4. Disolver la iglesia y dejar que los miembros asistan a otra iglesia más próspera. Si se hace esto, los recursos, luego de pagar las deudas de la iglesia deben ser distribuidos a otra organización sin fines de lucro con los mismos propósitos o similares (p.ej. otra iglesia similar, preferiblemente una cerca). Algunas veces los artículos o estatutos especifican las organizaciones a recibir los recursos una vez se haga la disolución.

"Dos preguntas adicionales se deben hacer antes de tomar la decisión, sin embargo.

1. ¿Qué quieren los miembros? Generalmente, los miembros de una iglesia congregacional tienen una opinión en la decisión y deben ser consultados antes que se tome la decisión final. Claramente tienen un interés que se debe tomar en cuenta antes de tomar una decisión.

2. ¿Si la iglesia es parte de una denominación, que es lo que quiere ver la entidad eclesiástica que supervisa? A menudo, con iglesias denominacionales, la iglesia local no puede tomar decisiones por su cuenta. Antes que los directores tomen una decisión final, uno o ambos de los grupos debe ser consultado."

"Alvin, tengo otra pregunta: estoy preocupado que los miembros y directores puedan renunciar antes que se complete esto. ¿Qué va a pasar luego?"

"Dependiendo de la ley estatal, el último director podría no poder renunciar a no ser que se encuentre a alguien más que asuma la responsabilidad. Alguien tiene que permanecer a cargo."

"Entonces si no quiero ser el que apague las luces, mejor que yo no sea el último en renunciar."

"Correcto nuevamente, Sam."

4

FORMULARIOS Y RECURSOS

FORMULARIO 1:
Cláusulas de constitución

Escritura constitutiva de conformidad a la Ley Modelo de Empresas sin Fines de Lucro, 3ª Ed. (MNCA, por sus siglas en inglés). Se debe revisar la ley estatal para determinar cualquier requisito adicional necesario.

CLÁUSULAS DE CONSTITUCIÓN DE
SALVE A LAS ARDILLAS

ARTÍCULO 1
NOMBRE

El nombre de esta empresa es:

SALVE A LAS ARDILLAS

ARTÍCULO 2
DIRECCIÓN REGISTRADA,
AGENTE REGISTRADO, FUNDADOR[1]

La dirección de la empresa por calles de la oficina inicialmente registrada es:

123 Calle
Ciudad, Estado, Código Postal

El nombre del agente inicialmente registrado de esta empresa en esa oficina es:

Sam Goodman

El nombre de cada fundador es:

Sam Goodman

....

1   Artículo 1 y Artículo 2 son requisitos del MNCA.

ARTÍCULO 3
PROPÓSITO

Esta empresa se organiza con propósitos caritativos. Los propósitos específicos de esta empresa son: de salvar a las ardillas, de proveerles de un hábitat continuo, de enseñar a la gente acerca de las ardillas y su contribución al ambiente, de adquirir por medio de compra o donación tal propiedad sea real o personal para facilitar los anteriores propósitos, y para comprometerse en otras actividades legales permitidas al amparo de la *Ley de Empresas Sin Fines de Lucro Estatal.* El antecedente de estos propósitos cómo están contenidos en éste párrafo tiene la intención de ser exclusivo de cualquier y todo otro propósitos, siendo esta empresa formada sólo con propósitos de caridad.[2]

ARTÍCULO 4
REQUISITOS PARA LA EXENCIÓN DE IMPUESTOS

Esta empresa está organizada y operada exclusivamente con propósitos de beneficencia dentro de lo establecido en la Sección 501(c)(3), del Código de Impuestos Internos (IRC).

A pesar de cualquier otra disposición en estos artículos, la empresa no deberá llevar a cabo ninguna otra actividad no permitida por una empresa exenta del impuesto federal al ingreso amparada a la Sección 501(c)(3) del Código de Impuestos Internos o por una empresa, cuyas contribuciones son deducibles amparada a la Sección 170(c)(2) del Código de Impuestos Internos.

Ninguna parte sustancial de las actividades de esta empresa consistirá en llevar a cabo propaganda o intentar influenciar a la legislación y, la empresa no deberá participar o intervenir en alguna campaña (incluyendo la publicación o distribución de declaraciones en representación de algún candidato a puesto público).

---

2   Este Artículo es permitido por el MNCA. Para que quede claro que la empresa está formada de manera tal que permite que esté exenta en la Sección 501(c)(3), se debe incluir una cláusula de propósito haciendo referencia a uno o más propósitos enumerados en la Sección 501(c)(3). Nótese que las operaciones de la empresa estarán limitadas por cualquier propósito específico establecido.

ARTÍCULO 5
DISTRIBUCIÓN EN CASO DE DISOLUCIÓN[3]

La propiedad de esta empresa está irrevocablemente dedicada a propósitos de beneficencia que cumplen con los requisitos de la Sección 501(c)(3) del Código de Impuestos Internos y, ninguna parte del ingreso neto o bienes de esta empresa redundará en beneficio de algún director, fideicomisario, oficial o miembro de esta empresa o al beneficio de algún individuo.

En el caso de término y disolución de esta empresa y luego de pagar y proveer adecuadamente por todas las deudas y responsabilidades de la empresa, los recursos de esta empresa deberán ser distribuidos a un fondo sin fines de lucro, fundación o empresa que está organizada y operada exclusivamente con propósitos de beneficencia y que está exenta de gravamen amparada a la Sección 501(c)(3) del Código de Impuestos Internos.

ARTÍCULO 6
INDEMNIZACIÓN[4]

Esta empresa debe proveer indemnización a un director u oficial, por cualquier acción tomada o falla en tomar acción como director, excepto la responsabilidad por: (i) recibo de un beneficio financiero al cual el director no tiene derecho; (ii) un daño infligido intencionalmente; (iii) una violación de [Sección 8.33]; o (iv) una violación intencional de la ley criminal.

(continúa en la siguiente página)

....

3   Los Artículos 4 y 5 son permitidos por el MNCA y éstas o disposiciones similares son requisito si la organización desea ser exenta como una entidad 501(c)(3).

4   El Artículo 6 es permitido por el MNCA. No todos los estados permiten tal indemnización. Esto debe ser revisado cuidadosamente para determinar el vocabulario necesario amparado a su ley estatal. Si se permite, en vez de enumerar específicamente las excepciones, uno podría decir: "en toda la extensión permitida por la ley".

ARTICULO 7
RESPONSABILIDAD POR DAÑOS MONETARIOS[5]

Un director de esta empresa no será responsable hacia la empresa o sus miembros por daños monetarios por cualquier acción tomada o falla en accionar como director, excepto la responsabilidad por: (i) el monto de un beneficio financiero recibido por el director al cual el director no tiene derecho; (ii) un daño intencional infligido; (iii) una violación de la Sección 8.33; o (iv) una violación intencional de la ley criminal.

Esta empresa se incorpora de aquí en adelante amparada a la *Ley Estatal De Empresas Sin Fines De Lucro*.

FECHADO:

_____
Sam Goodman, Fundador

---

5 El Artículo 7 no es requerido por el MNCA a ser efectivo, ya que ha sido incorporado a la ley escrita de la Sección 8.31(d). Sin embargo, no cada estado ha incorporado este vocabulario dentro de la ley y, de hecho muchos no permiten tal limitación de responsabilidad. Esto debiera ser revisado cuidadosamente para determinar si es permisible y, si lo es, el vocabulario exacto amparado a su ley estatal.

FORMULARIO 2:
Miembros para propósitos de recaudación de fondos

Vocabulario en los estatutos que permite "miembros para propósitos de recaudación de fondos":

A. Miembros

La empresa no tendrá miembros. Cualquier otra acción que requiera la aprobación por una mayoría de todos los miembros sólo requerirá la aprobación por parte de la Junta Directiva ("Junta"). Cualquier otro derecho que de otra manera se confiere a los miembros se conferirá a la Junta.

B. Asociados

Nada contenido en la Sección A de este Artículo será interpretado para limitar el derecho de la empresa a referirse a las personas asociadas a la empresa como "miembros" aunque esas personas no son miembros corporativos, y ninguna referencia dentro o fuera de estos Estatutos constituirá a nadie siendo miembro, dentro del significado de la Sección ___ de la *Ley Estatal De Empresas Sin Fines De Lucro*. La empresa puede por enmienda de sus Artículos o de estos Estatutos conferir alguno o todos los derechos de un miembro, como está establecido en la *Ley Estatal De Empresas Sin Fines De Lucro* en cualquier persona o personas quienes no tienen derecho a voto para la elección de Directores o sobre una disposición sustancial de todos los recursos de la empresa o en una fusión o disolución o sobre cambios a los Artículos o Estatutos, pero esta persona no será un miembro dentro del significado de la Sección ___.

FORMULARIO 3:
Dispensa de notificación

DISPENSA DE NOTIFICACIÓN Y CONSENTIMIENTO PARA MANTENER UNA REUNIÓN ESPECIAL DE DIRECTORES DE SALVE A LAS ARDILLAS

Una Empresa sin Fines de Lucro *«Estatal»*

Nosotros, los abajo firmantes constituyendo todos los Directores de la empresa mencionada anteriormente, una empresa sin fines de lucro *«Estatal»*, deseando mantener una reunión especial de los Directores de la empresa, POR ESTE MEDIO DISPENSAMOS la notificación de tal reunión y consentimos a mantener tal reunión, a la hora, en la fecha, y en el lugar como sigue:

Hora:	*«Hora de la Reunión»*
Fecha:	*«Fecha de la Reunión»*
Lugar:	*«Oficinas de la Empresa»*
	«123 Calle»
	«Ciudad, Estado, Código Postal»

Dicha reunión se llevará a cabo con el propósito de *«Insertar propósitos de la reunión, p. ej., elección de nuevos directores»* y para tal y otros negocios futuros como se presenten ante los Directores. Cualquier negocio transado en dicha reunión será tan válida y legal y de la misma fuerza de ley y efecto como si dicha reunión fuera sostenida luego de la debida notificación.

Esta dispensa de notificación y consentimiento a dicha reunión se hace en cumplimiento con los términos de la Sección ___ de la Ley Estatal De Empresas Sin Fines De Lucro y, los abajo firmantes por este medio consentimos que el mismo sea hecho parte del registro de dicha reunión y, que cualquier negocio transado en dicha reunión será tan válido como si se hubiera llevado a cabo en una reunión ordinaria convocada y notificada.

Directores   **Firma**

Sam Goodman   _____

Bill   _____

Susan   _____

FORMULARIO 4:
Ejemplo de notificación

NOTIFICACIÓN DE REUNIÓN ESPECIAL DE DIRECTORES DE SALVE A LAS ARDILLAS

Una Empresa Sin Fines de Lucro *«Estatal»*

Una reunión especial de directores de Salve a las Ardillas se celebrará en *«Fecha de la Reunión»* a la hora de *«hora de la reunión»* en las oficinas de la empresa, ubicadas en *«123 Calle, Ciudad, Estado Código Postal»*.

Esta reunión es convocada por *«Quién convocó a la reunión»*, de conformidad al Artículo ___ Sección ___ de los Estatutos de la empresa.

El propósito de la reunión será considerar y resolver lo siguiente: *«insertar propósito de la reunión»* y tales otros asuntos que puedan ser debidamente presentados antes de la reunión de los directores.

Fechado: *«Fecha de la Notificación»*

Salve a las Ardillas

Por: _____

Bill, Secretario

FORMULARIO 5:
Varias peticiones reservándose el derecho a determinar el uso

Ejemplos de Varias Peticiones Reservándose el Derecho a Determinar el Uso (a ser agregado a la tarjeta del donador):

"Si, a juicio de la Junta de Salve a las Ardillas no es práctico usar la donación para los propósitos intencionados, la Junta se reserva el derecho de usar la donación para los propósitos que la Junta considere necesario y lo más cercano en concordancia con la intención descrita."

"Entiendo que la donación es para uso sin restricciones en Salve a las Ardillas y no para algún propósito específico designado por mí."

"Todas las contribuciones donadas a Salve a las Ardillas se convierten en recursos generales de Salve a las Ardillas y pueden ser usadas en la manera que se determine que sea en el mejor interés de la organización, según determine la Junta Directiva."

FORMULARIO 6:
Acuse de recibo de contribución, $250 o más

CARTA A DONANTE DE SALVE A LAS ARDILLAS
(DINERO O PROPIEDAD)

A: *«Gran Donador»*

"Salve a las Ardillas" se complace en dar acuse de recibo de su contribución en *«fecha»* del siguiente efectivo o propiedad:[1]

_____

_____

"Salve a las Ardillas" no proporcionó ningún bien o servicio a cambio de esta contribución. *«O: Sólo se recibieron beneficios religiosos intangibles a cambio de esta contribución»*

Gracias por su generosidad.

(continúa en la siguiente página)

---

1 La beneficencia solo necesita describir la propiedad contribuida, sin la valuación. Sin embargo debe notarse que un aporte de un obsequio no monetario podría también requerir que se presente el Formulario 8283 y el donante podría necesitar obtener un avalúo para sustentar la valoración de su contribución de beneficencia (generalmente si la valoración es de $5.000 o más).

SALVE A LAS ARDILLAS

Por: _____

Sam Goodman, Presidente

Fecha: _____

(Por favor guarde este recibo para el registro de sus impuestos; su cheque cancelado no es suficiente.)

Instrucciones para el Formulario 6

Se sugiere usar el Formulario 6 cuando:

1. La contribución a la beneficencia tuvo un valor de $250 o más; y

2. La beneficencia no suministró ni bienes ni servicios a cambio de la contribución; o los bienes y servicios suministrados cayeron bajo la excepción del Procedimiento de Ingresos 90-12 de "valor insubstancial" (revisado periódicamente), a saber,

    • el valor justo de mercado de todos los beneficios provistos fue no más de 2 por ciento de las contribuciones, o $105 (para 2015), lo que sea menor; o

    • todos los beneficios suministrados cayeron bajo la limitación de costo de artículo bajo, esto es, la contribución es $52.50 o más, y los bienes y servicios provistos al donante son artículos simbólicos que costaron a la beneficencia no más de $10.50 (para el 2015) en cuyo caso los bienes y servicios insustanciales provistos no necesitan ser registrados para propósitos de impuestos.

3. Si el Formulario 6 no es apropiado, utilice el Formulario 7.

FORMULARIO 7:
Acuse de recibo de contribución, bienes y servicios provistos

CARTA A DONANTE DE SALVE A LAS ARDILLAS
(BIENES PROVISTOS)

A: «*Donador Grande*»

"Salve a las Ardillas" se complace en dar acuse de recibo de su contribución en «fecha» del siguiente efectivo o propiedad:[1]

_____

_____

"Salve a las Ardillas" proporcionó los siguientes bienes y servicios a cambio de esta contribución, con un valor estimado de $_____.

La beneficencia solo necesita hacer un estimado de buena fe del valor de los bienes y servicios suministrados a cambio de la contribución.

(continúa en la siguiente página)

. . . .

1   La beneficencia solo necesita describir la propiedad contribuida, sin la valuación. Sin embargo debe notarse que un aporte de un obsequio no monetario podría también requerir que se presente el Formulario 8283 y el donante podría necesitar obtener un avalúo para sustentar la valoración de su contribución de beneficencia (generalmente si la valoración es de $5.000 o más).

Sólo el monto neto contribuido (valor de la contribución menos el valor de los bienes y servicios provistos a cambio) son deducibles de impuestos como contribución de beneficencia.

Gracias por su generosidad.

SALVE A LAS ARDILLAS

Por: _____

Sam Goodman, Presidente

Fecha: _____

(Por favor guarde este recibo para el registro de sus impuestos; su cheque cancelado no es suficiente.)

Instrucciones para el Formulario 7

El Formulario 7 se sugiere usar cuando:

1. La transferencia hacia la beneficencia vale más de $75; y
2. A cambio por la contribución, la beneficencia suministró bienes y servicios al donador que excedieron el "valor insustancial" descrito bajo el párrafo 2 de las Instrucciones para el Formulario 6.
3. Si el Formulario 7 no es apropiado, use el Formulario 6.

FORMULARIO 8:
Política de conflictos de intereses

SALVE A LAS ARDILLAS
POLÍTICA DE CONFLICTOS DE INTERESES
Y CUESTIONARIO

ARTÍCULO I
PROPÓSITO

El propósito de esta política de conflicto de intereses es proteger el interés de SALVE A LAS ARDILLAS (la "Organización") cuando esté contemplando entrar en una transacción o acuerdo que podría beneficiar el interés privado de un oficial, director o empleado clave de la Organización o que pudiera resultar en una posible transacción beneficiosa excesiva y, para fomentar la confianza pública en la integridad de la Organización. Las divulgaciones requeridas por esta política están diseñadas para divulgar la existencia de cualesquiera relaciones o acuerdos que pudieran resultar en conflictos de intereses potenciales y, de proveer a la Organización con la información requerida para que sea revelada concerniente a tales asuntos. Esta política tiene la intención de suplementar pero no reemplazar alguna ley estatal o federal aplicable que gobiernen los conflictos de interés aplicables a organizaciones sin fines de lucro y de beneficencia.

ARTÍCULO II
DEFINICIONES

1. Iniciado

Se considera "Iniciado" (persona con información privilegiada) para los propósitos de esta política a

a. Un "Director". Esto incluye cualquier director o miembro de un comité con poderes delegados por la Junta.

b. Un oficial principal (un "Oficial"). Los oficiales principales incluyen al presidente, al director ejecutivo, al director de operaciones, al tesorero y al director financiero, al oficial ejecutivo o cualquier persona con las responsabilidades de alguna de estas posiciones, sea o no que la persona figure como oficial al amparo de los Estatutos de la Organización, o definidos como oficial por el estado.

c. Un "Empleado Clave". Un empleado clave es un empleado cuya compensación anual total (incluyendo beneficios) por parte de la organización y sus afiliadas es más de $150.000 *y que* (a) tiene responsabilidades o influencia sobre la organización similar a la de los oficiales, directores o fideicomisarios; *o* (b) administra un programa que representa el 10 por ciento o más de las actividades, recursos, ingreso o gastos de la organización; o (c) tiene o comparte autoridad para controlar el 10 por ciento o más de los desembolsos de capital de la organización, del presupuesto operativo o de compensación de los empleados.

2. Interés

"Interés" significa cualquier compromiso, inversión, relación, obligación o involucramiento financiero o de otro tipo, directo o indirecto que pudiera influenciar el juicio de una persona.

Un Iniciado tiene un Interés si la persona, directa o indirectamente, a través de negocio, inversiones o familia:

a. tiene interés en una propiedad o inversión en cualquier entidad con la cual la Organización tiene una transacción o acuerdo.

b. tiene un acuerdo de compensación con la Organización o con cualquier entidad o individuo con el cual la Organización tiene una transacción o acuerdo.

c. tiene una propiedad potencial o interés en una inversión en, o acuerdo de compensación con, cualquier entidad o individuo con el cual la Organización está negociando una transacción o acuerdo.

d. es un miembro, director u oficial de una organización con la cual la Organización ha entrado en o está contemplando entrar en una transacción o acuerdo.

e. pueda beneficiarse financieramente de una decisión que la persona pudo haber hecho en su capacidad como Iniciado, incluyendo beneficios indirectos tales como a miembros de la familia o negocios con los cuales la persona está asociada de manera cercana.

f. *«otra situación donde un conflicto de intereses pueda suscitarse con la organización, p.ej., realiza trabajos fuera de la Organización, lo que pudiera resultar en uso de personal de la organización o el uso de trabajos de la Organización como palanca para trabajos externos, etc.»*

Una compensación incluye remuneraciones directas o indirectas, así como regalos significativos, favores o contribuciones.

3. Conflicto de Interés

Un "**conflicto de interés**" se presenta cuando a juicio del cuerpo o individuo que determina si ha existido un conflicto, la participación de un iniciado en la transacción es tal que reduce la probabilidad de que la influencia de un iniciado pueda ser ejercida imparcialmente en el mejor interés de la Organización.

Un Interés no necesariamente es un conflicto de interés. Bajo el Artículo III, Sección 2, una persona que tiene un interés tendrá un conflicto de interés sólo si la Junta apropiada, comité o, individuo decide que existe un conflicto de interés. Una transacción no se prohíbe simplemente porque existe un conflicto de interés.

ARTÍCULO III
PROCEDIMIENTOS

1. Deber de Revelar

En conexión con cualquier conflicto de interés actual o posible, un iniciado debe divulgar la existencia de su Interés, incluyendo todos los hechos materiales. Los Directores y Oficiales deben divulgar a la Junta *«o miembros de comités con poderes delegados por la Junta que gobierna»* considerando la transacción o acuerdo propuesto; un Empleado Clave debe hacer tal revelación, *«sea»* a la Junta *«o a aquel individuo a quien la Junta ha designado para este propósito, p.ej., al Presidente».*

2. Determinando Si Existe Un Conflicto De Intereses

Después de divulgar el Interés y todos los hechos materiales y, luego de alguna discusión con el iniciado, el iniciado abandonará la reunión mientras se hace la determinación de si existe conflicto de interés, se discute y se vota al respecto. Los restantes directores *«o miembros del comité»* o tales individuos que la Junta haya designado para este propósito (la "Persona Designada") decidirá si existe un conflicto de interés.

Nota: Todas las decisiones concernientes a los Directores u Oficiales deben ser hechas por una mayoría de los Directores desinteresados; tales decisiones concernientes a los Empleados Clave pueden ser hechas por la Junta o por la Persona Designada.

3. Procedimientos para Abordar el Conflicto de Interés

a. Un Director u Oficial interesado puede hacer una presentación en la reunión de la Junta o comité, pero después de tal presentación él o ella abandonará la reunión durante la discusión de, y el voto sobre la transacción o acuerdo que involucra el posible conflicto de interés.

   La Persona Designada debe obtener la información adicional de parte de un Empleado Clave que él o ella determine es necesaria para tomar una decisión. La Junta puede determinar si desea recibir una presentación de parte del Empleado Clave.

b. Si se determina que es apropiado, el presidente de la Junta o comité o, para un Empleado Clave, la Persona Designada, nombrará a una persona desinteresada o comité para que investigue alternativas a la transacción o acuerdo propuesto.

c. Luego de la debida diligencia, la Junta o comité o Persona Designada determinará si la Organización puede obtener, con esfuerzos razonables, una transacción o acuerdo más ventajoso por parte de una persona o entidad que no suscite un conflicto de interés.

d. Si una transacción o acuerdo más ventajoso no es razonablemente posible bajo circunstancias que no produzcan un conflicto de interés, la Junta o comité determinará por mayoría de votos de los directores desinteresados si es que la transacción o acuerdo es en el mejor interés de la Organización, para su propio beneficio y, justo y razonable para la Organización. Tomará su decisión si participa en la transacción o acuerdo de conformidad con tal determinación.

«Si una decisión concerniente a un Empleado Clave ha sido delegada por la Junta, agregue: La decisión concerniente al Empleado Clave deberá ser hecha por la Persona Designada, usando los mismos factores; excepto que si la Persona Designada determina que la Junta debe estar involucrada, la Persona designada puede referir el asunto de vuelta a la Junta para una determinación final.»

Otras Disposiciones Específicas a la Entidad

Lo que sigue es un ejemplo:

- Si el Interés involucra trabajo para la Organización que pudiera resultar en un beneficio financiero indirecto por parte de la misma o trabajo similar fuera de la Organización, si el Iniciado es un Oficial o un Director, la transacción propuesta debe ser aprobada por la Junta Directiva completa de conformidad con esta Política. Si el Iniciado es un Empleado Clave, la transacción propuesta debe ser aprobada por la Persona Designada y revelada a la Junta, la cual puede ejercer su derecho a revisar y aprobar la transacción en cumplimiento con esta Política.

4. Violaciones a la Política de Conflicto de Interés

1. Si la Junta o comité o Persona Designada tiene causa razonable para creer que un Iniciado ha omitido revelar un posible o actual conflicto de interés, incluyendo aquellos que surgen de una transacción con una persona interesada relacionada, el Iniciado será informado de la base para esta convicción y se le dará una oportunidad para explicar la presunta falta de transparencia.

2. Si, luego de escuchar la respuesta del Iniciado y de hacer las investigaciones pertinentes que puedan justificar las circunstancias,

la Junta o comité o Persona Designada determinan que de hecho el Iniciado omitió revelar un posible o actual conflicto de interés, la Junta o Persona Designada tomará las apropiadas acciones disciplinarias y correctivas.

ARTÍCULO IV
ACTAS DE LOS PROCEDIMIENTOS

Las minutas de la Junta «*y todos los comités con poderes delegados por la Junta*» de conformidad con esta política deberá contener:

1. Los nombres de las Personas con Información Privilegiada quienes divulgaron o de otra manera se encontró que tenían un Interés en conexión con un conflicto de interés actual o potencial.

2. La naturaleza del Interés, cualquier acción tomada para determinar si estuvo presente un conflicto de interés y, la decisión de si existió o no un conflicto de interés.

3. Los contenidos de la discusión, incluyendo cualquier alternativa a la transacción propuesta o acuerdo que fue considerado; cualquier dato comparativo u otra información obtenida en la que se basó la Junta y cómo se obtuvo la información.

4. Los nombres de las personas que estaban presentes para las discusiones y votos relativos a la transacción o acuerdo y a qué extensión se excluyó de las deliberaciones a personas interesadas, el resultado de la votación, incluyendo si aplica, los términos de la transacción que se aprobó y la fecha en que se aprobó y un registro de algunos votos tomadas en conexión con los procedimientos.

ARTÍCULO V
COMPENSACIÓN

1. Un miembro con derecho a voto de la Junta Directiva quien recibe compensación, directa o indirectamente de la Organización por servicios está excluido de votar en asuntos pertinentes a la compensación de ese miembro.

2. Un miembro con derecho a voto de cualquier comité cuya jurisdicción incluye asuntos de compensación y quien recibe compensación indirectamente de la Organización por servicios está excluido de votar en materias pertinentes a la compensación de ese miembro.

3. Los individuos que reciben compensación, directamente de la Organización, sea como empleados o contratistas independientes, están excluidos de ser miembros en algún comité cuya jurisdicción incluye asuntos de compensación.

4. Procedimiento para Establecer la Compensación de Iniciados

   a. Los pagos a los Directores así como la compensación pagada al Director Ejecutivo y al Director Financiero deben ser aprobados por la Junta. Esto debe ocurrir ambos al mismo tiempo que se contrate al Iniciado, y siempre que se modifique tanto los términos del empleo como el monto de la compensación. La compensación pagada a otros Oficiales y Empleados Claves debe estar sujeta a las prácticas de empleo regular de la Organización.

   b. Un Iniciado puede proveer información a la Junta o comité, pero después de hacerlo, él o ella debe abandonar la reunión durante la discusión y el voto sobre compensación.

   c. La compensación será aprobada por la Junta o un comité de la junta que esté compuesto enteramente de individuos no relacionados a y no sujetos al control del iniciado cuya compensación se está determinando.

   d. La Junta o comité obtendrán y confiarán en los datos apropiados referentes a la comparabilidad en compensación, incluyendo pero no limitada a tales cosas como: (i) niveles de compensación pagados por organizaciones situadas similarmente, tanto grabadas como exentas de impuestos, para posiciones funcionalmente comparables, (ii) la ubicación de la organización, incluyendo la disponibilidad de especialidades similares en el área geográfica, (iii) encuestas de compensación independientes hechas por firmas independientes reconocidas a nivel nacional y, (iv) ofertas escritas de instituciones similares que compiten por los servicios del Iniciado.

e. La Junta o comité documentará la base para su determinación, cuya documentación será parte de las minutas y registros permanentes de la Junta o comité.

ARTÍCULO VI
INFORMES ANUALES

Cada Iniciado anualmente firmará un informe que afirma que tal persona:

a. ha recibido una copia de la política de conflicto de intereses,

b. ha leído y entiende la política,

c. ha estado de acuerdo en cumplir con la política,

d. ha expuesto todos los conflictos de interés actuales y posibles involucrando a tal persona y a sus familiares, y

e. entiende que la Organización es de beneficencia y que para poder mantener la exención de impuesto federal debe involucrarse principalmente en actividades que llevan a cabo una o más de sus propósitos exentos de impuestos.

ARTÍCULO VII
EVALUACIONES PERIÓDICAS

Para asegurar que la Organización opera de manera consistente con sus propósitos de beneficencia y no se involucra en actividades que pudieran poner en peligro su estatus exonerado de impuestos, se llevarán a cabo evaluaciones periódicas. Las evaluaciones periódicas, como mínimo incluirán los siguientes asuntos:

a. Si es que los acuerdos de compensación y beneficios son razonables, basados en información de encuestas competentes u otros hechos objetivos externos y que son el resultado de la negociación entre partes independientes.

b. Si es que la adquisición de servicios resulta en una transacción con beneficios excesivos o beneficio privado impermisible.

c. Si es que las sociedades, empresas conjuntas y acuerdos con organizaciones gestoras se conforman a las políticas escritas de la Organización, si son registradas, si reflejan inversiones o pagos por bienes y servicios razonables, coadyuvan los objetivos benéficos de la Organización y no resultan en desviación de fondos, beneficio privado impermisible o una transacción de beneficio excesivo.

d. Si es que los acuerdos de servicio y acuerdos con Organizaciones, empleados y agencias de pago coadyuvan los objetivos benéficos de la Organización y no resultan en desviación de fondos, beneficio privado impermisible o una transacción de beneficio excesivo.

ARTÍCULO VIII
USO DE EXPERTOS EXTERNOS

Cuando se lleven a cabo las evaluaciones periódicas previstas en el Artículo VII, la Organización puede pero no necesita usar asesores externos. Si se utilizan expertos externos el uso de ellos no releva a la Junta de su responsabilidad de asegurar que se lleven a cabo las evaluaciones periódicas.

···

SALVE A LAS ARDILLAS (la "Organización")
CONFLICTOS DE INTERÉS / DECLARACIÓN DE
DIVULGACIÓN DE INTERÉS FINANCIERO

Para asegurar que se mantienen los más altos estándares éticos y financieros por parte de SALVE A LAS ARDILLAS Y, y para proveer a la Organización con la información necesaria para poder completar el nuevo Formulario 990 del IRS, le solicitamos encarecidamente que usted complete el siguiente cuestionario. Puede adjuntar hojas adicionales si es necesario. Reconocemos que muchas de las preguntas que siguen son técnicas y que la respuesta apropiada a tales preguntas pueda ser difícil de determinar. Por favor, póngase en contacto con nosotros si tiene dudas sobre alguna pregunta o sobre su respuesta a la misma.

1. Yo, _____ (*deletree el nombre completo*), un [ ] Director, [ ] Oficial, [ ] Empleado Clave (como se definió en la página 1 de la Política de Conflicto de Interés) de la Organización, afirmo que:

a. Recibí una copia de la Política de Conflicto de Intereses de la Organización.

b. He leído y entiendo la Política.

c. Estoy de acuerdo en cumplir con la Política.

d. He revelado todo conflicto de interés posible involucrando a tal persona y a sus familiares.

e. Entiendo que SALVE A LAS ARDILLAS es una organización de beneficencia y que para poder mantener la exención al pago de impuestos, debe involucrarse primordialmente en actividades que llevan a cabo uno o más de sus propósitos libre de impuestos.

Mi residencia / Información de contacto es la siguiente:

Nombre:
Dirección:
Ciudad/Estado/Código Postal
Teléfono
Fax:
Correo electrónico (e-mail)

Mi empleador es:

Nombre del Empleador (si es empleado por cuenta propia, dígalo):
Dirección:
Ciudad/Estado/Código Postal
Teléfono
Fax:
Correo electrónico (e-mail)

Yo soy/fui una persona de liderazgo, miembro de Junta Directiva, miembro de comité, miembro o empleado de la siguiente organización similar o afiliada a SALVE A LAS ARDILLAS:

Nombre de la Organización/Puesto
Nombre de la Organización/Puesto
Nombre de la Organización/Puesto

Por favor continúe en hojas adicionales si debe agregar más puestos.

1. Pagos por parte de la Organización.

¿Ha sido Ud. compensado por la Organización como empleado de la Organización durante el año fiscal *«2017»*?

RESPUESTA: [ ] SÍ [ ] NO

Si respondió "Si", por favor describa la compensación:

2. Pagos realizados por una Organización Relacionada.

Ha sido compensado como Empleado por alguna de las siguientes organizaciones relacionadas ("Organizaciones Relacionadas") durante el año fiscal «2016» de la Organización?[1]

----

1 "Control" significa:

i) En el caso de organizaciones sin fines de lucro:

(a) En el caso de una relación casa matriz /subsidiaria: (1) el poder para remover y reemplazar a una mayoría de los directores o fideicomisarios de la organización, o (2) traslape administrativo o de la junta en la cual una mayoría de los directores o fideicomisarios son fideicomisarios, directores, oficiales, empleados o agentes de la organización matriz.

(b) En el caso de una relación hermano/hermana: las mismas personas constituyen una mayoría de miembros del cuerpo gobernante de ambas organizaciones.

En el caso de sociedades anónimas y otras organizaciones con dueños o personas que tienen beneficio contractual, sea que tal organización es gravable o exenta de impuestos: (1) propiedad de más de 50 por ciento de las acciones (por el poder del

a. Una organización en la que la Organización tiene el derecho de designar, controlar o remover a una mayoría de los directores;
-O-

b. Una organización en la que esta Organización es la dueña de más de 50 por ciento de las acciones de esa Organización Relacionada, el derecho a más del 50 por ciento de las ganancias de esa Organización Relacionada o el derecho a más del 50 por ciento del beneficio contractual en un fideicomiso;
-O-

c. Una subsidiaria de esta Organización o cualquier Organización Relacionada de cualquier subsidiaria de esta Organización.

RESPUESTA: [ ] SÍ [ ] NO

Si respondió "Si", por favor describa la compensación:

3. Pagos a Contratistas Independientes.

¿Ha recibido usted alguna compensación total u otro pago que exceda $10.000 por parte de la Organización o de parte de una Organización Relacionada como contratista independiente, aparte del reembolso por los gastos, en virtud de un

....

voto o valor) de una empresa; (2) propiedad de más de 50 por ciento de las ganancias o interés sobre el capital en una sociedad; (3) propiedad de más de 50 por ciento de las ganancias o interés sobre el capital en una compañía de responsabilidad limitada tratada como sociedad para propósitos de impuesto federal al ingreso, independientemente de la designación bajo ley estatal de la propiedad de intereses como acciones, intereses de membresía a menos que se acuerde otra cosa; (4) siendo un socio administrador o socio miembro en una sociedad o compañía de responsabilidad limitada que tiene tres o menos socios o miembros administrativos (independientemente de cuál socio o miembro tiene el mayor poder); (5) siendo un socio general en una sociedad limitada que tiene tres o menos socios generales (independientemente de qué socio tiene el mayor control); (6) siendo el único miembro de una entidad excluida (una entidad que le pertenece enteramente a la organización que no es una entidad aparte para propósitos de impuesto Federal) o (7) propiedad de más del 50 por ciento del beneficio contractual en un fideicomiso.

plan de cuentas o compensación razonable por servicios prestados en la capacidad de miembro de un cuerpo de gobierno, durante el período fiscal *«2016»*?

RESPUESTA: [ ] SÍ [ ] NO

Si respondió "Si", por favor describa la compensación:

4. Transacciones con la Organización.

¿Usted o alguno de los miembros de la familia[2] ha estado involucrado en alguna transacción con la Organización en alguno de los siguientes montos límites, (sea directa o indirectamente a través de la afiliación con otra organización) durante el año fiscal *«2016»* de la Organización?

   a. $100.000 en total

   -O-

   b. $ *«inserte el mayor a $10.000 o 1 por ciento del ingreso»* en una sola transacción.

RESPUESTA: [ ] SÍ [ ] NO

Si respondió "Si", por favor describa tal transacción:

5. Relación Familiar.

¿Alguno de sus familiares ha sido empleado como Iniciado de la Organización durante el año fiscal *«2016»* de la Organización?

RESPUESTA: [ ] SÍ [ ] NO

Si respondió "Sí", por favor describa el empleo de ese familiar:

(continúa en la siguiente página)

2 Miembros de la familia incluyen: esposo (a), hermano (a), media hermano (a), hijos (naturales o adoptados, nietos (as), bisnietos (as) y esposos (as) de hermanos (as), niños (as) nietos (as), y bisnietos (as).

6. Relación De Empleo De Negocios.

¿Alguno de sus familiares o usted ha sido empleado de la Organización durante el año fiscal *«2016»*, ya sea por un solo propietario o con una organización con la cual un Iniciado está asociado o tiene propiedad mayor a 35 por ciento de la Organización?

RESPUESTA: [ ] SÍ [ ] NO

Si respondió "Si", por favor describa la relación de negocios:

7. Relación de Transacción de Negocios.

Ud. o algún miembro de su familia, directa o indirectamente,[3] hizo uno o más contratos de venta, de alquiler de licencia, de préstamo, por servicios prestados u otra transacción que involucra la transferencia de dinero o propiedad valuada en más de $10.000 en total con un Iniciado de la Organización durante el año fiscal *«2016»* de la Organización?

RESPUESTA: [ ] SÍ [ ] NO

Si respondió "Sí", por favor describa tal relación de negocios:

8. Relación de Negocios de Inversión.

Usted o algún miembro de su familia ha sido dueño de más de 10 por ciento[4] en el mismo negocio o entidad de inversión como Iniciado de la Organización durante el año fiscal *«2016»* de la Organización?

....

3   Para los propósitos de la pregunta 7, "indirectamente" significa una transacción con una organización con la cual usted o un Iniciado está asociado como Iniciado o con propiedad de más del 35 por ciento.

4   La Propiedad se mide por tenencia de acciones —sea por el poder del voto o el valor— de una empresa, por las ganancias o interés capital en una sociedad o compañía de responsabilidad limitada, por cuotas de adhesión en la organización sin fines de lucro o por el interés usufructuario en un fideicomiso. Nótese que propiedad incluye propiedad indirecta, por ejemplo, propiedad en una entidad que tiene propiedad en la entidad en cuestión. Puede haber propiedad a través de múltiples niveles de entidades.

RESPUESTA: [ ] SÍ [ ] NO

Si respondió "Sí", por favor describa tal relación de negocios:

Excepto que esté específicamente apuntado anteriormente o descrito aún más a fondo a continuación, a mi mejor conocer, ni yo ni ningún miembro de mi familia ahora o en el pasado han sido en cualquier momento o han sido:

1. Partícipe directo o indirecto en algún acuerdo, arreglo, inversión u otra actividad con cualquier vendedor, proveedor u otra tercer persona en negocios con la Organización que haya resultado o pudiera resultar en beneficio personal a mí, él o ella.

2. Un receptor, directo o indirecto de algún pago de salario, préstamo, obsequio significativo, servicios gratuitos o descuentos u otro pago de o en representación de alguna persona u organización involucrada en alguna transacción con la Organización.

Excepciones:

_____

_____

_____

_____

(continúa en la siguiente página)

En el interés de una completa y plena divulgación, enumere cualquier otra cosa que pudiera ser de interés, de la cual la Junta de SALVE A LAS ARDILLAS debería conocer:

Ítem #1:

Ítem #2:

Ítem #3:

Ítem #4:

Si fuera necesario, por favor continúe en hojas separadas.

Por favor firme, feche y devuelva este cuestionario lo antes posible.

Las respuestas pueden ser enviadas a:

SALVE A LAS ARDILLAS
123 Calle
Ciudad, Estado Código Postal

Al firmar a continuación, yo, afirmo que mis respuestas a las preguntas anteriores son verdaderas y exactas a mi mejor parecer y entender. Entiendo que la Organización se basará en mis respuestas al llenar su Formulario 990.

Declaro que notificaré a la Organización con prontitud si, después de la fecha me doy cuenta de alguna información que pudiera cambiar las respuestas a este cuestionario.

Fechado: _____. *«2017»*

Nombre: _____

Título: _____

FORMULARIO 9:
Acuerdo de servicios profesionales

ACUERDO DE SERVICIOS PROFESIONALES
TRABAJO POR CONTRATO

Este es un acuerdo de trabajo por contrato ("Acuerdo") en el cual *«Contratista Independiente»* con dirección de trabajo de él, ella, ellos en *«Dirección por Calles de Contratista Independiente»*, *«Ciudad Estado y Código Postal de Contratista Independiente»* (de aquí en adelante llamado "Profesional") acuerda suministrar *«Descripción de Trabajo a Realizar»*, servicios a Salve A Las Ardillas, una Empresa *«Estatal»* sin Fines de Lucro, con dirección principal en *«Dirección por Calles de la Empresa»*, *«Ciudad, Estado y Código Postal de la Empresa»* (de aquí en adelante referida a ella como STC por sus siglas en inglés, services to corporation), de acuerdo a los términos y condiciones estipulados en el Anexo A de este Acuerdo y el cual se incorpora a este documento a modo de referencia.

Los Profesionales y los STC han ingresado voluntariamente en este Acuerdo y el Profesional acuerda preparar *«Descripción del producto de trabajo sujeto a trabajo por Contrato: (p.ej., desarrollo de sitio web, modificaciones y mejoras posteriores)»* como se describe en el Anexo A (O según establecido en el Acuerdo por Servicios Profesionales, fechado _____, 20__ acordado entre las partes) ("Producto de Trabajo") y acuerda completar todo el trabajo acorde al calendario establecido en éste.

STC deberá hacer el o los pagos al Profesional en la fecha o fechas establecidas en el Anexo A. (O según se establece en el Acuerdo de Servicios Profesionales, fechado _____, 20__ acordado por las partes.)

STC y Profesional acuerdan expresamente que todo el trabajo y servicios provistos por Profesional al amparo de este Acuerdo, será considerado un trabajo por contrato y, que el Producto de Trabajo será considerado trabajo por contrato.

STC y Profesional acuerdan además que todos los derechos de autor, tanto en los Estados Unidos de NA y en todos los países extranjeros, en y para cualquier obra con derecho de autor, específicamente incluido el Producto de Trabajo le pertenece sólo y exclusivamente a STC, incluyendo todos los derechos comprendidos en los derechos de autor a reproducir, preparar trabajos derivados, distribuir copias, para llevar a cabo y para mostrar.

El Profesional reconoce y acuerda que cada trabajo preparado y a ser preparado bajo este Acuerdo que involucra los servicios del Profesional es un trabajo sea preparado por un empleado dentro del alcance de su trabajo o un trabajo especialmente ordenado o comisionado para uso como contribución a un trabajo colectivo, como parte de una película u otro trabajo audiovisual, como una traducción, como un trabajo suplementario, como una compilación, como texto instructivo, como examen, como respuestas para un examen o como un atlas, como se contempla en la Ley de Derechos de Autor de 1976, Título 17, Código de Estados Unidos de NA, Sección 101.

El Profesional acuerda y reconoce la completa propiedad de STC sobre los derechos de Producto de Trabajo y la extensión a la que el Profesional tiene o pueda tener derechos al mismo, el Profesional por la presente asigna todos sus derechos (incluyendo los derechos de autor) a la misma. El Profesional acuerda no usar el mismo para beneficio de ningún otro partido.

La información relativa al Producto de Trabajo será considerado secreto comercial de STC y el Profesional debe mantener tales secretos comerciales y cualquier otro secreto comercial de manera confidencial.

El Profesional no puede ni subcontratar ni contratar a personas a que le ayuden en el trabajo de programación contemplado en este Acuerdo sin el consentimiento previo por escrito de STC.

Cualquier modificación a este Acuerdo debe hacerse por escrito y firmado por ambas partes.

Las partes entienden y acuerdan que en el desempeño de servicios por el Profesional amparado bajo este acuerdo, el Profesional está en todo momento actuando y desempeñándose como contratista independiente respecto a STC y no como empleado, agente, socio o empresario asociado de STC.

Los derechos y obligaciones de las partes de este Acuerdo no pueden asignarse a no ser que tal asignación esté por escrito y con consentimiento por ambas partes del mismo.

Nada en este Acuerdo, expreso o implícito, tiene la intención de conferir a ninguna de las partes, que no sea las partes involucradas (y sus respectivos herederos, representantes legales, sucesores y, cesionarios asignados) algún derecho, remedio, obligación o responsabilidad amparado o por razón de este Acuerdo.

Este Acuerdo constituye el acuerdo completo entre las partes a esto pertinentes a la materia en cuestión de esto y reemplaza a toda negociación, acuerdo preliminar y toda discusión previa y contemporánea y comprensión de las partes en conexión con el objeto de la misma.

La renuncia a cualquier disposición a este Acuerdo no será considerado renuncia a su cumplimiento futuro y tal disposición permanece válida en pleno vigor y efecto. En el caso que alguna disposición de este Acuerdo se considere inválido, ilegal o inaplicable, parcial o totalmente, las disposiciones restantes de este Acuerdo no serán afectadas y continuarán siendo válidas y aplicables.

(continúa en la siguiente página)

Este acuerdo se regirá e interpretará de acuerdo con las leyes del Estado de _____, sin dar importancia a los conflictos de principios legales.

FECHADO: _____, 20__ y ejecutado en _____, «*Estado*».

STC: Salve a las Ardillas:

Por: _____

PROFESIONAL: «*Contratista Independiente*»

Por: _____

NATURALEZA DEL PROFESIONAL (marque una):

[ ] Un individuo
[ ] Una empresa del Estado de _____, o
[ ] Una sociedad cuyo socio general es/son

_____

_____

_____

FORMULARIO 10:
Modelo de cláusula de cesión de derechos de autor

Cláusula de cesión por parte del empleado:

Todo trabajo escrito, trabajo audiovisual, de programas de computación, trabajos visuales, composiciones musicales, u otro trabajo con derecho de autor ("Desarrollos") realizados por *«el Empleado»* durante el curso de su empleo y relacionado en alguna manera al desempeño del *«del empleado»* trabajo, así como Desarrollos realizados durante el tiempo de la Organización o utilizando los recursos de la Organización, serán de propiedad única de la Organización. El Empleado acuerda revelar, divulgar y asignar a la Organización todos los Desarrollos realizados o concebidos por él o ella mientras laboraba para la Organización, sea que fueran realizados solo, en conjunto o en común con otros, todos estos Desarrollos serán y permanecerán propiedad de la Organización. En consideración al empleo continuo del Empleado, el Empleado por la presente cede todos los derechos, títulos e intereses de Desarrollos a Organización y ejecutará cualquier documentación que sea necesaria o deseable para confirmar, proteger y hacer cumplir los Intereses de la Organización.

Cláusula de acuerdo de (cesión de derechos) de alguien que no es empleado:

Para consideración buena y valiosa, el recibo que aquí se reconoce, cualquier expresión tangible de ideas escritas, en forma audiovisual, o forma artística, todo material, programas, composiciones musicales, programas de cómputo, procedimientos, y productos sea o no que puedan tener derechos de autor o patentables, desarrollados por el Consultor de conformidad a este Acuerdo ("Producto del Trabajo") será y permanecerá propiedad exclusiva y absoluta de la Organización. Todo Producto de Trabajo será considerado "un trabajo hecho por contrato" y el Consultor le asigna todo derecho, título e intereses que pueda tener sobre Producto de Trabajo, incluyendo derechos de autor y derechos de propiedad intelectual de cualquier clase, a Organización. El Consultor ejecutará cualquier documento necesario para confirmar o registrar esta cesión de derechos.

Recursos adicionales

General

» *Guidebook for Directors of Nonprofit Corporations* (Guía para directores de empresas sin fines de lucro), 3rd Edition, ABA Business Law Section, 2012.

» *Nonprofit Governance and Management* (Gobernanza y Administración de Organizaciones sin Fines de Lucro), 3rd Edition, ABA Business Law Section, 2011.

» Otros artículos de ayuda se encuentran en inglés en www.runquist.com/articles.

» Numerosas listas de correo electrónico, comentarios archivados y otros materiales se encuentran en inglés en www.CharityChannel.com.

» Council of Foundations (Consejo de Fundaciones), www.cof.org, para artículos referentes a fundaciones privadas y comunitarias.

» National Center on Philanthropy and the Law at NYU (El Centro Nacional de Filantropía en la Universidad de Nueva York), www1.law.nyu.edu/ncpl.

» "Nonprofit Issues" (Asuntos de organizaciones sin fines de lucro), de Don Kramer en www.nonprofitissues.com.

» El sitio web del IRS contiene numerosos artículos útiles concernientes a las organizaciones exoneradas. Vea www.irs.gov/Charities-&-Nonprofits/Educational-Products-Workshops-and-Seminars-for-Exempt-Organizations.

Gobernanza De la Junta Directiva

» *Creating the Future* (Creando el futuro), www.help4nonprofits.com/H4NP.htm.

» Para herramientas adicionales, hojas de cálculo y artículos dirigidos a integrantes de Juntas, véase *Nathan Garber & Associates*, www.garberconsulting.com

» Para asociaciones canadienses, *Canadian Society of Association Executives*, www.csae.com/Resources/ArticlesTools.aspx.

Empleo

» *IRS continuing professional education (CPE) addressing employer classification and withholding issues* (Educación profesional continua donde se trata la clasificación de empleados y asuntos de retención), www.irs.gov/pub/irs-tege/eotopicd03.pdf.

Medidas cautelares

» Bruce Hopkins, *The Law of Intermediate Sanctions*, John Wiley & Sons, Inc., 2003.

» *IRS CPE on Intermediate Sanctions*, www.irs.gov/Charities-&-Non-Profits/Charitable-Organizations/Intermediate-Sanctions

» Véase también: www.irs.gov/pub/irs-tege/eotopice03.pdf.

Seguros

» *Nonprofit Risk Management Center*, www.nonprofitrisk.org, y www.nonprofitrisk.org/library/articles/articles.shtml.

Emprendimientos Conjuntos

» Michael I. Sanders, *Joint Ventures Involving Tax-Exempt Organizations*, 4th Edition, John Wiley & Sons, Inc., 2013.

Donación Planificada

» *Philantrophic Giving Resources*, www.pgresources.com.

» Debra Ashton, *The Complete Guide to Planned Giving*, www.debraashton.com.

» *Planned Giving Design Center*, www.pgdc.com/usa.

» *Nonprofit Association of Charitable Gift Planners*, charitablegiftplanners.org/education.

» *Estate Planning Links*, estateplanninglinks.com

Cabildeo y Actividad Política

» *IRS Published Guidance on Political Activities:*
www.irs.gov/Charities-&-Non-Profits/Charitable-Organizations/The-Restriction-of-Political-Campaign-Intervention-by-Section-501(c)(3)-Tax-Exempt-Organizations;
y
www.irs.gov/Charities-&-Non-Profits/Political-Organizations.

» *IRS CPE ON Political Activities of 501(c)(4)s, (5)s and (6)s:*
irs.gov/Charities-&-Non-Profits/Proxy-Tax-Tax-Exempt-Organization-Fails-to-Notify-Members-that-Dues-Are-Non-Deductible-Lobbying-Political-Expenditures;
y
www.irs.gov/pub/irs-tege/eotopic103.pdf

» *Federal Election Commission* (Comisión de Elecciones Federal) (ponga atención a las guías de campañas y enlaces a las leyes): www.fec.gov.

» *Alliance for Justice* (contiene recursos concernientes a actividades de promoción de organizaciones sin fines de lucro): www.afj.org.

Acerca de la autora

Lisa A. Runquist, Abogada, ubicada en Northridge, California. Tiene más de 35 años de experiencia representando a organizaciones sin fines de lucro. Runquist es la primera en hacerse acreedora del Premio al Abogado Sobresaliente, un Premio a Abogados de Organizaciones sin Fines de Lucro que otorga la Sección de Leyes de Negocios del Colegio de Abogados Estadounidenses o ABA, por sus siglas en inglés y, en 2010 fue la primera persona en ganar tanto el Premio al Abogado Sobresaliente y el Premio Vanguard por los logros en su vida. Ha sido la autora de varias publicaciones sobre organizaciones sin fines de lucro y religiosas, incluyendo la *Guide to Representing Religious Organizations*, publicada en el 2009 y es la editora de *Nonprofit Resources* publicada en 2007. Ha sido activa en comités sin fines de lucro y exentos tanto del Colegio de Abogados Estadounidense (ABA) como del Colegio de Abogados de California.

Runquist es miembro y ex directora ejecutiva del Comité de Organizaciones no Registradas y Sin Fines de Lucro de California (State Bar of California Nonprofit and Unincorporated Organizations Committee), miembro de ABA —Tax Law Section Exempt Organizations Committee y directora y ex directora de varios de sus subcomités; miembro y ex directora de ABA-BLS Committee on Nonprofit Corporations y varios subcomités y ex miembro del Comité de Leyes Corporativas. Ella sirve en la Junta de Consejeros de la Universidad del Estado de California, Los Ángeles, en los Programas de Educación Continua sobre Imposición y Contabilidad y, como enlace al ABA-BLS con ALI Restatement of the Law Charitable Nonprofit Organizations. Fue la consejera de ABA para el Comité para Enmendar la Ley de Asociación No Registrada Uniforme (finalizado en 2008) y para el Comité de Redacción de ULC sobre la Ley de Protección Uniforme para Recursos dados a Beneficencias (finalizado en 2011). Fue designada por el Consejo Evangélico para la Rendición de Cuentas Financieras para servir en la Comisión sobre Rendición de Cuentas y Política para Organizaciones Religiosas, Panel de Expertos Legales quienes aportaron al Congreso en asuntos de responsabilidad y política que afecta a organizaciones religiosas y sin fines de lucro. Es profesora adjunta de leyes en el Trinity Law School, y miembro adjunto de facultad de la Universidad Shiloh y, consejera editorial para ChurchLawAndTax.com.

www.ingramcontent.com/pod-product-compliance
Lightning Source LLC
Chambersburg PA
CBHW051752200326
41597CB00025B/4528